Allan & Barbara Pease

*Warum Männer sich Socken wünschen
und Frauen alles umtauschen*

Allan & Barbara Pease gehören zu den erfolgreichsten Kommunikationstrainern der Welt. Ihre Bücher sind internationale Bestseller. Allein in Deutschland liegt die Gesamtauflage ihrer Bücher bei über 5 Millionen verkauften Exemplaren.

Von Allan und Barbara Pease sind in unserem Hause bereits erschienen:

Warum Männer nicht zuhören und Frauen schlecht einparken
Der tote Fisch in der Hand
Die kalte Schulter und der warme Händedruck
Warum Männer lügen und Frauen immer Schuhe kaufen
Männer zappen und Frauen wollen immer reden
Eine dumme Frage ist besser als fast jede kluge Antwort

Allan & Barbara Pease

Warum Männer sich Socken wünschen und Frauen alles umtauschen

Der Survival-Guide für Weihnachten

Aus dem Englischen von
Ursula Pesch, Heike Schlatterer
und Karin Schuler

Ullstein

Die Originalausgabe erschien 2007 unter dem Titel
Why He's So Last Minute & She's Got It All Wrapped Up
bei Orion Books Ltd., London

Editorische Notiz:
Vereinzelte Texte und Passagen dieses Buches wurden erstmals
in den Büchern *Die kalte Schulter und der warme Händedruck*
(Ullstein, 2004), *Warum Männer lügen und Frauen immer Schuhe
kaufen* (Ullstein, 2002) und *Warum Männer nicht zuhören und
Frauen schlecht einparken* (Ullstein, 2000) veröffentlicht.

ISBN: 978-3-550-08732-5

Gesetzt aus der Adobe Caslon
Satz: Pinkuin Satz und Datentechnik, Berlin
Druck und Bindearbeiten: CPI – Clausen & Bosse, Leck
Printed in Germany

Inhalt

DANKSAGUNG 13

EINLEITUNG 15
Warum Weihnachten für Paare so anstrengend ist . . 16
Sind Männer und Frauen *wirklich* so verschieden? . . 19
Warum wir dieses Buch geschrieben haben 21

1 DIE WEIHNACHTSEINKÄUFE: NUR DIE STÄRKSTEN
KOMMEN DURCH 25
Warum Männer ihre Einkäufe immer bis zur letzten
Minute aufschieben und warum sie so einen Wirbel
darum machen 26
Warum Frauen sich durch den Weihnachtseinkauf
belastet fühlen 29
Wie man Geschenke kauft 30
Wie man Kleidung als Geschenk einkauft 31
Wie man Lebensmittel einkauft 33
Ein Finanzplan für Weihnachten 35
Warum können Männer keine Geschenke
einpacken? 37
Warum sind erwachsene Männer so wild auf
»Jungen-Spielzeug«? 39
Warum Männer Massagematten verschenken 42
Fallstudie: Helen und Andy 43
Ein guter Rat für Männer – warum Schuhe das
ultimative Geschenk sind 46
Weihnachtsgeschenke für Kinder 49
Fallstudie: Anna und Katie 50
»Das wäre jetzt wirklich nicht nötig gewesen.« 52

1. *Hand vor den Mund*   54
2. *Nasenreiben*   54
3. *Augenreiben*   54
4. *Hand ans Ohr*   55
5. *Halskratzen*   55
6. *Finger im Mund*   56
7. *Versteckte Hände*   56
Zwischen den Zeilen des Schenkens und Beschenkt-
werdens   57

2 MÄNNER, FRAUEN UND WEIHNACHTSSTRESS   58
Wie Frauen mit Weihnachtsstress umgehen   60
Warum Frauen alles, was sie noch tun müssen, laut
aufzählen   61
Warum Frauen weinen, wenn sie gestresst sind   62
Warum Frauen sich ärgern, wenn Männer die
Probleme mit dem Weihnachtsessen lösen wollen . .   63
Warum Männer alle Weihnachtsprobleme lösen
wollen   65
Fallstudie: Sarah und Paul   66
Lösung: Wie man mit einer Frau im Weihnachts-
stress umgeht   70
Wie Männer mit Weihnachtsstress umgehen   71
Stille Nacht – warum gestresste Männer nicht
reden   71
Lösung: Wie man mit einem Mann im Weihnachts-
stress umgeht   73
Was tun, wenn *beide* im Weihnachtsstress sind?   73
Lösung: Wie man miteinander umgeht, wenn *beide*
tief im Weihnachtsstress stecken   75

3 WIE PAARE AN WEIHNACHTEN HAND IN HAND
ARBEITEN KÖNNEN   76
Warum Frauen Männern nicht sagen, was sie tun
sollen   78
Fallstudie: Barbara und Adam   78

Wie die indirekte Ausdrucksweise zu einem hand-
festen Weihnachtsstreit führen kann 80
Lösung: Wie man mit einem Mann redet 81
Ein Wörterbuch der häufigsten männlichen Sprachmuster
an Weihnachten 82
Warum Männer nicht gleichzeitig die Weihnachtspost
erledigen und fernsehen können 83
Lösung: Wie man einen Mann dazu bringt,
zuzuhören 86
Warum Frauen über so viele Dinge gleichzeitig
reden 87
Lösung: Wie man einem Mann mit einfachen Worten
etwas klarmacht 89
Nörgeln an Weihnachten 89
Warum Frauen in der Weihnachtszeit so viel
nörgeln 91
Warum Frauen Weihnachten so wichtig ist 92
Die Weihnachtsfee und der freche Kobold 93
Wie sich die Nörglerin fühlt 94
Wie sich das Opfer fühlt 96
Nörgeln funktioniert nie 96
Die Nörglerin verstehen – warum Frauen
Weihnachten Anerkennung brauchen 97
Die Herausforderung für das Opfer und die
Nörglerin 98
Kinder an Weihnachten: Wie man sie dazu bringt,
das zu tun, was sie tun sollen 99
Lösung: Wie Sie Ihre Familie fit für Weihnachten
machen 100
Das geheime Punktesystem der Frauen an
Weihnachten 102
Männer sehen nur das »große Bild« 105
Unser Experiment mit Peter und Alison 106
Peters Weihnachtswertung 106
Dinge, die nicht auf Peters Liste standen, von Alison
aber gewertet wurden 107

Dinge, die Peter hätte tun können, um mehr Punkte zu erzielen 108

Alisons Weihnachtswertung 109

Strafpunkte 110

Alisons Strafpunkte für Peter 110

Peters Strafpunkte für Alison 110

Alisons und Peters Reaktionen 111

Machen Sie den Test jetzt 111

4 WARUM WEIHNACHTSFAHRTEN UNS DEN LETZTEN NERV RAUBEN 112

Problem 1 – Wie eine Autofahrt beinahe den Heiligen Abend verdorben hätte 113

Warum verfahren wir uns Weihnachten immer? 114

Woher weiß der Weihnachtsmann, wo er hin-muss? 116

Warum sich Frauen in mehrstöckigen Parkhäusern verirren 117

Wie Frauen den Weg finden 118

Wie man im Auto fröhliche Weihnachten verbringen kann 119

Weihnachtsfahrten – wer sollte am Steuer sitzen? ... 120

Die Fahrt zur Weihnachtsparty 121

Wie man eine Frau im Straßenverkehr dirigiert 122

Parken an Weihnachten – das verflixte Rückwärts-Einparken 123

Kann man seine räumlichen Fähigkeiten verbessern? 125

Problem 2 – Wie eine Autofahrt beinahe das Weihnachtsfest verdorben hätte 127

Warum halten Männer nicht an und fragen nach dem Weg? 128

Die fliegende Karte 130

Zusammenfassung: Wie man Streitereien auf weihnachtlichen Autofahrten vermeidet 131

5 ZEHN DINGE, DIE MÄNNER UND FRAUEN AN
WEIHNACHTEN TUN UND DIE DEN ANDEREN NERVEN 133
1. Warum sitzen Männer das ganze Weihnachtsfest
über vor dem Computer und spielen? 135
2. Warum finden Männer nie Tesafilm, Schere und
alles andere, was man an Weihnachten so braucht? . . 137
Augen im Hinterkopf? 138
3. Warum können Frauen den Weihnachtsbaum
nicht gerade aufstellen? 140
4. Warum vertiefen sich Männer mit Begeisterung
in diese nervigen kleinen Geduldspiele aus den
Weihnachts-Knallbonbons? 142
5. Warum zappen Männer immer mit der
Fernbedienung durch die Fernsehkanäle? 143
6. Warum bestehen Männer darauf, die Klobrille
hochgeklappt zu lassen, selbst wenn die Eltern ihrer
Frau zu Besuch sind? 146
7. Warum gehen Frauen auf Partys immer mit
anderen Frauen zur Toilette? 150
8. Warum lieben Männer anzügliche Witze? 163
Wie Witze und Humor den Schmerz lindern 156
Lassen Sie sich davon nicht Weihnachten verderben 158
9. Warum schaffen es Frauen nie, die eine Sendung,
die man Weihnachten wirklich gern sehen würde,
aufzunehmen? 159
10. Warum beschweren sich manche Männer darüber,
dass sie sich Weihnachten entsetzlich langweilen? . . 160
Und warum graut es den Frauen dann nicht vor der
freien Zeit um Weihnachten? 162

6 »WAS HAST DU GESAGT, WIE LANGE WOLLTEST DU
BLEIBEN?« 164
Weihnachtsfreude 165
Ein fröhliches Weihnachtsfest 166
Lachen Sie sich Weihnachten fröhlich 167
Warum man sich Weihnachten so eingeengt fühlt . . 168

»Du sitzt auf meinem Stuhl.« 170
Machen Sie den Tischtest 171
»Wo soll ich sitzen?« 171
Der Umgang mit schwierigen Gästen 172
Der Gast, der sich unerträglich breitmacht 173
Der Gast, der keinen Finger rührt 174
Der kritische oder störende Gast 177
Machen Sie den Fußbodentest 178
Wie Sie Weihnachten Höhenunterschiede zu Ihren
Gunsten nutzen können 179
Eine niedrige Sitzposition als dominantes Signal 180
Der streitbare Gast 180
Die Eckposition 181
Die konkurrierende/defensive Position 181
Perfektionieren Sie Ihre Weihnachts-Sitzordnung .. 182
Rechteckige Tische 183
Quadratische Tische 184
Runde Tische 185
Der stille oder neue Gast 187
Ein Lernexperiment 188
Wie man zwei Menschen in ein Gespräch einbezieht ... 188
Wie Sie für eine entspannte Atmosphäre sorgen ... 189
Wie man an Weihnachten jedem Streit aus dem
Weg geht 190
Kinder an Weihnachten 192

7 DIE ANDERE FRAU – DAS WEIHNACHTSFEST MIT
DER SCHWIEGERMUTTER 193
Seine Mutter – ihr Problem 195
Sie sind nicht alle böse 198
Das erste Weihnachten im eigenen Heim 199
Die Schwiegermutter, die »doch nur helfen will« ... 200
Fallstudie: Susan, John und Cassie 201
Susans Perspektive 201
Cassies Perspektive 201
Johns Perspektive 203

Wie Sie nächste Weihnachten die Probleme mit
Ihrer Schwiegermutter in den Griff bekommen 206
Wie zieht man Grenzen – auch und gerade an
Weihnachten? 208

8 Mistelzweig und Weihnachtsstrümpfe:
Verführung, Partnersuche und Sex 212
Warum Frauen in puncto Verführung alles besser im
Griff haben 213
Wie man einen Mann bei einer Weihnachtsfeier auf
sich aufmerksam macht 215
Männer entflammen 216
Sorgt der Alkohol dafür, dass Weihnachten alle
attraktiver aussehen? 217
Das erste Rendezvous an Weihnachten – ein paar
todsichere Romantik-Tipps für Männer 218
Wie man einen Partner fürs Leben, nicht nur für die
Weihnachtstage findet 221
Weihnachtspartys – wie man als Paar dorthin geht
(und als Paar wieder zurückkommt) 224
Weihnachtspartys – wie man einer Frau ein ehrlich
gemeintes Kompliment macht 225
Paare und Sex an Weihnachten 226
Sex und Weihnachtsstress 228
Andere Faktoren, die den Sex an Weihnachten
beeinflussen 231
Warum Männer ihren Frauen sexy Dessous zu
Weihnachten schenken 232
Alles, was er sich zu Weihnachten wünscht – warum
Männer einfach nicht anders können 234
Alles, was sie sich zu Weihnachten wünscht – warum
Frauen treu sind 235
Vorsicht vor der Weihnachtsfeier 236
Warum starren Männer auf Weihnachtspartys andere
Frauen an? 239
Wie Männer sich verhalten sollten 242

Wie man sein Liebesleben an Weihnachten
verbessert 242
Warum Sex an Weihnachten so wichtig ist 244

9 Die Weihnachtsfeier im Büro 246
1. Der Handschlag – ein erster guter Eindruck 248
Wie Dominanz und Kontrolle vermittelt werden 249
Der dominante Händedruck 249
Der nachgiebige Händedruck 251
Wie schafft man Gleichstand? 252
Wie schafft man Harmonie? 252
Wenn Frauen und Männer sich die Hand geben 253
Der kalte, feuchte Händedruck 254
2. Die Körperhaltung – Aufgeschlossenheit
vermitteln 254
Armbarrieren 254
Chef gegen Mitarbeiter 256
Die wichtigsten Haltungen im Stehen 257
Wie man entspannt wirkt 258
3. Die Spiegelung – Übereinstimmung herstellen . . . 259
Unterschiede zwischen Männern und Frauen 260
Was kann man als Frau tun? 261
Übereinstimmung schaffen 262
4. Das Lächeln – den anderen für sich einnehmen . . 263
Warum man über die Witze seines Chefs lachen sollte . . . 264
Lächeln und Lachen hilft, Kontakte zu knüpfen 265
Lächeltipps für Frauen 265
Zusammenfassung: Wie man auf der Weihnachtsfeier
gut ankommt 267

Schluss 268
Warum wir Weihnachten lieben 268
Herr und Frau Weihnachtsmann 269
Wie Sie dieses Buch zu Weihnachten verschenken . . 270
Warum Weihnachten gut für Sie ist 271

Bibliographie 273

Danksagung

Wir möchten folgenden Menschen danken:

Susan Lamb, Juliet Ewers, Laura Collins, Ian Marshall, Malcolm Edwards, Lisa Milton, Dallas Manderson, Mark Streatfeild und unserer Literaturagentin Dorie Simmonds.

Einleitung

Sie können fragen, wen Sie wollen, ob Mann oder Frau, jung oder alt – zum Thema Weihnachten sagt jeder unweigerlich dasselbe:»Ich möchte eine schöne Zeit mit den Menschen verbringen, die ich liebe; ich möchte Ruhe, gutes Essen, ein harmonisches Beisammensein.« So einfach ist das. Wir alle haben da ähnliche Vorstellungen. Wenn also Männer und Frauen dasselbe wollen, warum treten dann an Weihnachten unsere Unterschiede oft besonders hervor und verhindern die erhoffte Harmonie und Geborgenheit? Unsere guten Absichten und großen Erwartungen für die Feiertage enden nur allzu oft in Enttäuschung. Frauen liegen plötzlich nachts wach im Bett und fragen sich:»Warum können Männer einfach nicht die richtigen Geschenke kaufen?« und:»Warum beteiligen sie sich nicht an den Vorbereitungen?« Männer wachen um zehn Uhr morgens auf und müssen feststellen, dass ihre Partnerin nicht mehr mit ihnen redet oder ihnen eine lange Liste mit Dingen, die sie noch erledigen müssen, um die Ohren haut, und fragen sich:»Warum nerven Frauen an Weihnachten eigentlich so?« und:»Warum sind sie dermaßen gestresst?« Eine Frage allerdings stellen sich *beide:* »Warum können wir Weihnachten nicht einfach mal *genießen?*«

In den mehr als drei Jahrzehnten unserer Beschäftigung mit den Unterschieden zwischen Männern und Frauen, bei Experimenten und Filmanalysen, beim Bücherschreiben, bei Fernsehauftritten und beim Informationsaustausch auf

Konferenzen hat man uns immer wieder folgende Frage gestellt: »Warum streiten wir an Weihnachten so viel?« Die Menschen verwirrt das Verhalten ihres Partners oder ihrer Partnerin, sie wollen wissen, warum sie gerade in der Zeit, in der sie sich besonders intensiv der Familie widmen, mehr streiten als zu jeder anderen Zeit im Jahr.

Im Grunde ist die Antwort ganz einfach: Weil sie verschieden sind. Wenn man ein Paar in einem Zimmer einsperrt, es lange genug dort lässt, noch ein bisschen Stress in Form von zankenden Kindern hinzutut, vielleicht auch noch ein bisschen zu viel Alkohol – dann werden die meisten Menschen sich in die Haare kriegen. Dann noch die Schwiegermutter mittendrin, und die Katastrophe ist unvermeidlich! Es ist eben so, dass selbst im 21. Jahrhundert die Kluft zwischen den Geschlechtern nicht kleiner geworden ist, und an Weihnachten hat man mitunter den Eindruck, dass sie die Ausmaße des Grand Canyons erreicht.

Wir freuen uns das ganze Jahr auf Weihnachten, und das ganze Weihnachten freuen wir uns auf den Rest des Jahres.

Warum Weihnachten für Paare so anstrengend ist

Die Scheidungsrate für Frischvermählte liegt heute bei etwa 50 Prozent, und wenn man noch die nicht verheirateten Paare und homosexuelle Partnerschaften mit einbezieht, kann man wohl von einer tatsächlichen Trennungsrate von über 70 Prozent ausgehen. Weihnachten macht das Ganze nur noch schlimmer. Beratungsstellen berichten, dass die Zahl der Anrufe von Paaren mit Beziehungsproblemen über Weihnachten und direkt danach deutlich steigt. Laut *Relate*, der größten Beziehungsberatung in Großbritannien, verdoppelt sich die Zahl der Anrufe in ihren Beratungszentren in dieser Zeit, weil Paare und Familien an Weihnachten erhöhtem Druck ausgesetzt sind.

....

Über die Hälfte aller Menschen ist froh,
wenn Weihnachten vorbei ist.

....

Laut neuesten Forschungen beeinträchtigt der Weihnachtsstress nicht nur die Weihnachtswoche selbst – er beginnt Anfang Dezember, wenn sich die Vorfreude verflüchtigt und plötzlich die Planung des kommenden Monats ansteht. Die Universität Greenwich hat festgestellt, dass der Stress vom ersten Samstag im Dezember an stetig zunimmt, bis die Feiertage vorbei sind.

Geldsorgen, Schulden, übertriebene Erwartungen, volle Einkaufszentren, schwierige Verwandte, Sorgen um die Kinder und der Versuch, die Zeit zwischen den Familien beider Partner aufzuteilen – das alles kann die Weihnachtszeit zu einer echten Belastungsprobe machen.

....

Viele Banken haben eine neue Form des
Weihnachtssparens entwickelt. Sie soll
einem helfen, das Geld für die Geschenke
des Vorjahres zusammenzukratzen.

....

Alle Risse, die das ganze Jahr über mühsam übertüncht wurden, brechen plötzlich auf, und viele Paare wissen gar nicht, was mit ihnen geschieht. Der Stresspegel steigt, und selbst die kleinsten Dinge können einen auf die Palme bringen – Untersuchungen zeigen, dass 14 Prozent der Menschen sich sogar über die Weihnachtsbeleuchtung am Haus ihrer Nachbarn ärgern!

Nach einer neueren Umfrage des Versicherungsunternehmens Zurich sind etwa ein Drittel aller Menschen bekennende Weihnachtshasser. Fünf Prozent sagten in einer Umfrage von Lloyds TSB sogar, dass sie Weihnachten als anstrengender und belastender empfinden als eine

Scheidung oder einen Einbruch in ihr Haus. Und in Großbritannien reichen am ersten Montag nach Neujahr – dem »Schwarzen Montag« – mehr Paare die Scheidung ein als an jedem anderen Tag des Jahres.

....

Jim fragte seine Frau Christine, was sie sich zu Weihnachten wünsche. Sie waren nun dreißig Jahre verheiratet, und er wollte ihr etwas ganz Besonderes schenken.
»Ich möchte, dass du lange Freude an diesem Geschenk hast. Wie wäre es mit einem neuen Ledermantel?«,
fragte er.
»Ach, lieber nicht«, sagte Christine.
»Dann vielleicht ein Mercedes-Sportwagen?«,
schlug Jim vor.
»Nein«, antwortete sie.
»Oder ein Ferienhaus irgendwo, wo es warm ist?«
Aber auch diesen Vorschlag lehnte sie ab.
»Also, was wünschst du dir dann zu Weihnachten?«,
fragte Jim schließlich.
»Jim, ich möchte die Scheidung«, sagte Christine.
»Ehrlich gesagt«, antwortete Jim, »so viel wollte ich dann doch nicht ausgeben.«

....

Im Grunde ist Weihnachten so belastend für Beziehungen, weil es die Unterschiede besonders betont. Wenn Frau und Mann unter Druck – und der ist untrennbar mit Weihnachten verbunden – nicht miteinander reden und einander nicht verstehen, dann werden beide kaum je die glücklichen, harmonischen Feiertage erleben, von denen sie träumen.

....

100 Prozent aller Ehen beginnen mit
einer Hochzeit, und sehr viele werden
nach Weihnachten geschieden.

....

Das muss nicht unbedingt so sein. Weihnachten kann die Menschen einander näherbringen. Aber um effektiv miteinander kommunizieren zu können, müssen wir dieselbe Sprache sprechen. Männer und Frauen sind verschieden. Nicht besser oder schlechter, sondern verschieden. Außer der Tatsache, dass sie der gleichen Spezies angehören, gibt es keine nennenswerten Gemeinsamkeiten zwischen ihnen. Sie leben in unterschiedlichen Welten, haben andere Wertvorstellungen und gehorchen anderen Gesetzmäßigkeiten. Das wissen alle, aber nur sehr wenige – vor allem Männer – sind bereit, es auch zu akzeptieren. Wenn wir einander verstehen wollen, müssen wir uns ganz unvoreingenommen mit bestimmten Gesetzmäßigkeiten auseinandersetzen.

Sind Männer und Frauen *wirklich* so verschieden?

Ja! Männer und Frauen haben sich unterschiedlich entwickelt, weil es nicht anders ging. Frauen sind von der Evolution her zum Kindergebären und Nestverteidigen bestimmt, und deshalb ist das weibliche Gehirn so organisiert, dass Frauen die Menschen in ihrem Leben besonders gut nähren und pflegen, sie lieben und für sie sorgen wollen. Männer entwickelten sich mit einer völlig anderen Arbeitsplatzbeschreibung – sie waren Jäger, Beschützer, Versorger und Problemlöser.

Ihr Körperbau passte sich ihren besonderen Aufgaben ebenso an wie ihr Gehirn. Männer wurden größer und stärker als die meisten Frauen, und ihr Gehirn entwickelte sich ihren Aufgaben entsprechend. Die Frauen waren meist damit zufrieden, dass ihre Männer draußen unterwegs waren, während sie das Feuer in der Höhle schürten, und ihr Gehirn entwickelte sich ebenfalls so, dass es ihren Aufgaben im Leben gewachsen war.

Über Jahrmillionen hinweg bildete sich so die Gehirnstruktur von Männern und Frauen unterschiedlich aus. Wir wissen inzwischen, dass die beiden Geschlechter Informationen unterschiedlich verarbeiten. Sie denken unterschiedlich, haben unterschiedliche Überzeugungen und Wahrnehmungen, Prioritäten und Verhaltensweisen. Wissenschaftliche Untersuchungen, besonders die neuentwickelte Technik, Gehirnaktivitäten durch Kernspintomographie zu scannen, bestätigen das. Das Gegenteil zu behaupten ist das sicherste Rezept dafür, unglücklich, verwirrt und desillusioniert durchs Leben zu irren.

Die Verknüpfungen in unserem Gehirn und die Hormone, die in unserem Körper walten, sind die zwei ausschlaggebenden Faktoren für unser Denken und Handeln – und das schon lange vor unserer Geburt. Unsere Instinkte sind nichts anderes als Gene, die bestimmen, wie sich unser Körper in bestimmten Situationen verhalten wird.

Frauen schreiben die meisten Bücher über zwischenmenschliche Beziehungen, und mehr als 80 Prozent der Käufer sind weiblich. Bei einem neutralen Beobachter könnte das den Eindruck erwecken, dass Frauen sich mehr um Beziehungen kümmern als Männer.

In vieler Hinsicht ist das richtig. Das Konzept der Konzentration auf eine Beziehung ist kein natürlicher Bestandteil der männlichen Psyche, des männlichen Denkens oder der männlichen Prioritätenskala. In Wirklichkeit aber wollen Männer gute, gesunde und erfüllende Beziehungen ebenso sehr wie Frauen. Sie gehen nur davon aus, dass sie eines Tages noch die perfekte Beziehung finden werden, und zwar ohne zuvor dafür zu lernen oder sich vorzubereiten. Frauen begehen regelmäßig den Fehler, zu glauben, dass ein Mann, der sie liebt, sie auch verstehen müsse. Normalerweise tut er das nicht. Wir nennen einander aus gutem Grund das »andere« Geschlecht – wir sind anders.

....

»Eine Frau muss nur einen Mann kennen, um alle
Männer zu verstehen; ein Mann mag dagegen alle
Frauen kennen, aber er wird nicht eine von ihnen verstehen.«
HELEN ROWLAND

....

Warum wir dieses Buch geschrieben haben

An Weihnachten dreht sich alles um die Beziehungen zu unseren Lieben. Das Geheimnis eines erfolgreichen Weihnachtsfestes liegt deshalb darin, einander zu verstehen und die Zusammenarbeit miteinander zu lernen – trotz all unserer Unterschiede.

Es gibt Hunderte, vielleicht sogar Tausende von Büchern auf dem Markt, die das »perfekte« Weihnachten propagieren – wie man Weihnachtsplätzchen backt, sein Haus weihnachtlich schmückt, das perfekte Weihnachtsessen mit allem Drumherum serviert, wie man Geschenke einpackt, Weihnachtskarten malt und sogar, wie man den schönsten Weihnachtsstrumpf strickt!

Interessanterweise gibt es aber herzlich wenig Bücher, die einem sagen, wie man an Weihnachten erfolgreiche und harmonische Beziehungen zu seinem Partner und seiner Familie pflegt. Deshalb haben wir *Warum Männer sich Socken wünschen und Frauen alles umtauschen* geschrieben.

Dieses Buch bietet die reelle Chance, ein paar Themen anzupacken, die Weihnachten für Paare zur stressigen Herausforderung machen. Es steckt voller vernünftiger Vorschläge und wissenschaftlicher Fakten, die jeden überzeugen werden, aber alles ist auf witzige, leichtverdauliche Weise beschrieben. Es erklärt das Verhalten des »anderen Geschlechts«, sei es nun der Partner oder die Partnerin, seien es Sohn, Tochter, Mutter, Vater, Schwiegereltern, Freunde oder Nachbarn.

Beziehungen gehen in die Brüche, weil Männer nicht verstehen wollen, weshalb eine Frau nicht sein kann wie ein Mann, und Frauen von ihren Männern erwarten, dass sie genauso reagieren wie sie selbst. In diesem Buch werden wir Ihnen die wichtigsten Unterschiede zwischen Männern und Frauen offenbaren und Ihnen zeigen, welche konfliktträchtigen Auswirkungen sie vor allem an Weihnachten haben: »Warum hasst er Weihnachtseinkäufe?«, »Warum zappt er immer herum, wenn ich einen Film sehen will?«, »Warum komme ich einfach nicht mit seiner Mutter klar?« und »Warum verbringt er Stunden mit diesen blöden Geduldspielen?«; »Warum bricht sie in Tränen aus, wenn sie gestresst ist?«, »Warum findet sie die Geschenke, die ich ihr kaufe, nie gut?« und »Warum schafft sie es einfach nicht, den Weihnachtsbaum gerade aufzustellen?«

Die Wissenschaft kann all dies erklären. Wir wissen heute, dass es evolutionäre und biologische Gründe für all diese Verhaltensweisen gibt. Mit Hilfe unserer eigenen Forschungen, unserer Erfahrung, der neuesten Untersuchungen und Umfragen und all dessen, was wir in unseren bisherigen drei Bestsellern *Die kalte Schulter und der warme Händedruck, Warum Männer nicht zuhören und Frauen schlecht einparken* und *Warum Männer lügen und Frauen immer Schuhe kaufen* dargelegt haben, werden wir praktikable Lösungen und konstruktive Ansätze für ein neues gegenseitiges Verständnis anbieten, damit Sie das Weihnachtsfest miteinander feiern können, das Sie beide verdienen. Aber wir wollen nicht nur Weihnachten erträglicher machen; wir wollen, dass Ihre Beziehung auch auf lange Sicht stabiler und harmonischer wird.

Dieses Buch ist all jenen Männern und Frauen gewidmet, die sich auch schon einmal um zwei Uhr morgens haareraufend gegenübergesessen und ihre Partner beschworen haben: »Warum kannst du mich einfach nicht verstehen?« Es ist für alle, die je gedacht haben: »Gott sei Dank ist nur einmal im Jahr Weihnachten.« Es ist ein Reiseführer für den Besuch einer anderen Kultur in einem fremden Land. Es enthält lokale Ausdrücke und Slangs, Signale der Körpersprache und eine Erklärung dafür, warum die Einwohner dieses Landes so sind, wie sie nun mal sind.

....

Das Beste an Weihnachten ist,
dass es nur einmal im Jahr stattfindet.

....

Warum Männer sich Socken wünschen und Frauen alles um-
tauschen wird Ihnen helfen, besser mit dem anderen Geschlecht zurechtzukommen und Weihnachten so zu genießen, wie Sie beide es wollen. Vor allem aber wird es Ihnen
helfen, sich selbst zu verstehen – die Voraussetzung für ein
glückliches, gesundes und harmonisches Leben zu zweit.

Wir wünschen Ihnen eine schöne Zeit mit unserem
Buch und frohe Weihnachten!

Barbara and Allan Pease

Kapitel 1
Die Weihnachtseinkäufe:
Nur die Stärksten kommen durch

Der Weihnachtsmann, der die Geschenke durch den Kamin hinunterrutschen lässt, ist uns allen ein vertrautes Bild. Aber warum sind wir eigentlich so sicher, dass es ein Weihnachts*mann* ist? Vielleicht ist es doch eher eine Frau? Zunächst einmal erledigt der Weihnachtsmann alle Einkäufe rechtzeitig – wenn er ein Mann wäre, würde er bis Heiligabend damit warten, und die ganze Welt würde zur Bescherung einen kläffenden Hunderoboter unter dem Baum finden, noch originalverpackt in der Plastiktüte des Supermarkts. Außerdem wäre ein Mann doch niemals imstande, all diese Geschenke auszuliefern. Zuerst würde er sich, auch trotz der natürlichen Weisheit seiner Rentiere, unweigerlich verirren, und dann wäre er zu stolz, um anzuhalten und nach dem Weg zu fragen. Dann gäbe es unvermeidlich Verzögerungen durch den Zustand der Kamine, denn der Weihnachtsmann würde sie alle gründlich inspizieren und auf lockere Steine und bröckelnden Putz hinweisen. Und er würde unter jeden schiefen Weihnachtsbaum kriechen, um ihn in einem exakten 90-Grad-Winkel zum Boden auszurichten.

Andererseits allerdings muss der Weihnachtsmann ein Mann sein: Er kommt spät, isst und lässt das schmutzige Geschirr stehen. Und außerdem würde keine Frau jedes Jahr denselben roten Mantel tragen.

Woran erkennt man Heiligabend, dass
bald Ladenschluss ist?
Die Männer rennen los, um ihre
Geschenke zu besorgen.

Wenn es um Geschenke und Weihnachtseinkäufe geht, unterscheiden sich die Vorstellungen und Ansätze von Männern und Frauen fundamental. Einkaufen ist sonst schon anstrengend genug, aber der Weihnachtseinkauf kann zu einer echten Belastungsprobe werden. Dazu noch der Druck, dass man dem anderen ein hübsches Geschenk kaufen muss, und Streit und Reibereien folgen geradezu zwangsläufig. Doch wenn man sich erst mal darüber klargeworden ist, kann man auch nach Lösungen suchen. Es ist alles eine Frage der Organisation.

Warum Männer ihre Einkäufe immer bis zur letzten Minute aufschieben und warum sie so einen Wirbel darum machen

Das Dasein als Mann hat den unschätzbaren Vorteil, dass man Heiligabend Weihnachtsgeschenke für die ganze Familie eine Stunde vor Ladenschluss in weniger als 40 Minuten kaufen kann, und das auch noch ganz allein. Leider ist Einkaufen bei Männern furchtbar unbeliebt. Das erklärt wenigstens zum Teil, warum sie es immer auf den letzten Drücker erledigen (oder, noch besser, auf ihre Partnerinnen abschieben). Und warum sie, wenn sie dann mal losgehen, gleich für die nächsten neun Jahre einkaufen.

Die meisten Männer halten Einkaufen für ebenso vergnüglich wie eine Prostatauntersuchung bei einem Arzt, der eiskalte Hände hat. Der britische Psychologe Dr. David Lewis kam zu dem Schluss, dass der Stress, den Männer bei den Weihnachtseinkäufen empfinden, der Belastung eines Polizisten ähnelt, wenn er einem wütenden Mob gegenübersteht. Für die meisten Frauen dagegen sind sogar die Weihnachtseinkäufe eine beliebte Form, Stress abzubauen – solange sie genug Zeit dazu haben.

20 Prozent der Frauen haben schon Anfang September mit den Weihnachtseinkäufen begonnen.

Die Gründe liegen auf der Hand, wenn man sich mit der unterschiedlichen Entwicklungsgeschichte von Mann und Frau und der damit verbundenen unterschiedlichen Vernetzung ihrer Gehirne beschäftigt. Das Dasein als Jäger ließ bei den Männern eine Art Tunnelblick entstehen, mit dem sie sich auf dem schnellsten Weg direkt von A nach B bewegen können. Die zahlreichen Zickzackbewegungen zwischen anderen Kauflustigen und von Laden zu Laden, zu denen man bei einer Einkaufstour gezwungen ist, sind dem Mann unangenehm, weil eine Richtungsänderung bei ihm eine bewusste Entscheidung verlangt. Frauen mit ihrer breiteren, stärker peripheren Wahrnehmung kreuzen dagegen mit Leichtigkeit durch ein überfülltes Einkaufszentrum. Dabei ist es natürlich nicht gerade hilfreich, dass Männer die Weihnachtseinkäufe bis zur letzten Minute aufschieben und erst losziehen, wenn die Läden voller sind als ein Pendlerzug zur Rushhour. Aber warum sollte man heute schon etwas tun, was man auch morgen noch erledigen kann? In ihrer Not verschenken Männer dann mitunter Dinge, die sie besser behalten hätten.

Unterhaltung kurz nach Weihnachten: »Sag mal, war eigentlich unter deinen Weihnachtsgeschenken eine echte Überraschung?« Antwort: »Aber sicher! Ich habe von meinem Chef ein Buch bekommen, das ich meinem Kollegen Schmidt vor Jahren geliehen hatte!«

Männer haben sich evolutionsbedingt zu Geschöpfen entwickelt, die rasch Beute machen und dann wieder zurück
in ihre Höhle wollen. Auch heute noch möchten Männer
so einkaufen. Sie wissen, für wen sie Geschenke kaufen
müssen, sie haben meist eine vage Vorstellung davon, was
sie kaufen sollten, und dann machen sie sich auf und kaufen
alle Geschenke in einem Rutsch. Kein quälendes Nachdenken darüber, ob Tante Gladys wohl eher dieser Schal
oder diese Handtasche gefallen würde, kein Hin und Her,
wie viel man wohl für den kleinen James ausgeben sollte.
Sie gehen in die Stadt und kaufen ein und kommen wieder
nach Hause. Wenn es irgendwie geht, lassen sie die Geschenke im Laden verpacken. Problem gelöst.

Frauen kaufen ein, wie ihre weiblichen Urahnen sammelten: Sie zogen einen Tag lang mit einer Gruppe anderer Frauen zu einem Ort, an dem laut Aussage einer Ge-
schlechtsgenossin schmackhafte Dinge wuchsen. Frauen
beginnen mit den Weihnachtseinkäufen oft viel früher als
Männer – und manche Frauen besorgen schon im Winterschlussverkauf die ersten Geschenke für das nächste Jahr.

....

*Wenn eine Frau im Winterschlussverkauf für Weih-
nachten einkauft, ist sie früh dran. Wenn ein Mann im
Winterschlussverkauf für Weihnachten einkauft, hat er
sich verlaufen und will nicht nach dem Weg fragen.*

....

Oft wissen Frauen gar nicht, wonach sie genau suchen,
wenn sie Weihnachtseinkäufe machen, manchmal noch
nicht einmal, für wen sie überhaupt Geschenke kaufen wollen. Solange sie genug Zeit haben, bummeln sie den ganzen
Tag lang mit einer Freundin durch die Gegend, drücken,
schnüffeln, betasten und probieren all die interessanten
Dinge, die sie finden, und gleichzeitig reden sie miteinander
über verschiedene, scheinbar zusammenhanglose Themen –
genau wie die Frauen, die früher gemeinsam umherstreif-
ten und Beeren sammelten. Wenn sie nichts fanden oder

die Früchte noch nicht reif waren und sie abends mit leeren Händen zurückkehrten, waren sie trotzdem nicht frustriert. Deshalb haben Frauen auch dann einen schönen Tag verbracht, wenn sie abends vom Einkaufsbummel nach Hause kommen und gar nichts gekauft haben.

> »Wir halten immer Händchen.
> Wenn ich sie loslasse, kauft sie ein.«
> ALLAN PEASE

Männern ist dieses Verhalten rätselhaft. Wenn ein Mann früher mit anderen Männern einen ganzen Tag ohne klare Richtung, ohne Ziel oder Zeitvorgabe durch die Gegend gestreift und ohne Beute heimgekehrt wäre, hätte er als Versager dagestanden. Für einen Mann ist es sinnvoll, alle Weihnachtseinkäufe auf den letzten Drücker in einem Rutsch zu kaufen. Er hat dann einfach keine Zeit, lange zu überlegen – er muss 25 Weihnachtsgeschenke innerhalb einer Stunde besorgen, also nimmt er, was gerade da ist, in der Zeit, die ihm bleibt, und geht dann zufrieden nach Hause.

> *Die meisten Männer rasten bereits nach*
> *20 Minuten Shopping völlig aus.*

Die Forschung hat gezeigt, dass Männer nicht nur eine Abneigung gegen das Einkaufen, besonders gegen Weihnachtseinkäufe, haben, sondern dass diese Aufgabe wegen des Stresses sogar gesundheitsschädlich für sie ist.

Warum Frauen sich durch den Weihnachtseinkauf belastet fühlen

Frauen genießen das Einkaufen, wenn sie viel Zeit haben, aber sie geraten in Stress und reagieren entnervt, sobald sie sich nach einem strikten Zeitplan richten müssen. Das ist vor allem an Weihnachten der Fall, besonders weil sie oft die Hauptverantwortung für alle Besorgungen für das Fest tragen. Frauen kann das Einkaufen genauso stressen wie Männer.

....

Über 30 Prozent der Menschen finden Weihnachts-einkäufe »traumatisch«, verglichen mit nur 25 Prozent, die den Bohrer des Zahnarztes fürchten, und 85 Prozent zeigen deutliche Stresssymptome beim Einkaufen.

....

Untersuchungen haben gezeigt, dass Menschen besonders dann unter Stress stehen, wenn sie das Gefühl haben, dass ihnen die Kontrolle entgleitet. Wenn eine Frau nur wenig Zeit für ihre Weihnachtseinkäufe hat und nicht die passenden Geschenke findet, reagiert sie verständlicherweise mit Anspannung und Unsicherheit. Zudem haben gerade Frauen sehr hohe Erwartungen an Weihnachten. Sie wollen, dass alles wie am Schnürchen klappt, und fühlen sich oft dafür verantwortlich, dass alle anderen zufrieden sind. Das gelingt ihnen jedoch nicht. Der Ratschlag weiter unten soll helfen, Ihren Einkaufsstress ein wenig zu lindern.

Wie man Geschenke kauft

Wenn Sie beschließen, gemeinsam einkaufen zu gehen, brauchen Sie unbedingt unsere Hilfe! Eine neuere Untersuchung hat gezeigt, dass verblüffende 57 Prozent von uns zugeben, dass sie beim Weihnachtseinkauf mit ihrem Partner streiten. Wenn Männer und Frauen – mit all ihren Unterschieden – zusammen fürs Fest einkaufen, kann das mit einem gewaltigen Krach enden. Männer reagieren unsicher und frustriert, wenn eine Frau sich genau überlegt, was sie kaufen will und ob ein Geschenk dem Empfänger wohl gefallen wird. Er will einfach nur, dass sie das verfluchte Teil kauft, damit sie so schnell wie möglich hier rauskommen.

Er wird wütend, wenn sie nach seiner Meinung fragt und dann doch nichts kauft. Sie dagegen reagiert enttäuscht, wenn er keine Meinung zu ihren Vorschlägen äußert. Sie hat den Eindruck, dass die ganze Mühsal auf ihr lastet und er nur hinter ihr herschlappt und fragt, wie lange sie denn noch braucht.

Es entspricht den Denkmustern von Frauen, dass sie viele verschiedene Angebote gegeneinander abwägen: Sie durchleben dabei eine ganze Palette an Empfindungen und betrachten jedes Geschenk im Spiegel einer bestimmten Stimmung. Der männliche Ansatz beim Aussuchen der Geschenke spiegelt männliche Denkmuster wider: konservativ und lösungsorientiert. Er wählt gern praktische und wenig überraschende Geschenke: eine Flasche Wein, einen Blumenstrauß, Manschettenknöpfe, vielleicht einen Schal oder Handschuhe. Frauen schenken lieber etwas Persönliches, das jeweils zum Beschenkten passt. Sie suchen das *perfekte* Geschenk.

Um einen Mann zu einem gemeinsamen Einkaufsbummel zu motivieren, muss man ihm klare Kriterien an die Hand geben: Sagen Sie ihm, für *wen* Sie beide *was* kaufen wollen (Farben, Größen, Marken, Stil) und *wo* Sie *wie lange* einkaufen wollen. Wenn Sie klare Ziele gesteckt haben (obwohl diese aus der Luft gegriffen sind), werden Sie staunen, wie viel Enthusiasmus ein Mann plötzlich beim Einkaufen zeigen kann.

Einkaufslisten können eine echte Hilfe sein, und Internet-Shopping ist oft eine einfache und praktische Lösung, um dem Weihnachtsstress zu entgehen.

Wie man Kleidung als Geschenk einkauft

Oft kaufen Männer wie Frauen Kleidungsstücke als Weihnachtsgeschenke – wieder eine mögliche Quelle endloser Konflikte. Viele Frauen haben den Eindruck, dass Männer biologisch auf den Kauf hässlicher Klamotten programmiert sind. Und das ist gar nicht so abwegig. Mindestens 100 000 Jahre lang hatte Kleidung für Frauen die Funktion, Männer anzulocken, Männer dagegen schreckten mit ihrer Kleidung Feinde ab. Männer bemalten sich Gesicht und Körper, steckten sich Knochen durch die Nase, trugen einen Büffelschädel auf dem Kopf oder banden sich einen Stein an den Penis. Es würde uns nicht überraschen, wenn Wissenschaftler entdecken würden, dass Männer, vor allem heterosexuelle Männer, ein Gen für hässliche Klamotten haben.

Wenn man einem Mann Kleidung zu Weihnachten schenken will und ihn bittet, sich doch selbst etwas auszusuchen, oder wenn man möchte, dass er Kleidung als Geschenk für einen anderen Mann kauft, dann sollte man ihm Größen, Farben, Stoffe und Preisspannen angeben und ihn auf die Jagd schicken. Das männliche Gehirn ist darauf ausgelegt, sich auf eine einzige Aufgabe zu konzentrieren. Ein Hinweis darauf, wie Männer einkaufen, ergab sich aus einer Untersuchung mit Hühnern, denen männliche Hormone ins Futter gemischt wurden. Anschließend wurden sie mit gefärbten Körnern gefüttert. Alle pickten zuerst nach den roten Körnern, bis keine mehr da waren, und fraßen dann die gelben Körner. Die anderen Hühner, die nicht mit männlichen Hormonen behandelt worden waren, fraßen die verschiedenfarbigen Körner ohne bestimmte Reihenfolge. Die meisten Männer besitzen nur zwei Paar Schuhe, die wenigsten haben ein Gespür dafür, welche Muster und Schnitte sich gut kombinieren lassen, und einer von acht Männern kann blau, rot und grün nicht unterscheiden, weil er farbenblind ist.

....

Wer zum ersten Mal Klamotten zu
Weihnachten bekommt, verliert den
Glauben an den Weihnachtsmann.

....

Wenn ein Mann zum Beispiel ein Kleid als Weihnachtsgeschenk für eine Frau kauft, muss sie ihm die genaue Größe nennen. Wenn es eine Nummer zu groß ist, wirft sie ihm vor, er wolle andeuten, sie sei zu dick. Ist es eine Nummer zu klein, denkt sie, sie habe zugenommen. Wenn sie einem Mann Kleider vorführt, muss sie ihm nur sagen, er solle jedes Kleid mit einer Zahl zwischen eins und zehn bewerten. Nie darf sie vergleichende Fragen stellen wie: »Ist das grüne besser als das gelbe?« Wenn eine Frau den Mann draußen vor der Kabine im Sessel »für gelangweilte Ehemänner« zurücklässt, sollte sie immer etwas zum Knabbern dabeihaben.

Wie man Lebensmittel einkauft

Lebensmittel einzukaufen ist vor Weihnachten besonders anstrengend, weil man gar keine andere Wahl hat, als es in letzter Minute zu erledigen, und weil man weiß, dass man alles, was man braucht, auf einmal kaufen muss, weil die Läden über die Feiertage geschlossen sind. Das Problem ist, dass alle anderen das auch wissen, und so sind die Läden vollgestopft mit Menschen (und ihren brüllenden Kleinkindern, Kinderwagen und der ganzen Familie). Hier ein paar hilfreiche Tipps für Ihr Verhalten in diesem Chaos:

Beim Lebensmitteleinkauf sollte immer der Mann den Einkaufswagen schieben. Männer haben gern alles unter Kontrolle und »fahren« gern den Wagen. Dabei können sie ihr räumliches Denken einsetzen: um Ecken steuern, den richtigen Anfahrtswinkel zum Regal wählen, die Geschwindigkeit bestimmen und so weiter. Männer mögen sogar den Einkaufswagen mit dem blockierenden Rad, weil dieser eine noch größere Herausforderung ihrer Fähigkeiten darstellt. Viele Männer machen dabei im Stillen *brrrrrummmm, brrrrummmm,* als ob sie noch kleine Jungs wären.

Fragen Sie ihn, wie die Lebensmittel seiner Meinung nach am besten im Wagen zu verstauen sind, denn dabei kann er wieder sein räumliches Vorstellungsvermögen einsetzen. Frauen gehen beim Einkaufen gerne kreuz und quer durch den Supermarkt und haken eine Liste ab, Männer bevorzugen dagegen einen geraden Kurs, kaufen nach dem Gedächtnis ein und untersuchen jeden Gegenstand, der gut aussieht. Folglich bringt ein Mann immer die gleichen Sachen nach Hause. Während Sie also zwischen den Regalreihen kreuzen, sollten Sie Ihrem Mann klare Anweisungen geben: Nennen Sie stets Marke, Geschmacksrichtung und Größe der gesuchten Artikel und spornen Sie ihn an, den günstigsten Preis zu finden. Loben Sie ihn, wenn er etwas findet und bringt. Fragen Sie ihn stets, was er Weihnachten gerne essen möchte (wenn er weiß, dass er sein Lieblingsessen bekommt, wird er die Zutaten eher finden), geben Sie ihm viele Streicheleinheiten und kaufen Sie ihm ein Leckerli wie zum Beispiel Schokolade. Als Frau tippen Sie sich jetzt vielleicht an die Stirn und fragen: »Und das alles nur, um Lebensmittel zu kaufen?!« Aber Sie müssen bedenken, dass das männliche Gehirn nicht aufs Einkaufen ausgelegt ist, und deshalb braucht Ihr Mann Anreize.

Was Sie auch tun, schicken Sie einen Mann niemals ohne Einkaufsliste zum großen Lebensmitteleinkauf vor Weihnachten – man weiß sonst nie, was er anschleppt. Weil der Mann von seiner Evolution her Jäger ist, orientiert er sich immer an klaren Zielvorgaben – er weiß, dass er *irgendetwas* mitbringen muss. Deswegen kommt ein Mann heute, wenn man ihn bittet, auf dem Weg von der Arbeit Milch, Brot und Eier mitzubringen, manchmal mit Sardinen und Gummibärchen heim. Er hat vergessen, was er kaufen sollte, und bringt stattdessen ein paar »Sonderangebote« mit – seine eigene schnelle Beute.

Wenn alles nichts nützt, sollte eine Frau ihrem Partner eine Liste schreiben und ihn bitten, online bei einem Supermarkt einzukaufen, der frei Haus liefert. Das gibt ihm eine praktikable Zielvorgabe und einen Zeitplan – beides spricht seine Art zu denken an –, und es nimmt ihnen beiden den Stress.

✳

Selbst mit diesen Strategien sind die meisten Männer beim Einkauf nur 30 Minuten aufnahmefähig. Vor Weihnachten sind es vielleicht sogar nur 20 Minuten. Wenn Sie dennoch darauf bestehen, ihn zum Weihnachtseinkauf mitzunehmen, sollten Sie in der Nähe eines großen Baumarktes bummeln, so dass er notfalls den neuesten Akku-Schwingbohrhammer ausprobieren darf, mit dem man vollkommen runde, winzige Löcher kopfüber ohne Leiter in eine Gipsdecke bohren kann, wenn es das Schicksal von einem fordert.

Ein Finanzplan für Weihnachten

Die meisten Paare streiten sich über Geld und kostspielige Extravaganzen – besonders über Weihnachten und Neujahr.

....

»Von einer weißen Weihnacht kann man nur träumen – die meisten von uns sehen vor allem rote Zahlen.«

....

Untersuchungen zeigen, dass Schenkende bei Einladungen eher bereit sind, tiefer in die Tasche zu greifen, wenn sie damit rechnen können, dass der Gastgeber das Geschenk gleich im Beisein des Gastes öffnet. Lassen Sie sich aber nicht dazu hinreißen, mehr auszugeben, als Sie sich leisten können. Das gilt insbesondere für Männer, denn es ist belegt, dass Männer für Weihnachtsgeschenke mehr ausgeben als Frauen.

Im Jahr 2002 legte eine britische Wohlfahrtsorganisation in einem Bericht dar, dass eine Familie mit Durchschnittseinkommen für Essen, Trinken, Dekoration usw. an den Weihnachtstagen umgerechnet 900 Euro ausgibt. Und die Geschenke waren in dieser Summe noch gar nicht enthalten!

Man sollte die Ausgaben drosseln, wenn man sich die Feierlaune bis Neujahr erhalten will.

Einer anderen Untersuchung zufolge gibt jeder Engländer an Weihnachten im Durchschnitt über 200 Euro für Lebensmittel aus. Wenn man dann noch die 130 Euro für alkoholische Getränke dazurechnet, könnte es womöglich billiger sein, Weihnachten im Restaurant zu verbringen.

»Ach, waren das noch Zeiten, als die Menschen einfach aufhörten, Weihnachtsgeschenke zu kaufen, wenn sie kein Geld mehr hatten.«

Die beste, ja die einzige Möglichkeit, um im Januar nicht in ein tiefes Schuldenloch zu fallen, ist das bedingungslose Festhalten an einem gutdurchdachten Finanzplan. Und der sollte nicht nur die Geschenke, sondern auch die Lebensmittel umfassen.

»Weihnachten ist die Zeit, in der die Kinder dem Weihnachtsmann erzählen, was sie haben wollen, und die Erwachsenen das alles bezahlen. Schulden sind, wenn die Erwachsenen der Regierung erzählen, was sie haben wollen, und ihre Kinder das alles bezahlen.«
RICHARD LAMM

Warum können Männer keine Geschenke einpacken?

In den Augen der meisten Männer ist das Einpacken von Geschenken eine völlig sinnlose Arbeit. Ein Geschenk ist ein Geschenk, ob es jetzt eine Schleife drum hat oder nicht. Ihrer Meinung nach ist es Unfug, etwas in Papier einzuwickeln, das man dann ja doch gleich wieder aufreißt. Eine Frau achtet darauf, ob der Schenkende ihr Geschenk mit Sorgfalt und Aufmerksamkeit verschönert hat. Für sie ist es ein Zeichen von Liebe und Zuneigung, wenn ein Geschenk schön verpackt ist.

....

*Wer davon überzeugt ist, dass Männer und Frauen
gleich sind, hat niemals einem Mann beim Einpacken
von Weihnachtsgeschenken zugeschaut.*

....

Doch es gibt eine wissenschaftliche Erklärung dafür, dass Männer keine Geschenke einpacken können. Die Augen von Männern und Frauen sind unterschiedlich gebaut. Männer überanstrengen ihre Augen leichter als Frauen, weil ihre Augen auf große Distanzen eingestellt sind und sich ständig neu justieren müssen, wenn sie zum Beispiel ein Geschenk einpacken oder Zeitung lesen. Die Augen einer Frau eignen sich dagegen besser für alle Aktivitäten im Nahbereich, weshalb sie länger über Feinarbeiten sitzen kann als ein Mann. Außerdem ist ihr Gehirn auf koordinierte feinmotorische Bewegungen in ihrem direkten Umfeld eingerichtet. Für Frauen, die ihr Nest verteidigen mussten, war es ein Vorteil beim Sammeln von Beeren oder Nüssen, wenn sie mit beiden Händen geschickt und damit doppelt so schnell waren. Deshalb haben Frauen im Zuge der Evolution geschicktere Hände bekommen und können häufiger als Männer beide Hände gleichwertig einsetzen – und das bedeutet wiederum, dass die Frau meist ganz wunderbare Schleifen binden und Geschenkpapiere falten kann.

Vor allem aber können Frauen Farben besser beurteilen als Männer, so dass sie bei der Auswahl der passenden Papiere und Schleifen klar im Vorteil sind. Die Netzhaut, also die innerste Hautschicht des Augapfels, enthält um die hundertdreißig Millionen stäbchenförmige Zellen, die sogenannten Photorezeptoren, die Schwarz und Weiß unterscheiden, und sieben Millionen zapfenförmige Zellen, die für die Farbwahrnehmung zuständig sind. Diese Farbzellen liefert das X-Chromosom. Frauen haben zwei X-Chromosomen und verfügen dadurch über mehr Zäpfchen als Männer, und dieser Unterschied macht sich darin bemerkbar, dass Frauen Farben sehr viel genauer beschreiben können. Ein Mann beschränkt sich bei farblichen Beschreibungen auf die Grundfarben, also Rot, Blau und Grün. Eine Frau spricht von elfenbeinfarben, blaugrün, aquamarin, mauve und apfelgrün.

Im Übrigen steht nirgends geschrieben, dass die drei Weisen aus dem Morgenland die ersten Weihnachtsgeschenke überhaupt verpackt hätten, bevor sie diese dem Jesuskind überreichten. Wenn da Geschenkpapier im Spiel gewesen wäre, hätte man im Neuen Testament sicher so etwas geschrieben wie: »Und siehe, die Geschenke waren kunstvoll in Papier gehüllt. Und das Papier war mit Bildern von Rudolph, dem rotnasigen Rentier, geschmückt und mit gekräuselten, glänzenden Schleifen dekoriert. Gerade wollte Joseph diese Schleifen wegwerfen, doch Maria rief aus: ›Nicht doch! Es ist ein schönes Band! Wir wollen es aufheben für das nächste Jahr!‹ Und Joseph rollte genervt die Augen. Doch das Jesuskind interessierte sich mehr für das bunte Papier als für den Weihrauch.«

....

Woran erkennen Sie, welches Geschenk
von Ihrem Ehemann ist?
Es hat die Form einer Bohrmaschine
und steckt noch in der Plastiktüte.

....

Warum sind erwachsene Männer so wild auf »Jungen-Spielzeug«?

Unserem Freund Gerry haben wir eine batteriebetriebene Papierheftmaschine in der Größe eines Minifernsehers zu Weihnachten geschenkt. Sie hat eine durchsichtige Plastikhaube, so dass man all die Rädchen und Federn drinnen beobachten kann. Sie sieht aus wie ein Gerät aus einem Spaceshuttle. Drei große Batterien müssen jede Woche ausgetauscht werden, und die Maschine tut eigentlich nichts anderes als jeder stinknormale Hefter: Sie drückt eine Klammer in einen Stapel Papier. Gerry aber war ganz aus dem Häuschen, als wir ihm dieses Prachtexemplar überreichten, nicht weil er einen Hefter brauchte, sondern weil es so viele Rädchen und Federn hatte, die sich ständig bewegten, und Blitzlichter aufleuchteten und ein echtes Motorengeräusch ertönte. Gerry hat uns erzählt, dass er manchmal, wenn er frühmorgens aufwacht und nach unten ins Bad geht, an diesem Hefter auf dem Tisch nicht vorbeikommt, ohne vier oder fünf Klammern in eine alte Zeitung zu drücken, weil er so gerne die Rädchen in Bewegung sieht.

Wenn seine Freunde ihn besuchen, stehen sie alle um das Ding herum und heften abwechselnd Klammern in Zeitungen und lachen dabei. Frauen, die zu Besuch kommen, würdigen das Monstrum keines Blickes. Sie wundern sich nur, dass jemand aufgeregt um ein so überteuertes Stück Bürotechnik herumtanzt, das die einfachsten Dienste verrichtet. Aber dieses männliche Verhalten ist das Äquivalent zur Frau, die einen völlig überzogenen Preis für einen knuddeligen Teddy mit Riesenbabyaugen und einer kleinen Stupsnase bezahlt, weil sie »einfach nicht an ihm vorbeikam«. Wenn wir den motorisierten Hefter einer Frau geschenkt hätten, hätte sie uns nicht einmal eines Dankes gewürdigt.

Es lässt sich leicht erklären, warum die Geschlechter so verschieden auf solche Objekte reagieren. Kernspinaufnahmen von männlichen und weiblichen Gehirnen haben gezeigt, dass Männer ihr Gehirn für das räumliche Vorstellungsvermögen viel stärker einsetzen als Frauen. Der räumliche Teil des Gehirns ist das Gebiet, das in Aktion tritt, um Geschwindigkeiten, Winkel und Entfernungen zu schätzen – es ist das Gehirn des Jägers.

Wegen der räumlichen Disposition des männlichen Gehirns sind Männer und Jungen süchtig nach allem, was Knöpfe, einen Motor oder bewegliche Teile hat, Geräusche von sich gibt, Lichter aufblitzen lässt und mit Batterien läuft. Das macht das Beschenken von Männern auch denkbar einfach. Ihre Gehirne sind buchstäblich so »verkabelt«, dass sie ein Geschenk mit diesen Merkmalen einfach gut finden müssen, also etwa alle Arten von Videospielen oder Computer-Software, GPS-Navigationssysteme, Digitalkameras, komplizierte Elektrogeräte mit blinkenden Lichtern, die am besten noch auf menschliche Stimmen reagieren, Roboterhunde, die sich verhalten wie echte Hunde, und alles, was einen Motor und eine Fernbedienung hat. Wenn Waschmaschinen eine Fernbedienung hätten, würden Männer wahrscheinlich sogar in Erwägung ziehen, die Wäsche zu waschen. Wenn es blinkt, piepst und mindestens sechs Batterien braucht – dann ist es fast immer das richtige Geschenk für einen Mann.

Das erklärt auch, warum Männer so fasziniert von allem sind, was mit dem Heimwerken zu tun hat. Selbst Männer, die noch nie im Leben selbst etwas gebaut haben, geraten bei der Vorstellung, selbst etwas zu bauen, in Hochstimmung. Die ganze Heimwerker-Branche zielt auf die für das räumliche Denken zuständige Region im männlichen Gehirn ab. Männer lieben die Herausforderung, historische Segelschiffe zusammenzusetzen, sie sind fasziniert von Spielzeugeisenbahnen, Modellflugzeugen, Metallbaukästen, Computertischen, Bücherregalen oder sonst irgendetwas mit einer Bauanleitung, so rätselhaft sie auch sein mag.

Als Weihnachtsmann in einem Einkaufszentrum
hörte ich von vielen Kindern den Wunsch nach einer
elektrischen Eisenbahn. »Wenn du eine Eisenbahn
bekommst«, so erklärte ich ihnen immer wieder, »dann
musst du damit rechnen, dass auch dein Vater damit
spielen will. Bist du damit einverstanden?«
Normalerweise kam ein schnelles »Ja« als Antwort, aber
ein Junge, dem ich die Frage stellte, wurde auf einmal
ganz still. Ich versuchte, die Unterhaltung wieder in
Gang zu bringen, und fragte ihn, was ihm der Weih-
nachtsmann außer der Eisenbahn noch bringen solle.
Wie aus der Pistole geschossen kam die Antwort:
»Noch eine Eisenbahn.«

Im Grunde mögen Männer und Jungen fast dasselbe. Jungen gehen in Spielzeugläden. Männer gehen in Heimwerkermärkte, Eisenwarengeschäfte und zu Autoersatzteilhändlern, wo sie etwas machen oder bauen können oder den anderen bei der Arbeit zuschauen und so ihr Bedürfnis, das räumliche Vorstellungsvermögen zu trainieren, befriedigen. Jungen glauben instinktiv, dass sie, sobald ihnen das erste Barthaar gesprossen ist, am nächsten Morgen aufwachen und in der Lage sind, einen Automotor komplett auseinanderzunehmen und wieder zusammenzubauen.

Jungen und Männer unterscheiden sich
nur durch den Preis ihrer Spielzeuge.

Frauen gründen heute die meisten Firmen, aber 99 % aller Patente – wohlgemerkt von »Jungenspielzeug« – melden noch immer Männer an. Daraus kann man eines lernen: Kaufen Sie einem Mann zu Weihnachten immer ein Spielzeug, das das räumliche Denken anspricht. Schenken Sie ihm nie Blumen oder eine hübsche Karte; derlei ist für ihn wertlos. Und geben Sie ihm das Geschenk erst am Abend, es sei denn, Sie wollen mit allen Vorbereitungen allein dastehen.

Warum Männer Massagematten verschenken

Für Männer ist das Schenken eine weitere Möglichkeit, bei der Lösung von Problemen zu helfen. Deshalb bekommen Frauen so oft funktionale, »nützliche« Geschenke wie Massagematten, Küchengeräte oder Ähnliches von ihren Männern zu Weihnachten. Um zu verstehen, warum ein Mann darauf besteht, bei jeder Kleinigkeit eine Lösung anzubieten, müssen wir uns einige Besonderheiten des männlichen Gehirns vor Augen führen.

Der Mann ist von Natur aus ein Jäger, und sein Hauptbeitrag zum Überleben der Menschheit bestand in erster Linie darin, ein bewegliches Ziel zu treffen und so alle mit Nahrung zu versorgen. Er musste Beute machen oder Feinde abwehren, die das Essen stehlen wollten oder die Familie bedrohten. Daher entwickelte sich in seinem Gehirn ein Bereich für das Erkennen und Anvisieren von Zielen, das sogenannte visuell-räumliche Denken. Von ihm leitet er seine Daseinsberechtigung ab: Er muss Ziele treffen und Probleme lösen. Männer sind daher ergebnisorientiert und messen ihren eigenen Erfolg an ihren Leistungen. Folglich bezieht ein Mann nach wie vor sein Selbstwertgefühl aus seiner Befähigung zur Lösung von Problemen. Deshalb kaufen Männer Frauen etwas, was ihrer Meinung nach ein Problem löst oder in irgendeiner Weise nützlich ist.

....

»Weihnachten ist bei uns immer der
Anlass zum Tausch von Geschenken.
Ich tausche ihres um und sie meines.«

....

Zu Weihnachten sollten Sie ihre Partnerin niemals mit irgendwelchen Küchengeräten »verwöhnen« oder mit etwas,

was die »Hausarbeit erleichtert« – etwa ein Mixer, ein Toaster, ein neuer Staubsauger oder einer von diesen Mopps, die sie im Fernsehen anpreisen und die allen Schmutz aufsaugen, der sich ihnen in den Weg stellt.

....

Ben suchte im Kaufhaus nach einem Weihnachtsgeschenk für seine Frau.

»Vielleicht ein Parfüm?«, schlug er der Verkäuferin in der Kosmetikabteilung vor. Sie zeigte ihm eine Flasche, die 50 Euro kosten sollte.

»Das ist ein bisschen viel«, meinte Ben, also ging sie noch einmal los und kam mit einem kleineren Fläschchen für 25 Euro zurück.

»Das ist immer noch eine ganze Menge Geld«, klagte Ben. Ziemlich genervt brachte die Verkäuferin ein winziges Fläschchen für 10 Euro.

Ben wurde allmählich wütend. »Meine Güte«, sagte er, »haben Sie nicht was richtig Billiges.«

Da reichte ihm die Verkäuferin einen Spiegel.

....

Fallstudie: Helen und Andy

Helen und Andy öffnen ihre Weihnachtsgeschenke. Helen hat alle Geschenke besorgt, bis auf ihr eigenes, das sie von Andy bekommt. Sie ist ganz gespannt darauf, was er wohl für sie gekauft hat.

Andy ist begeistert von seinem neuen GPS-Navigationssystem fürs Auto. Es ist genau das, was er sich gewünscht hat, und er kann es kaum erwarten, es auszuprobieren. Er greift unter den Weihnachtsbaum und überreicht Helen strahlend ein großes, in Geschenkpapier verpacktes Paket. »Fröhliche Weihnachten«, sagt er.

Helen hat schon seit Tagen immer wieder mal einen Blick auf das Geschenk unter dem Baum geworfen und spekuliert.

Ein paarmal hat sie von einer italienischen Handtasche gesprochen, die sie im Kaufhaus gesehen hatte. Immer wieder ist sie beim gemeinsamen Einkaufsbummel davor stehen geblieben, und sie hat Andy ein Bild dieser Tasche in einer Zeitschrift gezeigt. Sie hat ihm nicht ausdrücklich gesagt, dass sie sich genau diese Tasche zu Weihnachten wünscht, weil sie doch will, dass er sich wenigstens ein bisschen Gedanken macht, und weil sie sich von ihrem Geschenk überraschen lassen möchte, aber sie hofft doch sehr, dass er ihre Winke mit dem Zaunpfahl verstanden hat. Sie reißt das Geschenkpapier auf und kann ihre Aufregung kaum zügeln.

HELEN (ihre Miene verdüstert sich): »Du hast mir einen Mixer gekauft?«

ANDY (stolz): »Nein, nicht einfach irgendeinen Mixer: Es ist ein besonders guter. Spitzenklasse. Der Verkäufer sagte, dass er fünfzehn verschiedene Aufsätze hat und bei Tests fünf Sterne bekommen hat. Wolltest du einen anderen?«

HELEN: »Darum geht es gar nicht. Es ist nur …«

ANDY: »Du sagst doch immer, dass der alte Mixer bald den Geist aufgibt.«

HELEN: »Ich weiß, es ist nur … also … Eigentlich solltest du mir etwas schenken, was mir zeigt, dass du dich um mich und meine Bedürfnisse kümmerst und dass du an mich denkst.«

ANDY: »Ich kümmere mich doch. Natürlich habe ich über deine Bedürfnisse nachgedacht – ich dachte, du brauchtest einen neuen Mixer. Was wolltest du denn haben?«

HELEN (den Tränen nahe): »Ich wollte eine Handtasche.«

ANDY (völlig ahnungslos): »Also, wie hätte ich das denn erraten sollen. Ich kann doch keine Gedanken lesen. Gestern noch hast du gesagt, dass du einen neuen Mixer brauchst.«

HELEN (stürmt aus dem Zimmer): »Du verstehst mich überhaupt nicht!«

Eine typische Weihnachtsszene. Andy will etwas Nützliches verschenken. Er glaubt wirklich, dass er sich Gedanken gemacht hat und dass er als Ausdruck seiner Liebe Helen das Leben erleichtern will. Sie sagt immer, dass er ihr nicht richtig zuhört, aber er hat gehört, dass sie einen neuen Mixer braucht, und sie mit einem passenden Geschenk überrascht. Sie dagegen glaubt, dass er ihre emotionalen Bedürfnisse nicht versteht.

....

»Es ist der Gedanke, der zählt.«
»Was zum Teufel hast du dir
dabei gedacht?«

....

Eine Frau wünscht sich von ihrem Mann ein »emotionales« Geschenk, etwas Persönliches, womöglich sogar etwas Romantisches. Es ist nicht so, dass Männer nicht romantisch sein könnten. Sie verstehen nur den hohen Stellenwert nicht, den Romantik für Frauen hat. Frauen geben Jahr für Jahr Millionen für Liebesromane aus. Frauenmagazine konzentrieren sich auf Liebe, Romantik und die Angelegenheiten anderer Leute bzw. darauf, welchen Sport man treiben, wie man sich ernähren und anziehen muss, um noch mehr Romantik in sein Leben zu bringen. Dafür geben Männer Millionen für Bücher und Zeitschriften aus, die ihnen technisches Know-how auf jedem möglichen Gebiet vermitteln, das mit den räumlich-visuellen Fähigkeiten zu tun hat, angefangen bei Computern und mechanischen Geräten bis hin zu Aktivitäten wie Fischen, Jagen und Fußball.

....

Einer neueren Untersuchung zufolge wünschen sich
65 Prozent aller Frauen Schmuck zu Weihnachten,
aber nur 42 Prozent aller Männer haben vor,
Schmuck zu verschenken. Fast 40 Prozent aller Frauen
wünschen sich eine Einladung zu einem spontanen
Kurzurlaub als Weihnachtsgeschenk, aber nur 7 Prozent

aller Männer haben schon einmal über so eine
Überraschung nachgedacht.

....

Es ist kein Wunder, dass die wenigsten Männer eine Vorstellung davon haben, wozu romantische Geschenke gut
sein sollen. Ein moderner Mann hat kein entsprechendes
Rollenmodell, an dem er sich orientieren könnte. Auch
sein Vater hätte nicht gewusst, wie er reagieren sollte, denn
für ihn war das Ganze nie ein Thema. Bei einem unserer
letzten Seminare erzählte eine Frau, dass sie ihren Mann
gebeten habe, ihr mehr Zuneigung zu zeigen. Prompt habe
er ihr Auto gewaschen und poliert. Für Männer ist es ein
Zeichen der Zuneigung, wenn sie »etwas tun«. Derselbe
Mann schenkte ihr zu Weihnachten einen Wagenheber
und zu ihrem zehnten Hochzeitstag zwei Karten für Plätze
in der vordersten Reihe bei einem Boxkampf.

Eine Frau wünscht sich zu Weihnachten ein Geschenk,
das die Zuneigung und das Verständnis ihres Partners für
ihre Vorlieben und Bedürfnisse zeigt.

....

Ein Mann kauft seiner Frau einen wunderschönen
Diamantring zu Weihnachten.
Sein Freund, der von diesem extravaganten Geschenk
gehört hat, fragt ihn: »Ich dachte, sie wollte so ein schickes
Auto mit Allradantrieb?«
»Stimmt«, antwortete der Mann, »aber ich konnte
keinen unechten Jeep auftreiben.«

....

Ein guter Rat für Männer – warum Schuhe
das ultimative Geschenk sind

Wenn ein Mann einer Frau etwas zu Weihnachten schenken will, was ihr wirklich gefällt, dann sollte er es vielleicht
mal mit Schuhen versuchen … Kaum ein Mann würde von
sich aus auf die Idee kommen, Schuhe zu verschenken, aber

Untersuchungen zeigen, dass Frauen in aller Welt geradezu besessen von Schuhen sind – seien es nun Mokassins oder Sandalen. Im Durchschnitt besitzt jede Inuit-Frau viermal so viele Schneeschuhe wie ihr Mann. Auf den Philippinen kaufen Frauen sogar zwölfmal so viele Schuhe wie Männer.

....

»Sie öffneten alle meine Schränke, aber sie fanden dort nicht die Leichen, die sie suchten, sondern Gott sei Dank nur Schuhe, nichts als wunderschöne Schuhe.«

IMELDA MARCOS

....

Anders als Kleider, die oft für peinliche Szenen sorgen, weil sie meist nicht richtig passen, einfach schlecht aussehen oder gerade die Problemzonen betonen, sind Schuhe ein gutes Geschenk, weil man nicht abnehmen muss, um hineinzupassen. Um Schuhe für eine Frau zu kaufen, braucht man nur ihre Größe. Und in Schuhen hat sie niemals einen zu dicken Hintern …

Schöne Schuhe lenken von Problemzonen ab. Anders als bei Kleidung ist es bei Schuhen egal, ob eine Frau die letzten sechs Termine im Fitness-Studio geschwänzt hat, sich allzu intensiv den Weihnachtsplätzchen gewidmet oder ein Speckröllchen zu viel hat. Schuhe geben einer Frau keinen Anlass, sich dick zu fühlen – es ist vielmehr so, dass sich das Gewicht in hochhackigen Schuhen über eine größere Körperlänge verteilt!

Man kann Schuhe nach Farbe oder Stil sortieren, aber man muss sie nie nach fetten, dünnen oder normalen Größen ordnen. Von einer Schwangerschaft einmal abgesehen gilt die Regel, dass die Schuhgröße immer gleich bleibt. Selbst nach noch so vielen Pralinen oder Bratkartoffeln schwellen Füße nicht von Größe 39 auf Größe 43 an.

Füße verraten eine Frau nie, weil sie als einzige Körperteile das Gewichts-Jo-Jo grundsätzlich nicht mitmachen, und wenn sich Frauen ein bisschen mollig um die Hüfte fühlen, dann sind Schuhe das Geschenk der Wahl! Schuhe anprobieren kann man immer, ohne dass es einem die Schamröte ins Gesicht treibt, und ihre Schuhgröße ist keiner Frau peinlich.

Frauen sind so begeistert von Schuhen wie Männer vom Sport und von Spielzeugen, die ihr räumliches Vorstellungsvermögen ansprechen. Der Mann sollte also nicht gegen diese Schwäche ankämpfen oder sie kritisieren. Vielmehr sollte er dieses Wissen zum eigenen Vorteil nutzen. Wenn Sie an Weihnachten künftig Ihre Frau entzücken wollen, dann gehen Sie mit ihr Schuhe kaufen, und merken Sie sich die Marken, Formen und Farben, die ihr gefallen. Dann gehen Sie heimlich noch einmal in den Laden, kaufen Schuhe und machen ihr damit eine große Weihnachtsfreude.

Seiner Frau Schuhe zu Weihnachten zu schenken kann noch mehr Vorteile bringen. Im Gegensatz zu anderen Formen von Neid ist Schuh-Neid eine Reaktion, die gern zur Schau gestellt wird. Aschenputtels hässliche Schwestern trieben diese weibliche Marotte zugegebenermaßen sehr unschön auf die Spitze, aber Schuh-Neid gehört einfach zur weiblichen Gemeinschaft. Frauen zeigen ohne die geringsten Hemmungen auf schöne Schuhe, sie starren sie an und sprechen laut darüber. Es ist ein gesunder und normaler Bestandteil der weiblichen Psyche. Sobald also die Freundinnen Ihrer Frau hören, dass Sie ihr Schuhe zu Weihnachten geschenkt haben, werden die Frauen der ganzen Stadt entzückt von Ihnen sein, und Ihre Liebesbeziehung wird dadurch erheblich harmonischer werden.

Und das absolut schlimmste Geschenk, das Sie Ihrer Partnerin Weihnachten überreichen können? Das wäre ja wohl ein Diät-Kochbuch … Der Umfrage eines großen Shopping-Portals zufolge haben 7 Prozent aller Männer den ultimativen Fauxpas begangen und ihrer Partnerin ein Diät-Kochbuch oder ein Gymnastik-Video als wenig taktvollen Wink mit dem Zaunpfahl überreicht.

Weihnachtsgeschenke für Kinder

....

Der Weihnachtsmann stellt einem kleinen Mädchen,
das es sich auf seinem Schoß gemütlich macht, die übliche
Frage: »*Und was wünschst du dir zu Weihnachten?*«
Entsetzt schaut das Kind ihn an, dann japst es:
»*Hast du etwa meine E-Mail nicht bekommen?*«

....

Wir alle wollen, dass unsere Kinder sich an Weihnachten freuen, aber manchmal üben sie gewaltigen Druck auf uns aus. Wir sollen oft mehr für ihre Geschenke ausgeben, als wir eigentlich wollen – sei es nun ein neues Paar Turnschuhe, ein Skateboard oder ein Puppenhaus. Zum Teil ist das eine Folge der Kommerzialisierung des Weihnachtsfestes, aber man muss auch sagen, dass Kinder wahre Manipulationskünstler sein können.

....

»*Wenn es Weihnachten nicht gäbe,*
müsste man es allein aus kommerziellen
Gründen erfinden.«
KATHERINE WHITEHORN

....

Bisher haben wir uns mit den eher lustigen Seiten solcher Beziehungen beschäftigt, aber im Grunde werden Sie Opfer einer emotionalen Erpressung, wenn Ihr Kind beharrlich Druck auf Sie ausübt, obwohl Sie ihm gesagt haben, dass Sie seine Wünsche nicht erfüllen können, oder wenn es sogar versucht, Ihnen zu drohen. Die meisten Menschen verschwenden überhaupt keinen Gedanken daran, dass einer ihrer Lieben, am allerwenigsten ein Kind, diese manipulative Strategie einsetzen könnte; sie halten das Kind einfach nur für »starrköpfig« und glauben, dass es auf Werbung reagiert oder dasselbe haben will wie seine Freunde. Kinder lernen früh, dass emotionale Erpressung eine Möglichkeit ist, ihren Willen durchzusetzen – vor allem, wenn sie erlebt haben, dass auch ihre Eltern zu diesem Mittel greifen. Kinder fühlen sich auf Grund ihres Alters und ihrer Größe relativ ohnmächtig. Deshalb scheint Erpressung die einfachste und effektivste Möglichkeit zu sein, das zu bekommen, was sie wollen. Das kann durchaus erlerntes Verhalten sein.

Wenn Sie oder Ihr Partner Ihre Umwelt manipulieren, um Ihren Willen durchzusetzen, dann wenden wahrscheinlich auch Ihre Kinder diese Methode an. Eltern, die regelmäßig versuchen, ihre Kinder zu erpressen, müssen immer damit rechnen, dass diese den Spieß auch umdrehen können.

Erwachsene, die zu emotioneller Erpressung greifen, ziehen Kinder groß, die sie als Erpresser noch übertreffen werden.

Fallstudie: Anna und Katie

Anna hatte als alleinerziehende Mutter nur einen sehr begrenzten finanziellen Spielraum für ihre Weihnachtsgeschenke. Sie wollte ihrer Tochter Katie etwas ganz Besonderes kaufen, durfte aber ihr Budget nicht überziehen. Katie hatte ihr Herz an ein sehr teures Barbie-Haus verloren, komplett mit Möbeln, Gartenzubehör, Sportwagen und Kleidung. Das lag weit jenseits von Annas bescheidenen Mitteln, und da sie Katie an Weihnachten nicht enttäuschen wollte, musste sie ihr gleich erklären, dass sie ihr ein sehr schönes Geschenk machen wollte, sich aber ein so großes nicht leisten konnte. Sie wollte nur das Haus kaufen und Katie die Ausstattungsteile zum Geburtstag schenken, und Freunden und Verwandten wollte sie vorschlagen, doch auch etwas dazu beizutragen. Katie wollte unbedingt gleich alles, weil ihre beste Freundin auch ein komplett eingerichtetes Haus hatte. Nachdem sie eine Weile gebohrt und immer dieselbe Antwort bekommen hatte, sagte Katie schließlich: »Alle meine Freundinnen haben alles, was sie sich wünschen. Ihre Eltern müssen sie lieber haben als du mich.« Oder: »Meine Klassenkameraden werden mich auslachen.« Allmählich bekam Anna Schuldgefühle. Sie wollte nicht, dass ihre Tochter zur Außenseiterin wurde, und sie wollte nicht als geizige Rabenmutter dastehen. Katie nervte Anna immer weiter und erklärte irgendwann: »Du hast mich gar nicht lieb. Wenn Daddy hier wäre, würde er mir alles kaufen.« Schließlich fühlte Anna sich so schuldig, dass sie nachgab, und an Weihnachten bekam Katie alles, was sie wollte. Anna allerdings war gar nicht wohl dabei.

In dieser Fallstudie sehen wir, dass Katie Anna dort angriff, wo sie besonders verletzlich war – sie warf ihr vor, dass sie keine liebende Mutter sei, dass ihre Tochter leiden müsse, weil sie ohne Vater aufwachsen musste, und dass ihre Klassenkameraden sie verspotten würden. Es gibt noch andere weitverbreitete Strategien:

* »Wenn du mich wirklich liebhättest, würdest du es mir kaufen.«
* »Ich werde abhauen – ich muss adoptiert sein.«
* »Du liebst meine Schwester mehr als mich.«
* »Ich werde Weihnachten heulen wie ein Schlosshund – dann wird es dir leidtun.«

Wenn man der Erpressung nachgibt, ist einem nicht wohl dabei, wenn man aber hart bleibt, fühlt man sich schuldig.

Eines Tages hörten wir in London einem Straßenmusiker zu. Am Ende seiner Vorstellung wandte er sich an die Gruppe von Kindern, die ihn gebannt beobachteten, und schrie: »He, Kids! Wenn eure Eltern euch nicht einen Euro für meinen Hut geben, lieben sie euch nicht!« Er kassierte 18 Euro.

Je mehr man auf emotionelle Erpressung eingeht, desto stärker bestimmt sie die Zukunft einer Beziehung. Je enger die Beziehung, desto stärker die Schuldgefühle – und die sind das wirksamste Werkzeug des Erpressers.

Der einzige Weg, mit einem manipulativen Kind fertig zu werden, ist entschlossene Härte – es sei denn, Sie geben den Forderungen Ihres Kindes gern nach und nehmen es hin, dass dieses Verhalten zur Regel wird. Lassen Sie sich ein paar passende Antworten einfallen. Bleiben Sie hart, und Ihr Kind wird sie dafür respektieren.

»Das wäre jetzt wirklich nicht nötig gewesen.«

Was machen Sie, wenn jemand Ihnen ein Geschenk macht, das Ihnen ganz und gar nicht gefällt? Der kuschelige Pullover von Ihrer Großmutter mit den aufgestickten Knallbonbons? Ein Set Untersetzer mit Jagdszenen? Wenn man Weihnachten mit seinen Freunden und Verwandten harmonisch verbringen und ihnen das Gefühl vermitteln will, dass sie wirklich ganz wunderbar sind, dann sollte man ihnen seine Wertschätzung dafür zeigen, dass sie an einen gedacht haben – auch wenn man wünschte, es wäre ihnen etwas Besseres eingefallen.

Bei einer neueren Umfrage sagten 5 % der Befragten, dass ihre Partnerin oder ihr Partner ihnen nie das kauft, was sie sich wirklich zu Weihnachten wünschen.

Im Allgemeinen sind es nicht die Dankesworte des Beschenkten, die ihn verraten, sondern seine Körpersprache. Egal, wie überzeugend und höflich Sie »Vielen Dank, es ist wunderschön!« sagen – wenn Ihre Körpersprache etwas anderes ausdrückt, wird der Schenkende das garantiert merken. Das Problem beim Lügen ist, dass das Unterbewusstsein automatisch und unabhängig von unserer verbalen Lüge agiert, und deshalb verrät uns unsere Körpersprache. Vor allem Menschen, die selten lügen, sind leicht zu entlarven, und zwar unabhängig davon, wie überzeugend sie klingen mögen. Sobald sie zu lügen beginnen, sendet ihr Körper widersprüchliche Signale aus, und die vermitteln uns den Eindruck, dass sie nicht die Wahrheit sagen. Die nervöse Energie, die das Unterbewusstsein beim Lügen freisetzt, manifestiert sich in Gesten, die nicht zu den gesprochenen Worten passen.

Es liegt also auf der Hand, dass man seinen Körper verborgen oder außerhalb des Gesichtsfelds des Gegenübers halten muss, wenn man erfolgreich lügen will. Hinter einem Schreibtisch, der den Körper zumindest teilweise verdeckt, fällt eine Lüge leichter, oder aber über einen Zaun hinweg oder auf der anderen Seite einer verschlossenen Tür. Am allerbesten lügt es sich natürlich am Telefon oder in einer E-Mail. Wenn möglich, schicken Sie demjenigen, der Sie beschenkt hat, einen Dankesbrief. Dann ist das Risiko, sich zu verraten, minimiert.

Wenn man allerdings ein Geschenk überreicht bekommt und es vor den Augen des Schenkenden öffnen muss, gibt es keine Ausflüchte. Sagen Sie einfach »Danke«, so ehrlich Sie können, und umarmen Sie den Geber herzlich. Wenn er es genauer wissen will – »Gefällt es dir auch wirklich? Findest du es hübsch?« –, dann sollten Sie wohl am besten so taktvoll und freundlich wie möglich mit der Wahrheit herausrücken. Lügen sind immer sehr verletzend, auch wenn es nur um Kleinigkeiten geht.

Vielleicht haben ja auch Sie jemandem ein Geschenk gemacht und sind sich nicht sicher, ob es ihr oder ihm wirklich gefällt. Beim Lügen verraten sich die meisten Menschen durch einen von sieben häufigen Fehlern. Wenn man also wissen will, ob das eigene Geschenk vielleicht auf den vielen Flohmärkten im neuen Jahr herumgereicht wird, achten Sie einfach auf eine oder mehrere dieser Gesten:

1. Hand vor den Mund

Die Hand bedeckt den Mund – das Gehirn gibt unbewusst den Befehl, die täuschenden Worte zu unterdrücken. Manchmal umfasst diese Geste nur einige Finger über dem Mund oder sogar eine geschlossene Faust, die Bedeutung jedoch bleibt dieselbe.

2. Nasenreiben

Man reibt ein paarmal leicht die Unterseite der Nase oder berührt sie schnell, fast nicht wahrnehmbar. Frauen machen diese Geste mit kleineren Bewegungen als Männer, vielleicht weil sie ihr Make-up nicht verschmieren wollen.

Der amerikanische Neurologe Alan Hirsch und der Psychiater Charles Wolf haben die Zeugenaussage Bill Clintons vor der Grand Jury zu seiner Affäre mit Monica Lewinsky eingehend untersucht und festgestellt, dass er selten seine Nase berührte, während er die Wahrheit sagte. Wenn er allerdings log, runzelte er einen Sekundenbruchteil lang die Stirn, bevor er antwortete, und berührte seine Nase alle vier Minuten durchschnittlich einmal, was eine Gesamtzahl von 26 Nasenberührungen ergab.

3. Augenreiben

Wenn ein Kind etwas nicht sehen will, bedeckt es die Augen mit einer oder beiden Händen. Wenn ein Erwachsener etwas Abscheuliches – wie etwa einen pinkfarbenen Mohairpullover – nicht sehen will, dann tritt oft das Augenreiben auf. Es ist der Versuch des Gehirns, Täuschung, Zweifel oder Abscheuliches, das es wahrnimmt, fernzuhalten oder den Blick in das Gesicht der Person, die belogen wird, zu vermeiden. Männer reiben sich die Augen meist kräftig, und wenn es um eine faustdicke Lüge geht, schauen sie oft sogar weg. Frauen benutzen das Augenreiben weniger häufig – stattdessen machen sie kleine, sanfte Bewegungen direkt unterhalb des Auges, weil sie entweder als Mädchen dazu erzogen wurden, möglichst keine weit ausladenden

Gesten zu machen, oder weil sie ihr Make-up nicht verschmieren möchten. Aber auch sie weichen dem Blick des Zuhörers aus.

4. Hand ans Ohr

Stellen Sie sich vor, Sie sagen zu jemandem: »Ich hoffe, es gefällt dir. Ich fand einfach, es passt zu dir«, und Ihr Gegenüber fasst sich ans Ohr, schaut weg und sagt: »Stimmt, es ist wie für mich gemacht.« Das ist ein symbolischer Versuch des Zuhörers, »nichts Böses zu hören«, der Versuch, Worte, die er hört, zu blockieren, indem er die Hand ans oder über das Ohr legt oder sich am Ohrläppchen zupft. Dies ist die erwachsene Version des Hände-über-beide-Ohren-Legens beim Kind, das die Schelte seiner Eltern nicht hören will. Andere Variationen des Griffs ans Ohr sind etwa ein Reiben hinter dem Ohr, das Bohren mit dem Finger – bei dem die Fingerspitze im Ohr hin und her gedreht wird –, das Zupfen am Ohrläppchen oder das Biegen der Ohrmuschel über den Gehörgang.

5. Halskratzen

Der Zeigefinger – üblicherweise der Zeigefinger der Hand, mit der man schreibt – kratzt an der Seite des Halses unterhalb des Ohrläppchens. Unsere Beobachtungen dieser Geste offenbaren, dass die Person sich im Durchschnitt fünfmal kratzt. Selten geschieht das Kratzen weniger häufig und kaum je häufiger als fünfmal. Diese Geste ist ein Signal für Zweifel oder Unsicherheit und damit typisch für jemanden, der nicht genau sagen kann, ob ihm ein Geschenk nun gefällt oder nicht. Sehr auffällig ist es, wenn die verbale Sprache andere, widersprüchliche Botschaften übermittelt, wenn zum Beispiel jemand sagt: »Ich finde es wunderschön«, das Kratzen am Hals aber etwas ganz anderes andeutet.

6. Finger im Mund

Dies ist ein unbewusster Versuch des Menschen, wieder die Sicherheit eines Kindes zu erlangen, das an der Brust der Mutter trinkt. Die Geste tritt dann auf, wenn jemand sich unter Druck gesetzt fühlt. Es ist eine typische Reaktion, wenn man die Gefühle seines Gegenübers nicht verletzen will, der ein ganz besonderes Geschenk überreichen wollte. Ein kleines Kind nimmt den Daumen oder ein Tuch als Ersatz für die Brust, und als Erwachsener steckt man sich die Finger in den Mund.

7. Versteckte Hände

Wenn Kinder lügen oder etwas verheimlichen wollen, verstecken sie oft die Hände hinter dem Rücken. Wenn Ihr Mann Ihnen erklärt, dass er die neuen Socken, die Sie ihm zu Weihnachten gekauft haben, ganz wunderbar findet, und dabei die Hände in die Taschen steckt oder die Arme vor der Brust kreuzt, können Sie sicher sein, dass er nicht ganz die Wahrheit sagt. Eine Frau, die etwas verbergen will, versucht das Thema zu vermeiden oder redet über Dinge, die gar nichts damit zu tun haben, während sie gleichzeitig mit den Händen etwas ganz anderes macht.

Verkäufern wird geraten, die Handflächen des Kunden zu beobachten, wenn dieser erklärt, warum er etwas nicht kaufen will. Wer triftige Gründe anführt, zeigt normalerweise die Handflächen. Wenn jemand offen seine Gründe erläutert, benutzt er die Hände und zeigt immer wieder die Handflächen, während jemand, der nicht die Wahrheit sagt, womöglich die gleichen Argumente vorbringt, aber die Hände versteckt.

Zwischen den Zeilen des Schenkens und Beschenktwerdens

Wenn jemand sagt …	Meint er damit eigentlich …
»Das habe ich doch gar nicht verdient.«	»Das habe ich jetzt aber wirklich nicht verdient.«
»Das wäre doch nicht nötig gewesen.«	»Ich wünschte, du hättest es gelassen.«
»Also, wirklich …«	»Warte nur bis nächstes Jahr.«
»Schade, dass die Größe nicht ganz stimmt.«	»Hältst du mich wirklich für so dick?«
»Ach, das ist wirklich zu dumm, aber das habe ich schon.«	»Und meins ist viel hübscher als das hier.«

....

Denken Sie immer daran: Es ist eigentlich nicht so wichtig, was Sie schenken und wie Sie es verpacken. Wichtig in dieser besonders freudvollen Zeit des Jahres ist es, den Kassenbon aufzubewahren.

....

Kapitel 2
Männer, Frauen und Weihnachtsstress

*Ein Einkaufszentrum kurz vor Weihnachten: Eine Frau
hat mit ihren beiden Kindern Stunden in der Spielzeug-
abteilung verbracht und sich alles Mögliche angeschaut.
Beide Kinder wollten eigentlich alles haben, was sie in
den vielen Regalen entdeckten, aber schließlich hat ihre
Mutter es geschafft, sie aus der Abteilung herauszulotsen,
und jetzt steht sie vor dem Aufzug.
Es ergeht ihr wie vielen in der Vorweihnachtszeit: ein
schier unerträglicher Druck, auf jede Party, jede Weihnachtsfeier gehen zu müssen, dazu all das gute Essen
und die Naschereien zum Fest, das perfekte Geschenk für
jeden Verwandten und Freund auf der Einkaufsliste,
eine ewig lange Liste von zu schreibenden Weihnachtskarten und immer das Gefühl, doch noch jemanden vergessen zu haben, und zuletzt der Druck, allen antworten
zu müssen, von denen man Karten bekommen hat. Ganz
zu schweigen von dem Bestreben, den Kindern jeden
Wunsch von den Augen abzulesen.
Endlich öffnen sich die Fahrstuhltüren – und natürlich
ist er schon ziemlich voll. Die Frau drängt sich hinein,
zieht ihre Kinder hinterher und setzt die Einkaufstüten
ab. Als die Türen sich schließen, seufzt sie auf einmal tief
und völlig erschöpft, dann sagt sie laut, ohne jemanden
direkt anzusprechen:* »Wer immer dieses Weihnachten
erfunden hat, der müsste aufgehängt werden!«

Ganz hinten im Aufzug antwortet eine tiefe Stimme
ganz ruhig: »Da kann ich Sie trösten,
junge Frau – ich glaube, man hat ihn gekreuzigt.«
....

Weihnachten ist eine unglaubliche Zeit – unglaublich, dass wir sie alle Jahre wieder überleben. Wir müssen mit unseren Angehörigen auskommen, uns Gedanken über die letzten Einkäufe machen, mühsam über die albernen Witze unseres Chefs bei der Weihnachtsfeier lachen und unsere aufgeregten, völlig überdrehten Kinder ertragen. Mit jedem Türchen, das sich im Adventskalender öffnet, steigt der Blutdruck. Spätestens am Heiligabend können die meisten von uns »Last Christmas« von *Wham!* oder »Merry Xmas, Everybody« von *Slade* einfach nicht mehr hören und nehmen sich fest vor, im nächsten Jahr schon im Herbst mit den Vorbereitungen zu beginnen.
....

Im Jahr 2006 baten Gewerkschaften und Aktivisten
die britische Regierung, doch einmal die negativen Aus-
wirkungen von Weihnachtsmusik auf Verkäuferinnen
und Verkäufer zu untersuchen, die sich dieses Gedudel
den ganzen Tag anhören müssen. In ihren Augen war
diese Geräuschkulisse »Folter«, »akustische Umwelt-
verschmutzung« und gesundheitsschädlich.
....

Um den Feiertagsstress zu vermeiden, muss man vorausplanen und sich nicht zu viel vornehmen, aber das ist natürlich leichter gesagt als getan. Trotz aller guten Vorsätze macht der Countdown bis Weihnachten aus den meisten von uns psychische Wracks.
....

Laut Umfragen der Wohltätigkeitsorganisation Mind,
die Menschen mit psychischen Problemen hilft,
leidet ein Fünftel aller Menschen während der Feiertage
unter Stresssymptomen.
....

Männer und Frauen sind sich einig, dass die Vorweihnachtszeit anstrengend ist – das ist aber auch so ziemlich das Einzige, worin sie sich einig sind. Die Unterschiede zwischen den Geschlechtern treten nie offener zutage als an den Weihnachtsfeiertagen. Frauen und Männer müssen lernen, effektiv zusammenzuarbeiten, wenn sie das entspannte, stressfreie Weihnachten erleben wollen, von dem sie träumen, und dazu müssen sie die Unterschiede zwischen den Geschlechtern kennen und ihre Bedürfnisse so ausdrücken, dass der oder die andere sie versteht. Die Geschlechter gehen unterschiedlich mit dem Feiertagsstress um, und sie reagieren auch unterschiedlich darauf. Unsere Untersuchungen haben gezeigt, dass die weitaus meisten Probleme und Unstimmigkeiten zwischen den Geschlechtern auf grundsätzlichen Unterschieden in der Funktionsweise unseres Gehirns und unserer Kommunikation beruhen. In diesem Kapitel werden wir einige dieser Unterschiede ansprechen und uns anschauen, wie ein tieferes Verständnis dazu beitragen kann, den Stress während der Feiertage zu reduzieren.

Wie Frauen mit Weihnachtsstress umgehen

Wenn eine Frau – zu Weihnachten oder zu jeder anderen Jahreszeit – unter Druck gerät, wird ihre Sprachfunktion aktiviert, und so beginnt sie zu reden, unter Umständen nonstop. Wenn sie gestresst ist, quasselt sie jedem die Ohren voll, der ihr zuhört. Sie kann stundenlang mit ihrer Mutter oder ihren Freundinnen über ihre Weihnachtssorgen sprechen, in allen Details. Sie redet über aktuelle Probleme (»Ich hoffe, dass Joan ihr Geschenk mag; ich mache mir Sorgen wegen der Größe«), frühere Probleme (»Den Fehler vom letzten Jahr mache ich nicht noch mal – die Kinder meiner Schwester sind einfach nur anstrengend«), mögliche Probleme (»Was ist, wenn das Essen nicht reicht?«) und Probleme, für die es keine Lösung gibt (»Hoffentlich gefällt es meinen Gästen«). Frauen tragen tatsächlich die Hauptlast der Weihnachtsvorbereitungen – Untersuchungen haben gezeigt, dass Frauen mehr Verantwortung fürs Einkaufen, Kochen und Dekorieren übernehmen als Männer (ein Punkt, mit dem wir uns in Kapitel 3 näher beschäftigen wollen). Auf Stress reagieren Frauen mit Reden. Sie leben vor allem deshalb im Durchschnitt sieben Jahre länger als Männer, weil sie besser mit Stress umgehen können.

Frauen bauen Stress ab, indem sie immer wieder über ihre Probleme reden, vorwärts und rückwärts und unter jedem Blickwinkel. Während eine Frau redet, sucht sie nicht nach Lösungen – das Reden selbst beruhigt und tröstet sie. Ihr Geschwätz ist unstrukturiert, und sie kann jederzeit mehrere Themen gleichzeitig erörtern, ohne dass sie jemals zu einem Ergebnis kommen würde.

....

Frauen meistern den Weihnachtsstress
durch Reden.

....

Warum Frauen alles, was sie noch tun müssen, laut aufzählen

»Meine Frau treibt mich vor Weihnachten in den Wahnsinn, wenn sie laut darüber nachdenkt, was sie noch alles tun muss«, berichtete ein Mann auf einem unserer Seminare. »Sie zählt laut die verschiedenen Möglichkeiten und die voraussichtlich Beteiligten auf, was wir wann, wo und mit wem machen werden. Dann redet sie darüber, ob den anderen ihre Geschenke wohl gefallen werden und ob man sie im Notfall umtauschen kann. Sie redet über alles Mögliche! Das lenkt so ungeheuer ab, dass ich mich auf überhaupt nichts mehr konzentrieren kann!«

Eine Frau zählt lange Listen mit
den unterschiedlichsten Punkten in
willkürlicher Reihenfolge laut auf,
wobei sie alle Möglichkeiten und
Eventualitäten einzeln nennt.

....

Das weibliche Gehirn ist auf das Verwenden von Sprache als wichtigstes Ausdrucksmittel programmiert, und darin liegt eine seiner Stärken. Wenn ein Mann fünf oder sechs Sachen zu erledigen hat, wird er sagen: »Ich habe noch ein paar Dinge zu tun. Wir sehen uns später!« Eine Frau dagegen wird alles einzeln und in willkürlicher Reihenfolge aufzählen und dabei alle Möglichkeiten und Eventualitäten erwähnen, und das in voller Lautstärke. Das hört sich ungefähr so an: »Also, ich muss die Weihnachtsgans abholen und Geschenkpapier kaufen, das Geschenk für Daniel besorgen und dann das Paket von der Post abholen. Und ich sollte Jane anrufen und fragen, wann genau sie am ersten Weihnachtstag kommt …« Das ist einer der Gründe, warum Männer Frauen vorwerfen, dass sie zu viel reden.

Doch es geht ihnen besser, wenn sie über alles reden können, und sie bekommen den Feiertagsstress besser in den Griff.

Warum Frauen weinen, wenn sie gestresst sind

Es gibt viele Gründe, warum Frauen weinen – etwa um die Hornhaut der Augen zu reinigen oder als emotionales Druckmittel –, aber erwiesenermaßen baut Weinen auch Stress ab. Die chemische Analyse der Tränen zeigt, dass Stresstränen, also die, die die Wangen hinablaufen, andere Proteine enthalten als Tränen, die der Reinigung der Augen dienen. Der Körper scheidet mit dieser Art von Tränen vermutlich stressbegleitende Stoffe aus. Das könnte erklären, warum Frauen sich besser fühlen, nachdem sie sich »so richtig ausgeheult haben«, selbst wenn es anscheinend keinen echten Grund zum Weinen gab. Tränen enthalten auch Endorphine, die zu den natürlichen Schmerzmitteln des Körpers gehören und emotionalen Schmerz lindern.

Warum Frauen sich ärgern, wenn Männer die Probleme mit dem Weihnachtsessen lösen wollen

Annie weiß nicht, was sie Weihnachten kochen soll. Ihre Tochter isst gern Gans, ihr Sohn will Hühnchen. Sie würde eigentlich gern mal etwas ganz Neues ausprobieren, Fasan zum Beispiel. Truthahn mögen alle, aber den gab es letztes Jahr. Sie unterbreitet ihrem Mann Jack das Problem, aber sie ist noch nicht halb damit fertig, da unterbricht er sie schon und sagt: »Mach doch einfach Truthahn – das hat Tradition, und alle mögen es.« Dann geht er aus dem Zimmer. Anna ist wütend. Sie will die verschiedenen Möglichkeiten durchsprechen, doch Jack schlägt ihr einfach eine Lösung vor. Wenn sie sagt, dass es schwierig ist, für so viele Leute zu kochen, antwortet er, sie könnten Weihnachten doch auch im Restaurant essen. Wenn sie zwischen Rotkohl und Rosenkohl schwankt, sagt er einfach: »Beides.« Wenn sie Weihnachten anstrengend findet, schlägt er vor, im nächsten Jahr zu verreisen. Warum nur will er unbedingt alle Probleme lösen, die sie beschäftigen?

Unter Stress oder Druck werden die Gehirnfunktionen des Mannes – räumliches Vorstellungsvermögen und Logik – aktiviert. Für einen Mann ist es ein hartes Stück Arbeit, einer Frau zuzuhören, die über ihre Probleme redet, weil er das Gefühl hat, dass sie für jedes Problem, das sie während des Redens auf den Tisch bringt, eine Lösung von ihm erwartet. Er will nicht nur einfach über Probleme sprechen, er will etwas dagegen unternehmen! Wahrscheinlich wird er an dem einen oder anderen Punkt ihren Monolog unterbrechen und einwerfen: »Was ist denn nun der springende Punkt?« Der springende Punkt ist, dass es keinen springenden Punkt geben muss. Das Wichtigste, was ein Mann lernen kann, ist das Zuhören, bei dem er gelegentlich ein paar Zuhörgeräusche von sich gibt und Zuhörgesten macht, aber auf keinen Fall Lösungen anbietet. Für einen Mann ist das allerdings ziemlich befremdlich, denn er redet normalerweise nur, wenn er auch eine Lösung anzubieten hat.

Wenn Sie einer aufgeregten Frau gegenübersitzen, bieten Sie ihr keine Lösungsvorschläge an und räsonieren Sie niemals über ihre Gefühle – zeigen Sie ihr nur, dass Sie zuhören.

Wenn eine Frau sich weigert, seine Lösungen anzunehmen, ist sein nächster Schritt, ihre Probleme herunterzuspielen – mit Sätzen wie: »Das ist doch nicht so wichtig!«, »Du übertreibst mal wieder«, »Vergiss es einfach!« und »So schlimm ist es nun auch wieder nicht!«, oder aber, am allerschlimmsten: »Warum machst du jedes Jahr so einen Wirbel um Weihnachten. Es soll doch einfach ein schönes Fest sein«, gefolgt von: »Es ist jedes Jahr dasselbe – du lädst all diese Leute ein und nimmst dir zu viel vor, und dann kommst du ins Rotieren. Nächstes Jahr fahren wir Weihnachten weg.« Damit bringt ein Mann eine Frau nur auf die Palme, weil sie das Gefühl beschleicht, er wolle ihr nicht zuhören.

Frauen bauen ihren Weihnachtsstress ab, indem sie über ihre Probleme reden. Sie wollen, dass man ihnen zuhört, und nicht, dass man die Probleme löst.

Warum Männer alle Weihnachtsprobleme lösen wollen

Männer haben einen logischen Kopf, der auf das Lösen von Problemen programmiert ist. Wenn ein Mann zum ersten Mal einen Raum in einem Konferenzzentrum oder ein Restaurant betritt, fallen ihm sofort Sachen auf, die gerichtet werden müssen, Bilder, die schief hängen, oder wie man den Raum insgesamt besser gestalten könnte. Sein Hirn ist eine Problemlösungs-Maschine, die er keine Sekunde ausschalten kann. Selbst wenn er auf dem Sterbebett in einem Krankenhaus liegt, wird er noch darüber nachdenken, wie man die Abteilung umgestalten müsste, um das Tageslicht und den schönen Ausblick besser zu nutzen.

....

Eine Frau hat den ganzen Nachmittag
damit zugebracht, den Christbaum
hübsch zu schmücken. Dann kommt der
Mann nach Hause und macht sich sofort
daran, den Baum gerade hinzustellen:
Er sucht nach einem Problem,
das er lösen kann.

....

Deshalb unterbricht er seine Frau, die doch eigentlich nur von dem erzählen möchte, was sie beschäftigt, und bietet ihr Lösungen an. Er kann einfach nicht anders, weil sein Gehirn so programmiert ist. Und er ist davon überzeugt, dass er ihr mit seiner Lösung helfen wird. Sie aber will nur reden, ignoriert seine Lösungsvorschläge und gibt ihm so das Gefühl, er sei unfähig oder irgendwie schuld an ihren Problemen. Frauen wollen keine Lösungsvorschläge; sie wollen nur über das reden, was sie beschäftigt, und brauchen jemanden, der zuhört. Das Beste, was ein Mann für seine gestresste Frau in der Weihnachtszeit tun kann, ist: schön artig zuhören.

Fallstudie: Sarah und Paul

Weihnachten steht vor der Tür, und Sarah hat einen harten Tag hinter sich: Sie hat einen Abgabetermin für ein Projekt kurz vor Weihnachten, und ihr Chef will jetzt plötzlich, dass sie zwischen Weihnachten und Neujahr ins Büro kommt. Ihre Eltern leben getrennt, und sie hat Angst, dass ihr Vater beleidigt ist, weil sie dieses Jahr ihre Mutter und nicht ihn an Heiligabend eingeladen hat. Außerdem weiß sie nicht, wo sie die Zeit für die Weihnachtseinkäufe hernehmen soll. Ihr kommt es vor, als ob sich die ganze Welt gegen sie verschworen hätte, und sie will mit Paul darüber reden, wenn sie nach Hause kommt.

Sie kocht etwas Leckeres zum Abendessen, denn sie malt sich aus, dass sie dabei lange und ausführlich miteinander reden werden. Paul wird liebevoll und mitfühlend sein. Sie wird jemandem ihr Herz ausschütten können, von dem sie weiß, dass sie ihm etwas bedeutet, und danach wird sie sich viel besser fühlen. Sie möchte, dass er zuhört, ihr das Gefühl gibt, geliebt und verstanden zu werden, und ihr bestätigt, dass sie ihre Probleme lösen kann und wird.

Aber Paul hatte ebenfalls einen harten Tag. Sein Weihnachtsbonus ist dieses Jahr kleiner ausgefallen als erwartet, und er macht sich Gedanken darüber, ob sie sich all die Freuden und Genüsse leisten können, die sie für die Feiertage geplant haben. Auf der Heimfahrt ist er noch mit diesen Problemen beschäftigt. Er braucht erst einmal Zeit für sich. Daheim angekommen, begrüßt er kurz Sarah und setzt sich dann vor den Fernseher, um sich die Nachrichten anzusehen. Sie sieht nach dem Essen und verkündet, es sei in fünfzehn Minuten fertig. Er denkt: ›Gut! Fünfzehn Minuten Ruhe vor dem Essen.‹ Sarah denkt: ›Prima! Fünfzehn Minuten, in denen wir uns noch ein bisschen unterhalten können.‹

SARAH: »Wie war dein Tag, Schatz?«

PAUL: »Gut.«

SARAH: »Ich habe den grässlichsten Tag meines Lebens hinter mir, ich habe die Nase voll!«

PAUL (ist noch halb bei den Nachrichten): »Was ist mit deiner Nase?«

SARAH: »Mein Chef macht mir mit diesen Terminen das Leben schwer, und jetzt will er auch noch, dass ich gleich nach Weihnachten wieder zur Arbeit komme. Und er hat den Termin vom 24. auf den 23. Dezember vorgezogen. Ich habe versucht, ihm zu erklären, dass das nicht zu schaffen ist, weil ich noch an dem Seinfield-Projekt arbeite, aber er ist mir einfach ins Wort gefallen und hat gesagt, dass er keine Ausreden mehr hören möchte. Kannst du dir das vorstellen? Er hat einfach nicht zugehört! (Sie regt sich immer mehr auf.) Ich würde am liebsten kündigen. Ich kann bald nicht mehr …«

PAUL: »Aber Sarah, das ist doch nicht so schwer. Du musst dich behaupten und ihm klarmachen, dass du nicht beide Projekte gleichzeitig durchziehen kannst. Frag ihn einfach, welches er zuerst haben will. Geh morgen einfach zu ihm und sag ihm, dass der Termin nicht einzuhalten ist. Sag ihm, dass du über Weihnachten verreist und auf keinen Fall im Büro sein kannst. Und sag deinem Vater, dass er nächstes Jahr zu uns kommen kann oder über Silvester. Und die Geschenke kannst du am Wochenende online kaufen.«

SARAH (erregt): »Das glaube ich einfach nicht! Ich erzähle dir von meinem Chef, der mich dauernd herumkommandiert und nie zuhört, und dann sagst du mir, was ich tun soll. Warum kannst du nicht einfach still sein und mich reden lassen? Ich habe genug von Männern, die immer alles besser wissen.«

PAUL: »Ach komm, Sarah. Wenn du meine Meinung nicht hören willst, dann erzähl mir nichts von deinen Problemen. Klär sie für dich selbst und lass mich mit deinem Gejammer in Ruhe! Ich habe genug eigene Probleme, die ich, ganz nebenbei bemerkt, immer alleine auf die Reihe kriege!«

SARAH (den Tränen nahe): »Du kannst mich mal! Ich finde auch einen anderen, der mir zuhört und mir nicht dauernd sagt, was ich falsch mache. Du kannst sehen, wo du dein Abendessen herkriegst! Ich gehe, und ich weiß nicht, wann ich wiederkomme!«

Diese Szene ist Männern und Frauen auf der ganzen Welt nur zu gut bekannt. Am Ende fühlt sich Sarah im Stich gelassen, ungeliebt und verletzt. Paul meint, dass Sarah ihn nicht schätzt, und ist verwirrt, weil Sarah seine wichtigste Fähigkeit kritisiert hat: Probleme zu lösen.

Was hätte Paul besser machen können? Gehen wir noch einmal an den Anfang der Szene zurück und überlegen, wie Paul den Abend hätte retten können.

SARAH: »Wie war dein Tag, Schatz?«

PAUL: »In Ordnung. Ich habe nicht den Bonus bekommen, mit dem ich gerechnet hatte, aber ich glaube, wir kommen trotzdem rum.«

SARAH: »Ich habe den grässlichsten Tag meines Lebens hinter mir, ich habe die Nase voll!«

PAUL: »O nein, mein armer Liebling! Du musst mir alles erzählen, aber ich brauche zuerst eine Viertelstunde für mich, um die Sache mit dem Geld noch mal zu durchdenken. Dann kann ich mich beim Abendessen voll und ganz dir widmen.«

Sarah: »Gut, in Ordnung. Ich decke den Tisch und rufe dich dann. Möchtest du erst mal ein Glas Wein?«

Paul: »Danke, Liebling, gerne.«

Weil Paul um eine Pause bittet und Sarah sie ihm gewährt, hat er Zeit für sich und kann über seine eigenen Probleme nachdenken. Sarah fühlt sich bestätigt und ist zufrieden, dass er beim Abendessen für sie da sein wird. Dann kann sie sich ihre Probleme von der Seele reden und wird sich danach besser fühlen.

Und so verlief das Abendessen:

Sarah: »Mein Chef macht mir das Leben schwer. Als ich heute Morgen zur Arbeit kam, erklärte er mir, dass der Termin vom 24. auf den 23. Dezember vorgezogen sei, aber das ist nicht zu schaffen, weil ich noch an dem Seinfield-Projekt arbeite, das doch angeblich so dringend ist ...«

Paul (sieht sie aufmerksam an): »Liebling – das ist ja schrecklich. Weiß er denn nicht, wie hart du arbeitest? Du siehst so gestresst aus.«

Sarah: »Du kannst dir nicht vorstellen, wie gestresst ich bin! Weihnachten ist sowieso schon ein Alptraum, auch ohne dass er noch zusätzlich Druck macht. Auf jeden Fall wollte ich ihm klarmachen, dass ich keine Zeit habe, das Projekt fertigzustellen, weil das Seinfeld-Projekt so aufwendig ist. Aber er schnitt mir mitten im Satz einfach das Wort ab und sagte, er wolle keine weiteren Ausreden mehr hören! Dann sagte er, ich solle zwischen Weihnachten und Neujahr ins Büro kommen. Das ist doch nicht zu fassen?«

Paul (macht ein betroffenes Gesicht und widersteht der Versuchung, ihr Ratschläge zu erteilen): »Das hört sich an, als ob er dir das Leben zur Hölle macht ...«

Sarah: »Er wollte mir einfach nicht zuhören! Ich bin so genervt, ich würde am liebsten kündigen ... Und dann mache ich mir Sorgen um Dad, weil er Weihnachten nicht zu uns kommt, und mit den Weihnachtseinkäufen habe ich nicht mal angefangen.«

PAUL (legt den Arm um sie): »Du hattest wirklich einen harten Tag, Schatz. Was wirst du jetzt machen?«

SARAH: »Ich werde die Nacht darüber schlafen und morgen ganz früh aufstehen. Wenn ich mich dann noch nicht beruhigt habe, können wir ja noch einmal darüber reden, was ich tun soll. Ich bin heute Abend einfach zu müde und zu gestresst, um darüber nachzudenken. Danke, dass du mir zugehört hast, Schatz. Ich fühle mich jetzt viel besser …«

Paul hat einen Streit vermieden, weil er nicht sofort seinen Rat anbot. Dafür hat er ein Glas Wein bekommen und muss nicht allein auf der Couch schlafen. Sarah wiederum hat Paul Zeit für sich gegeben, ist damit ebenfalls der üblichen Auseinandersetzung aus dem Weg gegangen und ist mit sich und ihrem Leben zufrieden.

Lösung: Wie man mit einer Frau im Weihnachtsstress umgeht

Wenn eine Frau wegen Weihnachten in Sorge oder Stress ist und jemanden zum Reden braucht, kann sie einfach zu ihrem Mann sagen: »Ich muss mit dir über Weihnachten reden. Ich will keine Ratschläge, du sollst nur zuhören.« Ein Mann ist froh über diese klare Anweisung, weil er dann genau weiß, was von ihm erwartet wird.

Wenn eine Frau über ihre Sorgen spricht und ein Mann nicht weiß, ob sie ihn um Rat bittet oder nur reden will, kann er einfach fragen: »Soll ich dir als Mann oder als Frau zuhören?« Als Frau muss er nur zuhören, als Mann kann er Ratschläge anbieten. Diese Lösung ist für beide befriedigend, denn jeder weiß, was der andere von ihm erwartet.

Wie Männer mit Weihnachtsstress umgehen

Wie ist es, wenn ein Mann Weihnachtsstress hat? Es ist ein gängiges Missverständnis, dass Männer Weihnachten lieben und Frauen Weihnachten hassen – es sind vielmehr die Männer, die sich mehr über das Fest ärgern und weniger geneigt sind, es zu genießen. Bei der Umfrage eines Marktforschungsinstituts im Jahr 2004 sagten 80 Prozent der Frauen, dass sie Weihnachten lieben, verglichen mit 68 Prozent der Männer. Das liegt wahrscheinlich zu einem großen Teil an den Geldsorgen – Männer geben an Weihnachten mehr Geld für Geschenke aus und müssen eher für die zusätzlichen Ausgaben geradestehen.

Wenn ein Mann wegen irgendetwas, was mit Weihnachten zu tun hat, unter Stress oder Druck steht, schließt er sich wie eine Auster und gibt keinen Ton mehr von sich. Eine Frau spricht »außerhalb« ihres Kopfes, das heißt, man kann sie hören, während ein Mann »in« seinem Kopf redet. Er hat keine bestimmte Gehirnregion für die Sprachfunktion, deswegen entspricht das seinem Naturell. Wenn ein Mann ein Problem hat, bespricht er es mit sich selbst, wenn eine Frau ein Problem hat, bespricht sie es mit anderen.

Stille Nacht – warum gestresste Männer nicht reden

Ein Mann sucht mit seiner rechten Gehirnhälfte nach Lösungen für seine Probleme, und in der Zwischenzeit stellt seine linke Gehirnhälfte, die er zum Zuhören und Reden braucht, vorübergehend ihren Betrieb ein. Das männliche Gehirn kann nicht mehr als eine Sache gleichzeitig tun. Ein Mann kann nicht gleichzeitig Probleme lösen und zuhören oder reden. Sein Schweigen ist für eine Frau oft bedrückend oder beängstigend. Frauen sagen ihren Männern, Söhnen und Brüdern: »Nun komm schon, du musst darüber reden! Danach geht es dir bestimmt besser!« Sie sagen das, weil dieses Verhalten für sie die richtige Methode ist. Er dagegen will einfach nur in Ruhe gelassen werden und ins Feuer starren, bis ihm eine Lösung für sein Problem einfällt.

Männer entwickelten sich im Lauf der Evolution zu Kriegern, Beschützern und Problemlösern. Ihre Gehirnstruktur und ihre soziale Konditionierung lassen nicht zu, dass sie Angst oder Unsicherheit zeigen. Männer debattieren hauptsächlich mit sich selbst, im Kopf, weil sie einfach nicht die Ausdrucksfähigkeit von Frauen haben, mit der diese mit ihrer Umwelt kommunizieren können. Wenn ein Mann dasitzt und einfach nur aus dem Fenster starrt, enthüllt ein Gehirn-Scan, dass er im Kopf eine Unterhaltung mit sich selbst führt.

Die berühmte Skulptur »Der Denker« von Rodin stellt einen grübelnden Mann dar. Er will auf seinem Felsen sitzen und über mögliche Lösungen nachdenken, und er will dabei allein sein. Das Schlüsselwort ist hier: *allein*.

Wenn Rodin ein weibliches Gegenstück zu dieser Skulptur geschaffen hätte, wäre ihr Name wahrscheinlich »Die Redende«. Frauen müssen lernen, einen Mann, der auf seinen einsamen Felsen klettert, allein und in Ruhe denken zu lassen. Viele Frauen haben aber das Gefühl, dass sein Schweigen bedeutet, dass er sie nicht liebt oder sauer auf sie ist. Der Grund dafür ist, dass eine Frau, die nicht redet, sehr wohl verärgert oder gekränkt ist. Wenn sie den Mann auf seinem Felsen mit einer Tasse Tee und ein paar Keksen in Frieden sitzen lässt und ihn nicht zum Reden drängt, ist für ihn alles in Butter. Wenn er sein Problem gelöst hat, kommt er wieder herunter und ist glücklich und zufrieden, so dass er dann auch wieder mit ihr reden kann.

Wenn eine Frau versucht, einen Mann dazu zu bringen, über seine Gefühle oder Probleme zu reden, leistet er Widerstand, weil er das als Kritik auffasst oder fürchtet, dass sie ihn für unfähig hält und eine bessere Lösung weiß. In

Wirklichkeit will sie ihm jedoch nur helfen: Er soll sich wieder besser fühlen, denn eine Frau bietet Ratschläge an, weil sie das Vertrauen innerhalb der Beziehung stärken will. Für sie ist es kein Zeichen von Schwäche, einen Ratschlag anzunehmen.

An Weihnachten nutzen Männer unterschiedliche Möglichkeiten, um »auf ihrem einsamen Felsen zu sitzen«: Zeitung lesen, fernsehen, ein Computerspiel spielen, im Hobbykeller oder im Fitness-Studio verschwinden. Offenbar beschleunigt die Stimulierung des räumlichen Gehirnbereiches gleichzeitig auch den Problemlösungsprozess, weshalb Männer zum Beispiel auch gern Golf spielen, während sie über Probleme nachdenken.

Lösung: Wie man mit einem Mann im Weihnachtsstress umgeht

Eine Frau sollte verstehen, dass das Starren ins Feuer die Methode des Mannes ist, Stress abzubauen, und dass sie das nicht persönlich nehmen darf. Wenn sie denkt, dass ihn etwas bedrückt, sollte sie ihm keine ungebetenen Ratschläge geben, denn darin sieht er einen Hinweis, dass sie ihn für unfähig hält, seine Probleme selbst zu lösen. Wenn er an Weihnachten plötzlich verstummt, ist er wahrscheinlich mit seinen Gedanken beschäftigt oder braucht einfach eine Auszeit.

Was tun, wenn *beide* im Weihnachtsstress sind?

In der Weihnachtszeit kippen sich gestresste Männer einen hinter die Binde. Gestresste Frauen essen Plätzchen und freuen sich auf den Schlussverkauf. Wenn sie unter Druck stehen, reden Frauen, ohne zu denken, und Männer handeln, ohne zu denken. Das ist auch der Grund dafür, dass 90 Prozent aller Gefängnisinsassen Männer und 90 Prozent aller Menschen, die zum Psychotherapeuten gehen, Frauen sind.

Wenn Männer und Frauen zu Weihnachten gleichzeitig unter Druck stehen, kann dadurch ein emotionales Minenfeld entstehen, weil beide unterschiedlich mit Druck umzugehen versuchen. Männer verstummen, und Frauen sind darüber beunruhigt. Frauen fangen an zu reden, und Männer wissen nicht, wie sie damit umgehen sollen. Das erklärt, warum so viele Paare im Januar die Scheidung einreichen, nachdem sie mehrere Tage am Stück miteinander verbracht und festgestellt haben, dass sie durch ihre Unfähigkeit, miteinander zu kommunizieren, in eine Sackgasse geraten sind.

Dies ist einer der größten Unterschiede zwischen gestressten Frauen und gestressten Männern, den leider nur die wenigsten verstehen. Ein Mann schließt generell alle anderen Menschen aus, wenn er extrem gestresst ist oder die Lösung für ein ernstes Problem sucht. Er schaltet den Teil seines Gehirns ab, der für die Gefühle zuständig ist, wechselt in den Problemlösungsmodus und verstummt. Wenn ein Mann alle anderen so vollständig ausschließt, kann das eine beängstigende Erfahrung für eine Frau sein, weil sie selbst nur dann so reagiert, wenn sie schwer gekränkt ist, man sie belogen oder misshandelt hat. Sie geht dann davon aus, dass das auch bei ihrem Mann der Fall sein muss – dass sie ihn verletzt hat und er sie nicht mehr liebt. Sie versucht, ihn zum Reden zu bewegen, doch er weigert sich und denkt, dass sie kein Vertrauen in seine Fähigkeit habe, Probleme zu lösen. Wenn eine Frau verletzt ist und alle Schotten dicht macht, denkt ein Mann, dass sie mehr Raum zum Atmen braucht, und geht mit seinen Kumpels in die Kneipe. Wenn ein Mann sich komplett abschottet, lassen Sie ihn! Es ist alles in Ordnung! Wenn eine Frau alle Schotten dicht macht, dann ist etwas am Brodeln, und die Zeit wäre mal wieder reif für ein ausführliches Gespräch.

Lösung: Wie man miteinander umgeht, wenn *beide* tief im Weihnachtsstress stecken

Es ist einfach nicht zu leugnen: Weihnachten kann für Paare überaus anstrengend sein, und die Tatsache, dass man an den Feiertagen so viel Zeit miteinander verbringt wie sonst wohl nur noch im Urlaub, trägt nicht gerade zum Stressabbau bei. In einer Beziehung müssen beide lernen, mit der unterschiedlichen Art ihres Partners, Stress zu verarbeiten, umzugehen. Der Mann muss lernen, dass eine Frau nicht unbedingt Lösungen für ihre Probleme von ihm erwartet, wenn sie ihm etwas erzählt. Und die Frau muss lernen, dass durchaus alles in Ordnung sein kann, wenn ein Mann den Mund nicht aufmacht. Er braucht Zeit für sich. Um die Spannungen an Weihnachten abzubauen, muss ein Paar verstehen, wie verschieden die Geschlechter auf Druck und Stress reagieren.

Kapitel 3
Wie Paare an Weihnachten
Hand in Hand arbeiten können

Bis Weihnachten haben Sie noch unglaublich viel zu tun: Es müssen Karten geschrieben, die Zimmer geschmückt, Geschenke gekauft und eingepackt werden, und das alles, bevor Ihnen klarwird, dass Sie mit dem Plätzchenbacken besser im Oktober hätten anfangen sollen!

Das Ergebnis einer Studie, dass 37 Prozent der Menschen Urlaub für ihre Weihnachtsvorbereitungen nehmen, ist eigentlich nicht überraschend. Und dann noch die ganze Kocherei und die Gäste, um die man sich am Weihnachtstag selbst kümmern muss!

»Schicken Sie Ihre Weihnachtspakete
früh genug los, damit die Post genug
Zeit hat, sie zu verschlampen.«
JOHNNY CARSON

Im Idealfall ist es natürlich so, dass beide Partner sich die Vorbereitungen und die Arbeit an Weihnachten selbst gerecht teilen oder eine Strategie verabreden, die beiden sinnvoll erscheint. Im wirklichen Leben allerdings endet es häufig so, dass ein Partner sich für die meisten Vorbereitungen und Arbeiten verantwortlich fühlt, und das kann dann zu Ärger und Frustration führen.

Vielleicht liegt in Ihrem Haushalt die Verantwortung für das Gelingen des Weihnachtsfestes eher auf den Schultern des Mannes, doch viele Umfragen zeigen, dass Frauen

76

den Löwenanteil aller Pflichten und Vorbereitungen in dieser Zeit übernehmen. Selbst in jenen Haushalten, in denen sonst vor allem der Mann für die Hausarbeit und die Kinder zuständig ist, haben Frauen die Tendenz, an Weihnachten mehr Aufgaben bei der Planung, Dekoration und in der Küche zu übernehmen.

Wenn man mit einem Mann über Weihnachten redet, lächelt er meist und denkt an Christbäume und Glühwein; eine Frau denkt wahrscheinlich eher ans Einkaufen, Kochen, Putzen, an den Schmuck des Hauses und die 101 anderen Dinge, die erledigt werden müssen, bevor sie sich entspannen kann. Das ist nicht sexistisch – es ist einfach eine Tatsache, dass in den meisten Beziehungen die Frauen den größten Teil der Weihnachtsarbeit machen.

Ehepaare streiten sich vor allem deshalb an Weihnachten, weil die Frauen den Eindruck haben, dass die Arbeit fast ausschließlich an ihnen hängenbleibt. Die Folge sind Groll und Nörgeleien.

....

Weihnachten haben die meisten
Frauen äußerst selten das Ziel: Und
den Männern ein Wohlgefallen ...

....

In diesem Kapitel wollen wir zeigen, wie ein Paar lernen kann, an Weihnachten Hand in Hand zu arbeiten und mit den Problemen so umzugehen, dass beide am Ende zufrieden sind. Wenn Sie Ihre Wünsche und Bedürfnisse in dieser ganz besonderen Zeit ins Gleichgewicht bringen können, dann wird nicht nur Weihnachten, sondern das ganze Jahr glücklicher und harmonischer verlaufen.

Warum Frauen Männern nicht sagen, was sie tun sollen

Manche Männer beschweren sich darüber, dass sie durchaus versuchen, an Weihnachten zu helfen, aber von ihrer Frau nicht klar gesagt bekommen, was sie tun sollen. Männer haben oft das Gefühl, dass Frauen sich vage ausdrücken und um den heißen Brei herumreden, statt direkt auf den Punkt zu kommen. Frauen scheinen von ihnen zu erwarten, dass sie ihre Wünsche erraten oder Gedanken lesen. Diese vermeintlich vage Kommunikation kann man auch als indirekte Ausdrucksweise bezeichnen.

Die indirekte Ausdrucksweise der Frauen dient einem ganz bestimmten Zweck: Sie hilft Beziehungen ohne Aggressionen, Auseinandersetzungen und Unstimmigkeiten zu festigen und Harmonie herzustellen. Aus evolutionärer Sicht ermöglichte sie es den Frauen, Meinungsverschiedenheiten zu vermeiden, und machte es ihnen leichter, ein Gemeinschaftsgefühl zu schaffen, ohne dominant oder aggressiv zu wirken. Die indirekte Ausdrucksweise passt perfekt zum Harmoniestreben der Frauen.

Wenn Frauen diese Ausdrucksweise im Gespräch mit anderen Frauen verwenden, gibt es nur selten Probleme – Frauen haben Antennen dafür, die versteckten Botschaften zu empfangen. Im Gespräch mit Männern hingegen kann diese Art der Kommunikation verheerende Folgen haben, und besonders bei den Weihnachtsvorbereitungen ist sie kontraproduktiv.

Fallstudie: Barbara und Adam

Barbara ging mit ihren Freundinnen Weihnachtseinkäufe machen und wollte, dass ihr sechzehnjähriger Sohn Adam die Küche aufräumt, weil sie ihre beiden Freundinnen nach dem Einkauf mit nach Hause bringen wollte.

»Adam, könntest du mal die Küche für mich aufräumen?«, bat sie ihn.

»Hm … ja …«, murmelte er.

Als Barbara in Begleitung ihrer Freundinnen von ihrem Einkaufsbummel zurückkam, sah die Küche noch immer aus, als hätte eine Bombe eingeschlagen. Eigentlich sah sie noch schlimmer aus als vorher. Barbara kochte vor Wut.

»Aber ich wollte es tun, bevor ich heute Abend weggehe«, beteuerte Adam.

Barbara war jedoch selbst schuld. Sie hatte die indirekte Ausdrucksweise verwendet und angenommen, Adam wäre klar, dass sie eine saubere Küche erwartete, wenn sie mit ihren Freundinnen nach Hause kam. Sie hatte gefragt: »Könntest du mal die Küche aufräumen?« Kein Junge in Adams Alter begreift das »mal« als verbindliche Aufforderung. Mit einer direkten Bitte und einer Zeitangabe wie »Adam, räum bitte die Küche auf, bis ich mittags vom Einkaufen zurückkomme« hätte Barbara mehr Erfolg gehabt.

....

Helfen im Haushalt steht bei Jungen
ganz unten auf der Liste – sie müssen
konkret dazu aufgefordert werden.

....

Männer schätzen direkte Anweisungen, da sie wenig Raum für Missverständnisse lassen. Viele Frauen befürchten, eine direkte Ausdrucksweise sei zu aggressiv oder unhöflich. Beim Umgang mit anderen Frauen trifft das auch zu. Männer empfinden diese Ausdrucksweise jedoch als völlig normal, weil es ihre Art zu kommunizieren ist. Die Sätze eines Mannes sind kurz, direkt, problemorientiert und konzentrieren sich aufs Wesentliche. Mit dieser Ausdrucksweise kann man gut und schnell ein Geschäft abschließen, und sie ist ein Mittel, um anderen gegenüber Autorität zu demonstrieren.

Wenn eine Frau Gans statt Truthahn zu Weihnachten essen will, sagt sie beispielsweise: »Wie wäre es, wenn wir

Heiligabend Gans essen würden?« Ein Mann fühlt sich dadurch aufgefordert, seine Meinung zu sagen, statt einfach nur zuzustimmen. Wenn ein Mann Gans essen will, sagt er es direkt: »Lass uns doch dieses Jahr an Weihnachten eine Gans braten.« Wenn eine Frau möchte, dass ihr Mann das Gästezimmer für die Verwandten vorbereitet, sagt sie: »Meinst du, du könntest irgendwann noch im Gästezimmer Staub saugen?« Er dagegen sagt: »Saugst du bitte im Gästezimmer?« Es ist dieselbe Bitte, nur anders ausgedrückt.

Wie die indirekte Ausdrucksweise zu einem handfesten Weihnachtsstreit führen kann

Judith ist am Rotieren, um alles rechtzeitig zur Bescherung zu schaffen. Die Küche sieht aus, als habe eine Bombe eingeschlagen, die Spülmaschine muss ausgeräumt werden, ihre Eltern kommen morgen schon ganz früh, und sie hat noch nicht mal angefangen, die Geschenke zu verpacken. Sie möchte, dass Mark ihr hilft, und ärgert sich, dass er das noch nicht angeboten hat, aber er scheint gar nicht zu merken, dass sie immer hektischer wird. Mark hat schon so ein Gefühl, dass etwas in der Luft liegt, aber er weiß nicht, was.

Er fragt: »Alles in Ordnung, Liebling?« Ihre Antwort lautet: »Ja, alles bestens …«, was in ihrer indirekten Art so viel heißt wie: »Nein, ich brauche deine Hilfe.« Er aber sagt nur: »Schön!«, und setzt sich vor den Fernseher, um zum x-ten Male *Octopussy* zu sehen. Judith kocht vor Wut, weil er nicht gemerkt hat, dass sie seine Hilfe braucht.

❄

Wenn ein Mann zu verstehen glaubt, dass eine Frau gestresst ist oder ein Problem hat, dann tut er das, was er bei einem anderen Mann machen würde – er geht, weil er ihr den nötigen Raum geben will, damit sie ihre Probleme lösen kann. Sie denkt dann: »Er ist gefühl- und herzlos!«, und ruft ihre Freundinnen an, um sich zu beklagen. Wenn sich dieses Verhaltensmuster einschleift, kommt es an Weihnachten zum Streit oder zu starken Verstimmungen zwischen den beiden Partnern. Um diesen Teufelskreis zu durchbrechen, müssen beide verstehen, wie der andere denkt und organisiert ist.

Lösung: Wie man mit einem Mann redet

Verwenden Sie im Umgang mit Männern die direkte Ausdrucksweise und sprechen Sie nur jeweils ein Thema an. Das mag Ihnen am Anfang schwerfallen, doch wenn Sie darin Übung haben, werden Sie das gewünschte Ergebnis erzielen und weniger Verdruss mit den Männern in Ihrem Leben haben.

Als Meisterin der indirekten Formulierung stellt eine Frau Kannst-du- und Könntest-du-Fragen: »Könntest du mal den Christbaumschmuck vom Dachboden holen?« Ein Mann versteht ihre Fragen wörtlich. Wenn sie also fragt: »Kannst du die Weihnachtskarten schreiben?«, versteht er: »Bist du in der Lage, Weihnachtskarten zu schreiben?« Ein Mann deutet derartige »Kannst du«-Fragen als Kontrolle seiner Fähigkeiten. Deswegen lautet seine logische Antwort auch: Ja, er könnte den Christbaumschmuck holen, und: Ja, er kann Weihnachtskarten schreiben. Diese Worte bedeuten für ihn allerdings keine Verpflichtung, es auch tatsächlich zu tun. Außerdem fühlen sich Männer manipuliert und genötigt, eine »Ja-Antwort« zu geben.

Wenn man von einem Mann eine verbindliche Antwort haben will, muss man Wirst-du- und Würdest-du-Fragen stellen: »Wirst du morgen den Weihnachtsbaum kaufen?« fordert eine Verpflichtung für den nächsten Tag, und ein Mann muss darauf mit Ja oder Nein antworten. Es ist besser, ein Nein auf eine Wirst-du- oder Würdest-du-Frage zu bekommen und zu wissen, woran man ist, als ein Ja auf jede Kannst-du- oder Könntest-du-Frage. Ein Mann, der eine Frau um ihre Hand bittet, fragt: »Willst du mich heiraten?« beziehungsweise »Möchtest du mich heiraten?« Niemals würde er fragen: »Könntest du mich heiraten?«

Aber auch Männer kommen nicht so leicht davon – auch sie können Meister der indirekten Ausdrucksweise an Weihnachten sein, wie diese lustigen Beispiele zeigen ...

Ein Wörterbuch der häufigsten männlichen Sprachmuster an Weihnachten

Was er sagt:	Was er meint:
1 »Ich kann die Plätzchen nicht finden.«	»Ich sehe sie nicht, sie sind mir nicht von selbst zugeflogen, sie können also nicht da sein.«
2 »Ich dachte, wir wollten uns dieses Jahr nichts zu Weihnachten schenken.«	»Ich wusste schon, dass du ein Geschenk wolltest, aber ich habe es nicht geschafft, eines zu kaufen.«
3 »Kann ich dir beim Weihnachtsessen helfen?«	»Warum steht es noch nicht auf dem Tisch?«
4 »Am ersten Weihnachtstag kommt ein spitzenmäßiger Film.«	»Es ist ein Film mit Colts, Messern, schnellen Autos und nackten Frauen.«
5 »Weihnachten geht es nicht um materielle Dinge.«	»Ich habe vergessen, dir ein Weihnachtsgeschenk zu besorgen.«
6 »Oh, Socken! Genau die habe ich mir gewünscht.«	»Wo ist mein richtiges Geschenk?«

7	»Wir werden zu spät zur Weihnachtsfeier kommen.«	»Damit habe ich einen guten Grund, wie ein Wahnsinniger zu rasen.«
8	»Mach doch mal Pause, Liebling! Weihnachten soll doch eine friedliche Zeit sein.«	»Ich kann nicht in Ruhe fernsehen, wenn du Staub saugst.«
9	»Ich dachte, du hättest dieses Jahr ein ganz besonderes Geschenk verdient.«	»Die Verkäuferin in der Schmuckabteilung war eine echte Wucht, und ich wollte sie mir genauer ansehen.«
10	»Du kennst doch mein schlechtes Gedächtnis.«	»Ich erinnere mich an die Erkennungsmelodie von Darth Vader, die Adresse meiner ersten Freundin und die Autonummern aller Autos, die ich je besessen habe, aber ich habe vergessen, den Rosenkohl zu kaufen, und bin stattdessen mit einem Mistelzweig aus Plastik und einer Avocado zurückgekommen.«

Warum Männer nicht gleichzeitig die Weihnachtspost erledigen und fernsehen können

Das Gehirn der Frau ist auf den Multitaskbetrieb ausgerichtet. Eine Frau kann Weihnachtskarten schreiben und Plätzchen backen und ihren Mann bitten, doch noch einmal die Christbaumbeleuchtung zu überprüfen. Sie kann telefonieren und gleichzeitig den Baum schmücken. Es scheint, als sei die Frau genetisch mit dem Oktopus verwandt. Sie kann mehrere unterschiedliche Dinge gleichzeitig tun, und Gehirn-Scans zeigen, dass das weibliche Gehirn niemals untätig ist; es arbeitet immer, auch im Schlaf. Vor allem deshalb sind fast alle Sekretärinnen Frauen. Für ihre Arbeit ist es unerlässlich, dass sie mehrere unterschiedliche Aufgaben gleichzeitig ausführen können. Entsprechend ist es auch nicht überraschend, dass 1998 von den 716 148 Büroangestellten und SekretärInnen in Großbritannien 99,1 Prozent Frauen waren; ganze 5913 Männer waren darunter. Es gibt Leute, die diese Tatsache darauf zurückführen, dass Mädchen bereits in der Schule auf solche Berufe gepolt werden. Dabei wird jedoch leicht vergessen, dass Frauen im Vergleich zu Männern einfach überragende verbale und organisatorische Fähigkeiten sowie die Anlagen haben, mehrere Aufgaben gleichzeitig zu erledigen.

Männer dagegen finden Multitasking überaus schwierig. Wenn eine Frau einen Mann bittet, doch bitte beim Fernsehen die Weihnachtspost zu erledigen, ist das für ihn eine echte Herausforderung. Wenn sie den Fernseher nicht ausschaltet, während sie mit ihm spricht, hört er sie womöglich gar nicht! Wenn ein Mann ein neues Rezept ausprobiert und man ihn während des Kochens anspricht, wird er höchstwahrscheinlich ärgerlich, weil er nicht gleichzeitig das Rezept lesen und zuhören kann.

Um die Gründe dafür zu verstehen, müssen wir uns anschauen, wie das Gehirn arbeitet. Die linke und die rechte Gehirnhälfte sind durch einen Nervenfaserstrang miteinander verbunden, der als Corpus callosum oder Balkenkörper bezeichnet wird. Dieser Balken ermöglicht die Kommunikation und den Informationsaustausch zwischen den beiden Gehirnhälften.

Stellen Sie sich vor, Sie haben zwei Computer auf den Schultern, die durch ein Schnittstellenkabel miteinander verbunden sind. Dieses Kabel heißt Corpus callosum.

Der Neurologe Roger Gorski an der University of California in Los Angeles hat bestätigt, dass das weibliche

Gehirn ein um 10 Prozent dickeres Corpus callosum hat als das männliche und dass beim weiblichen bis zu 30 Prozent mehr Verbindungen zwischen der linken und der rechten Gehirnhälfte bestehen. Er hat auch nachgewiesen, dass bei Frauen und Männern, die gleiche Aufgaben ausführen, unterschiedliche Bereiche des Gehirns in Aktion treten.

Diese Forschungsergebnisse wurden von anderen Wissenschaftlern bestätigt. Alle Untersuchungen kommen zu demselben Schluss: Männerhirne sind hochspezialisierte Gebilde mit vielen kleinen Schubladen und Fächern. Das männliche Gehirn ist darauf ausgerichtet, sich voll und ganz auf eine einzige Aufgabe zu konzentrieren. Von den meisten Männern wird man häufig zu hören bekommen, dass sie nur eine Sache auf einmal machen können. Einfach ausgedrückt: Es ist, als habe er kleine Zimmer überall in seinem Gehirn, und jedes Zimmer enthalte wenigstens eine wichtige Funktion, die unabhängig vom Rest funktioniert. Damit erledigt er alles, was er tut, immer nacheinander, nie parallel. Wir bezeichnen das als Einspurigkeit.

Untersuchungen haben ebenfalls ergeben, dass das weibliche Geschlechtshormon Östrogen Nervenzellen anregt, mehr Verbindungen in und zwischen den beiden Gehirnhälften herzustellen. Studien zeigen, dass man umso sprachgewandter ist, je mehr Verbindungen man im Gehirn hat. Die höhere Anzahl an Verbindungen erklärt auch die Fähigkeit der Frau, mehrere, in keinem Zusammenhang zueinander stehende Tätigkeiten gleichzeitig auszuführen.

Während dieser einspurige konzentrierte Zugang Frauen als Einschränkung erscheinen mag, erlaubt er dem Mann, ein engagierter Spezialist oder Experte auf einem bestimmten Gebiet zu werden. 96 Prozent aller technischen Fachleute auf der Welt sind Männer – sie dominieren eindeutig dieses eine Tätigkeitsfeld.

Lösung: Wie man einen Mann dazu bringt, zuzuhören

Für Frauen ist es überaus wichtig, die männliche »Eins-nach-dem-anderen«-Mentalität zu verstehen, vor allem auch, wenn sie einen Mann bitten, bei den Weihnachtsvorbereitungen zu helfen. Wenn man das Gehirn eines Mannes scannt, während er liest, stellt man fest, dass er praktisch taub ist. Denken Sie daran: Sie sollten nie mit einem Mann reden, während er sich nass rasiert – es sei denn, Sie wollen, dass er sich verletzt!

Wenn Sie wollen, dass ein Mann etwas zu den Weihnachtsvorbereitungen beiträgt – dass er den Baum schmückt, die Getränke serviert oder was auch immer –, bitten Sie ihn nicht darum, wenn er gerade etwas anderes tut, denn dann kann er sich nicht auf Ihre Bitte konzentrieren. Wählen Sie einen günstigen Moment, und sorgen Sie dafür, dass Sie seine ungeteilte Aufmerksamkeit haben. Außerdem sollten Sie ihm immer nur einen Auftrag geben: Verlangen Sie nicht, dass er Weihnachtskarten schreibt, während er fernsieht, und reden Sie nicht über Ihre Pläne für Weihnachten, während er kocht. Er muss sich voll und ganz auf eine Sache konzentrieren können.

Wenn Sie es dennoch schwierig finden, einen Mann zum Zuhören zu bewegen, dann geben Sie ihm vorher Bescheid und sagen Sie ihm, worum es geht. Diese Strategie ist bei einem Mann besonders wirksam. Sagen Sie zum Beispiel: »Ich möchte gern darüber reden, was wir deinen Eltern zu Weihnachten schenken und wen wir einladen. Hättest du nach dem Essen, gegen sieben Uhr, Zeit dafür?« Das spricht die logische Struktur des männlichen Gehirns an, gibt ihm das Gefühl, dass seine Meinung gefragt ist, und es verschiebt das Problem noch einmal! Ein indirekter Ansatz dagegen, wie etwa: »Ich mach mir solche Sorgen wegen Weihnachten – ich weiß einfach nicht, wie ich das alles schaffen soll«, ist problematisch, weil ein Mann meist den Eindruck hat, dass man ihm die Schuld zuschieben will, und sofort in die Defensive geht. Männer brauchen Zeitpläne, vorgegebene Abläufe und klare Termine.

Warum Frauen über so viele Dinge gleichzeitig reden

Wenn ein Mann eine Frau an Weihnachten direkt fragt, was er denn tun solle, dann wird sie darauf meist mit einer langen Liste von Aufgaben antworten – darunter auch Dinge, die sie selbst tun will –, und dann wird sie noch ganz andere Themen zur Sprache bringen, die gar nichts damit zu tun haben: »Also, wir müssen den Truthahn bestellen und abholen. Dann brauche ich ein Geschenk für Celia – morgen gehe ich einkaufen. Wenn du den Weihnachtsbaum besorgen könntest, wäre das wunderbar. Oh, und denk bitte daran, deinen Chef zurückzurufen. Dann müssen wir noch die Weihnachtsbeleuchtung im Garten aufhängen ...« Letztendlich hat der Mann überhaupt keine Vorstellung mehr von dem, was er denn wirklich tun soll.

Bei Frauen gibt es einen abgegrenzten Gehirnbereich für die Sprache, der sich hauptsächlich in der vorderen linken Gehirnhälfte befindet, und einen kleineren Gehirnbereich in der rechten Hemisphäre. Diese Verteilung auf beide Gehirnhälften macht Frauen zu guten Gesprächspartnern. Sie reden gern und viel. Weil bei Frauen, wie wir gesehen haben, zudem noch ein großer Informationsaustausch zwischen linker und rechter Gehirnhälfte stattfindet, können sie in der Regel über mehrere Themen gleichzeitig reden – und das manchmal sogar in einem einzigen Satz. Diese Art des Redens gleicht ein wenig dem Jonglieren mit drei oder vier Bällen, und die meisten Frauen beherrschen das anscheinend mühelos.

Bei Männern ist die Sprache keine spezielle Fähigkeit des Gehirns. Für die Sprache ist bei ihnen ausschließlich die linke Gehirnhälfte zuständig, es gibt jedoch keine eigene Gehirnregion, die als Sprachzentrum fungieren würde. Eine Kernspintomographie zeigt, dass bei Männern, wenn sie sprechen, die gesamte linke Gehirnhälfte aktiv wird, weil nach einem Sprachzentrum gesucht, aber keines gefunden wird. Die Folge davon ist, dass Männer keine besonderen Sprachgenies sind. Männer haben sich zu Jägern und Nahrungslieferanten entwickelt, nicht zu Konversationsgenies. Während der Jagd waren nur wenige nonverbale Signale erforderlich, und die meiste Zeit saßen die Jäger schweigend nebeneinander und beobachteten ihre Beute. Weder redeten sie, noch mussten sie einander näherkommen.

Die Mehrspurigkeit der Frau – eine Art geistiges Froschhüpfen – ist für einen Mann ziemlich frustrierend, denn das männliche Gehirn ist ein einspuriges System. Eine Frau fängt manchmal an, über den Weihnachtsschmuck zu reden, springt mitten im Satz zur Menüplanung für den ersten Weihnachtstag und dann, völlig unvermittelt, wieder zurück zum ersten Thema, bei dem sie ganz nach Belieben noch ein paar vollkommen neue Aspekte einstreut. Männer reagieren darauf vollkommen verwirrt und sind regelrecht benommen, während Frauen verblüfft registrieren, dass Männer ihrer Unterhaltung nicht folgen können. Zu Weihnachten, wenn überall so viel passiert und es so viel gibt, über das man reden muss, erreicht die weibliche Fähigkeit zur Mehrspurigkeit offenbar ganz neue Höhen.

Eine Frau berichtet beispielsweise in einem Satz von ihrer Arbeit im Büro und sagt dann im nächsten: »Da fällt mir ein – kannst du die Weihnachtspost heute Abend erledigen, damit wir sie morgen zur Post bringen können?« Ein solcher Themenwechsel ist für Männer sehr verwirrend, Frauen dagegen können da mühelos folgen.

Lösung: Wie man einem Mann mit einfachen Worten etwas klarmacht

Wenn man im Gespräch mit einem Mann mehrere Themen gleichzeitig behandelt, verliert er den Faden. Als Frau muss man einsehen, dass man immer nur einen klaren Gedanken nach dem anderen übermitteln sollte. Bitten Sie ihn nicht, das Weihnachtsgeschenk für Ihre Tochter nach der Arbeit abzuholen, wenn Sie beide gerade die Silvesterparty planen. Ihnen mag dieser Einschub logisch erscheinen, doch sein Gehirn kann diesen Themenwechsel nicht verarbeiten. Warten Sie einen günstigen Moment ab und formulieren Sie Ihre Bitte in einfachen Worten.

....

Die erste Regel im Gespräch mit einem Mann: Drücken Sie sich immer möglichst einfach aus! Füttern Sie ihn immer nur mit einer Information nach der anderen.

....

Nörgeln an Weihnachten

Was passiert, wenn eine Frau ihren Mann direkt um Hilfe bei den Weihnachtsvorbereitungen bittet und er dann trotzdem nichts tut? Und das, obwohl sie ihm nicht zu viel auf einmal aufgetragen, indirekte Formulierungen vermieden und ihm eine klare Bitte vorgetragen hat? Letztendlich wird sie noch einmal bitten, und noch einmal und noch einmal, und hoffen, dass er irgendwann zuhören wird. Diese Bitten werden schließlich zur Nörgelei, und Weihnachten endet in einem Tauziehen.

nörgeln: kritteln, murren, mäkeln, meckern, motzen, maulen, quengeln, auf die Nerven gehen, stänkern, piesacken, quälen, nerven

»Nörgeln« ist ein Begriff, der fast ausschließlich von Männern benutzt wird, um Frauen zu beschreiben. Viele Männer beschweren sich, dass ihre Frauen an Weihnachten ständig an ihnen herumkritteln. Die meisten Frauen sagen, dass sie nie nörgeln. Sie meinen vielmehr, dass sie die Männer in ihrem Leben lediglich an die Dinge erinnern, die getan werden müssen: In der Weihnachtszeit sind es vor allem Haushaltspflichten, die Überprüfung der Weihnachtsbeleuchtung, der Kauf des Truthahns. Manchmal betrachten sie die Nörgelei sogar als konstruktiv. Wo wären viele Männer ohne eine Frau in ihrem Leben, die ihnen gut zuredet, doch nicht zu viel Bier zu trinken und nicht zu viel Gänsebraten zu verschlingen und wenigstens Weihnachten mal einen Spaziergang zu machen? Anlässe zum Nörgeln gibt es immer, aber vor den Feiertagen, wenn einfach so viel zu tun ist, sagen viele Männer, dass die Nörgeleien ihrer Frau ganz neue Dimensionen erreichen.

Nörgler laufen an Weihnachten, der anstrengendsten Zeit des Jahres, oft zur Höchstform auf.

Wenn Männer allerdings nörgeln, so ist das etwas ganz anderes. Männer sind keine Nörgler. Sie sind bestimmend, sie sind Führungspersönlichkeiten, sie geben eben ständig ihr Wissen weiter – und erinnern Frauen sanft daran, welchem Weg sie folgen sollen, wenn die es vielleicht mal zwischendurch vergessen haben. Natürlich kritisieren sie, finden Fehler, klagen und beschweren sich, aber es ist immer zum Besten der Frau. Und sie erteilen Ratschläge wie: »Wir verfahren uns jedes Mal, wenn wir deine Schwester besuchen. Schau auf die Karte, bevor du losfährst! Wie oft muss ich dir das noch sagen?« Oder: »Kannst du dich nicht ein bisschen in Schale werfen für die Weihnachtsfeier? Mein Chef wird auch da sein.« Die Wiederholung ihrer Ratschläge beweist bewundernswerte Beharrlichkeit und zeigt vor allem, dass ihre Frau ihnen wichtig ist.

Nach Meinung von Frauen zeigt ihr Nörgeln ebenso, dass ihnen ihr Mann wichtig ist, aber Männer sehen das meist anders. Eine Frau schimpft mit ihrem Mann, weil er alle Lebkuchen aufgegessen hat, seine geöffneten Weihnachtsgeschenke überall im Haus herumliegen und der Müll immer noch nicht weggebracht ist. Sie weiß, dass sie nervt, glaubt aber, dass sie durch ständiges Wiederholen der immer und immer gleichen Anweisungen zu ihrem Mann durchdringen wird, bis diese Regeln ihm eines Tages – hoffentlich – in Fleisch und Blut übergehen. Wenn aber eine Frau anfängt, ihre Aufträge zu wiederholen, registriert das männliche Gehirn im Normalfall nur eines: Nörgelei. Wie ein tropfender Wasserhahn zerrt die Nörgelei an seinen Nerven und kann allmählich einen unterschwelligen Groll heraufbeschwören. Männer überall auf der Welt setzen das Nörgeln ganz oben auf die Liste dessen, was sie besonders hassen. Und es kann das Weihnachtsfest wirklich total verderben.

Warum Frauen in der Weihnachtszeit so viel nörgeln

Nörgeln tritt zwischen Menschen auf, die eng miteinander verbunden sind – Ehefrauen, Ehemänner, Mütter, Söhne, Töchter und Lebenspartner. Deshalb ist die stereotype Nörglerin in den frauenfeindlichen Witzen immer eine Ehefrau oder Mutter – eine Frau also, die mit häuslichen Verantwortlichkeiten belastet ist, die sich dem Leben gegenüber meist ohnmächtig fühlt und keine Chancen sieht, dieses Leben durch entschiedenes, direktes Handeln zu ändern.

Frauen offenbaren diese Enttäuschung oft an Weihnachten, wenn die ganze Verantwortung, dass alle sich wohl fühlen, vermeintlich auf ihren Schultern lastet. Oft haben sie fast alle Weihnachtspflichten auf sich genommen und erleben schließlich, dass alle sich amüsieren, während sie »die Sklavenarbeit machen«.

Dann läuft die Gastgeberin vielleicht mit einer undefinierbaren und unterdrückten Wut im Bauch herum und reagiert immer frustrierter, weil niemand merkt, wie viel sie für alle leistet. Sie weiß, dass sie genauso ein Recht darauf hat, Weihnachten zu genießen, wie alle anderen, aber sie weiß nicht, wie sie das durchsetzen soll.

Lebenslange Berieselung mit Stereotypen, Meinungen aus ihrer Familie, aus Frauenzeitschriften, Filmen und Fernsehwerbespots haben sie zu der Überzeugung gebracht, dass die wirklich frauliche Frau die Rolle der »perfekten Ehefrau und Mutter« bevorzugt, und das ist in ihren Augen Weihnachten besonders wichtig.

Sie muss also das perfekte Heim schaffen, mit dem perfekten Weihnachtsschmuck, den perfekten Geschenken, dem perfekten Essen – sie muss, kurz gesagt, eine Weihnachts-Hausfee sein.

Die Kochsendungen zu Weihnachten, die Frauen als perfekte Gastgeberinnen vorführen, haben auch nicht gerade dazu beigetragen, dass dieser Druck nachgelassen hätte.

Insgeheim weiß sie jedoch, dass sie etwas Besseres verdient hat, aber einer Gehirnwäsche zum Opfer gefallen ist und jetzt eine »Wahrheit« zu leben versucht, die vielleicht gar nicht mehr zeitgemäß ist. Auf ihrem Grabstein soll nicht stehen: »Sie hat immer die besten Weihnachtsplätzchen gebacken«, aber sie weiß nicht, wie sie sich von dieser selbstgewählten Pflicht befreien soll.

Warum Frauen Weihnachten so wichtig ist

Frauen legen großen Wert auf das Heim und die Familie. Bei einer Umfrage sagten die meisten außer Haus arbeitenden Frauen, dass sie lieber Hausfrau wären oder sich dem süßen Nichtstun hingeben würden, als im Beruf erfolgreich zu sein, wenn ihre finanzielle Situation dies zuließe. Bei einer ähnlichen Umfrage in Australien stand die Karriere nur bei 5 Prozent der Frauen zwischen 18 und 65 Jahren ganz oben auf der Prioritätenliste. Doch 80 Prozent aller Frauen setzten das Aufwachsen ihrer Kinder in einer traditionellen Familie ganz oben auf die Liste. Für Frauen, egal ob sie auswärts arbeiten oder nicht, sind also Familie und Kinder sehr wichtig. Und so ist es keine Überraschung, dass viele Frauen an Weihnachten die perfekte Mutter, Ehefrau und Gastgeberin sein wollen.

Als Nestbehüterin verspürt die Frau das überwältigende Bedürfnis, von anderen gemocht zu werden. Frauen waren immer für die Beziehungen zuständig – sei es nun zu Partnern, Kindern, anderen Familienmitgliedern oder gesellschaftlichen Gruppen. Ihre Gehirne sind so organisiert, dass sie erfolgreich Beziehungen knüpfen und pflegen können. Weihnachten ist die ideale Gelegenheit für Frauen, ihre Fähigkeiten als Ehefrau, Mutter und Hausfee zu beweisen und an der Pflege von Beziehungen zu arbeiten.

Die Weihnachtsfee und der freche Kobold

Viele Frauen beschleicht manchmal das Gefühl, sie wären der einzige vernünftige Erwachsene in der Familie. Sie haben den Eindruck, dass ihre Männer oder Freunde sich wie Kinder benehmen. Natürlich kann ein Mann in seiner Arbeitsumgebung kommunizieren, Probleme lösen und Leistungen erbringen, und er wird ja auch oft beträchtlich besser bezahlt als eine Frau, die den gleichen Job macht. Seine Partnerin weiß, dass er diese Fähigkeiten besitzt, und reagiert deshalb überaus frustriert, wenn er sie offensichtlich zu Hause nicht einsetzt.

Im Dezember hat sie den Eindruck, dass die Lage sich rapide verschlechtert. Sie ist die Weihnachtsfee – sie sorgt dafür, dass alles wie von Zauberhand bewegt funktioniert, und er wird zum kleinen frechen Kobold, der überall im Haus Kekskrümel und leere Gläser verteilt. Er hat Urlaub, sie vielleicht auch, aber ihre Arbeitsbelastung hat sich verdoppelt.

Das Problem ist, dass die Frau dann in Versuchung gerät, ihren Partner eher wie einen ungezogenen kleinen Jungen und nicht wie einen vernünftigen Mann zu behandeln. Er reagiert darauf, indem er sich wirklich wie ein ungezogener Junge benimmt. Diese Veränderung in der Haltung zueinander ist der Anfang vom Ende der Beziehung. Je stärker der Mann rebelliert, desto mehr nörgelt die Frau. Je mehr Widerstand er leistet, desto mehr gleicht sie im Verhalten seiner Mutter. Schließlich erreichen beide einen Punkt, an dem sie einander nicht mehr als Partner, Geliebte und beste Freunde sehen können. Und nichts kühlt die Leidenschaft eines Mannes stärker ab als das Gefühl, mit dem Ebenbild der eigenen Mutter verheiratet zu sein. Gleichzeitig nimmt auch die Leidenschaft einer Frau schnell ab, wenn sie den Eindruck hat, mit einem unreifen, selbstsüchtigen und faulen kleinen Jungen zusammenzuleben.

Wie sich die Nörglerin fühlt

Frauen wissen, dass sie nörgeln, das heißt aber nicht, dass sie es auch genießen. Normalerweise ist es für sie ein Mittel zum Zweck. Sie wollen, dass ihr Ehemann einmal spontan anbietet, das Weihnachtsessen zu kochen, sie wollen, dass er den Müll rausbringt und sich darüber Gedanken macht, ob wohl genug saubere Badetücher für alle Gäste da sind – kurz gesagt, sie wollen, dass auch er Verantwortung dafür übernimmt, dass Weihnachten zum Erfolg wird.

Manche Frauen haben das Nörgeln zur Kunstform erhoben. Wir haben fünf grundlegende Typen des Nörgelns vor Weihnachten entdeckt:

Das Ein-Thema-Nörgeln: »Kurt, wie war das mit dem Christbaumschmuck?« Pause. »Kurt, du hast gesagt, du würdest den Christbaumschmuck vom Dachboden holen.« Wieder fünf Minuten später: »Was ist jetzt mit dem Baumschmuck, Kurt? Der Baum schmückt sich schließlich nicht von selbst, oder?«

Das Multi-Nörgeln: »Überall im Wohnzimmer liegen Tannennadeln, Nigel, die Gästebetten müssen noch frisch bezogen werden, und du wolltest noch einen Nagel für den Kranz in die Haustür schlagen. Wann machst du eigentlich die Lichterketten draußen in die Tanne ...« Und so weiter und so fort.

Das Ich-will-nur-dein-Bestes-Nörgeln: »Hast du heute schon deine Tabletten genommen, Karl? Und lass den Lebkuchen stehen – das ist schlecht für deine Cholesterinwerte und dein Gewicht ...«

Das Bei-anderen-läuft-es-besser-Nörgeln: »Also, Moira sagt, dass Shane schon alle Einkäufe erledigt und die Karten geschrieben hat. Bei deinem Tempo ist Weihnachten vorbei, bevor du auch nur angefangen hast.«

Das Im-voraus-Nörgeln: »Ich hoffe, dass du dich heute mit dem Trinken zurückhältst, Dale. Wir wollen nicht wieder so ein Fiasko erleben wie letztes Jahr.«

Die Frauen lachen bei diesen Beschreibungen immer am lautesten. Sie erkennen sich selbst und ihre Formulierungen wieder, sehen aber dennoch keine Alternative zu diesem Verhalten.

Sie glauben, wenn sie ein schönes Familienweihnachten haben wollen, müssen sie entweder alles selber tun oder aber nörgeln.

Wenn das Nörgeln außer Kontrolle gerät, kann die Beziehung der Nörglerin zu anderen ernsthaft leiden. Männer ignorieren Frauen mit diesem Verhalten einfach sehr oft, was wiederum deren Reizbarkeit steigert oder gar Wut auslöst. Das kann damit enden, dass sie sich alleingelassen, zornig und schlecht fühlen – also das Letzte, was man sich Weihnachten wünscht. Außer Kontrolle geratene Nörgelei kann Beziehungen unwiderruflich zerstören.

Wie sich das Opfer fühlt

Vom männlichen Standpunkt aus ist das Nörgeln eine ständige indirekte negative Erinnerung an Dinge, die man nicht getan hat, und an Fähigkeiten, die man leider nicht hat. Schließlich ist ja Weihnachten, und es geht doch eigentlich darum, seine Zeit entspannt mit der Familie zu verbringen und die Feiertage zu genießen.

Je mehr die Nörglerin nörgelt, desto weiter zieht sich das Opfer hinter jene Schutzbarrieren zurück, die die Nörglerin in den Wahnsinn treiben – fernsehen, mit den Kindern spielen, in die Kneipe gehen. Niemand ist gern das Opfer von unterdrückter Wut, doppeldeutigen Botschaften, Selbstmitleid und Schimpftiraden, niemand lässt sich gern ständig die Schuld zuschieben. Alle gehen der Nörglerin aus dem Weg, bis sie allein und voller Groll ist. Wenn sie sich weiter in die Enge getrieben, missachtet und isoliert fühlt – wenn sie in der Küche sitzt und aufpasst, dass der Truthahn nicht trocken wird, während sich der Rest der Familie im Wohnzimmer ein Glas Glühwein gönnt –, leidet das Opfer womöglich noch mehr.

Nörgeln funktioniert nie

Nörgeln funktioniert vor allem deshalb nicht, weil bereits die Erwartungshaltung auf ein Scheitern ausgerichtet ist. Nörgler hoffen zwar, dass ihre Worte ihre Opfer zur Räson bringen, erwarten aber oft, dass diese ungehört verhallen, oder sie provozieren geradezu eine abweisende Antwort.

Sie gehen das Problem völlig falsch an. Statt zu sagen:

»Ich habe ein Recht, dies oder jenes zu erwarten«, maulen sie: »Warum überlässt du an Weihnachten immer alles mir? Muss ich hier alles selbst erledigen?« Sie versuchen ihr Problem in kleinen, trivialen, pedantischen Etappen zu lösen. Sie formulieren schwache indirekte Bitten, die zudem noch mit Schuldzuweisungen schwer belastet sind. Diese »Bitten« bringen sie meist in zufälligen Gruppen vor, umrahmt von indirekter Sprache, die männliche Hirne nur begrenzt verstehen können. Für Männer ist das wie ein Moskitoschwarm, der plötzlich über sie herfällt. Überall am Körper fühlen sie kleine juckende Stiche und schaffen es nicht, die Quälgeister loszuwerden. »Weißt du, für mich ist ja auch Weihnachten ... Ich arbeite mir an den Feiertagen die Finger wund, damit deine Familie es gemütlich hat, und du sitzt nur da und siehst fern ...« Diese Art Nörgelei ist sinnlos, sie bewirkt genau das Gegenteil des gewünschten Verhaltens, und sie schafft eine Situation, in der beide nur verlieren können. Mit diesem Ansatz wird Nörgeln zu einer zersetzenden Angewohnheit, die großen Stress, Disharmonie, Groll und Zorn verursacht. Und das ist sicher nicht das, was Sie beide sich für Weihnachten gewünscht haben.

Die Nörglerin verstehen – warum Frauen Weihnachten Anerkennung brauchen

Wer als Opfer von Nörgelei ehrlich zu sich selbst ist und sich eingesteht, dass die Nörgelei triftige Gründe hat, und wer akzeptiert, dass Nörgeln gewöhnlich ein Schrei nach Anerkennung ist, der kann leicht eine Situation herstellen, in der beide gewinnen. Der Mensch hat vor allem das Bedürfnis, sich wichtig zu fühlen.

Nörgeln ist ein Zeichen, dass eine Frau mehr will: mehr Anerkennung von ihrer Familie und mehr Chancen, etwas Besseres aus sich zu machen.

»Meine Mutter jammert immer nur, wie viel Arbeit

Weihnachten doch macht. Aus allem, was sie tut, muss sie eine Staatsaffäre machen«, seufzt Ian, ein ständig herumkommandierter Teenager. »Wenn sie den Tisch festlich deckt, erklärt sie uns, wie viel Zeit sie das gekostet hat. Wenn sie selbst den Adventskranz bindet, muss sie einen genervten kleinen Kommentar dazu abgeben, um die Aufmerksamkeit auf sich zu lenken. Ich fände es fast besser, wenn sie einfach nichts tun würde. Warum können wir Weihnachten nicht einfach genießen, ohne dass sie wegen jeder Kleinigkeit so einen Aufstand macht?«

Sie macht einen Aufstand wegen »jeder Kleinigkeit«, weil es schwer ist, sich selbstbewusst und mächtig zu fühlen, wenn man den Eindruck hat, dass niemand überhaupt wahrnimmt, was man alles tut. Ians Mutter nörgelt, weil ihre Leistungen so wenig beachtet werden und sie zu wenig Anerkennung bekommt. Wenn Ian ihr die Anerkennung geben würde, nach der sie sich sehnt – und die sie verdient –, würde ihre Lebensqualität drastisch steigen. Wenn man der Nörglerin Anerkennung für kleine Routineaufgaben zollt, unterbleibt ein Großteil der Nörgelei.

Weil das Nörgeln meist einen triftigen Grund hat, muss auch das Opfer seine Verantwortung für dieses Verhalten übernehmen. Nörgeln ist das Ergebnis mangelhafter Kommunikation.

Die Herausforderung für das Opfer und die Nörglerin

Um eine Situation zu schaffen, von der beide profitieren, müssen beide Parteien bereit sein, sich zu ändern und die Verantwortung zu teilen. Das Opfer muss seinen Beitrag zum Problem erkennen und die Verantwortung dafür übernehmen. Opfer entwickeln Vermeidungsstrategien, die die Sache noch schlimmer machen. Wenn Ihre Frau an Weihnachten an Ihnen herumnörgelt, ignorieren Sie sie vielleicht, laden Ihre Familie ins Restaurant ein, erfinden Entschuldigungen oder versuchen womöglich sogar, sie niederzuschreien. Opfer haben es leicht, weil sie immer der Nörglerin die Schuld geben können. Aber der einzige Weg, aus diesem Teufelskreis auszubrechen, liegt für das Opfer darin, anzuhalten, sich selbst zu hinterfragen und seinen Anteil am Problem zu überdenken. Sie sollten das Nörgeln als einen Hilfeschrei sehen. Fragen Sie sich, ob Sie schon einmal lobend erwähnt haben, wie viel Arbeit Ihr Gegenüber in das Weihnachtsfest steckt. Verstehen Sie, warum Frustration aufkommen kann? Wie können Sie helfen? Fragen Sie sich, ob Sie dem oder der anderen ein fröhliches Weihnachten wünschen.

Wenn Sie zum Nörgeln neigen, haben Sie je daran gedacht, dass Ihr Partner unfähig sein könnte, Ihren Bitten nachzukommen? Benehmen Sie sich ihm gegenüber wie ein Vater oder eine Mutter? Bestehen Sie auf sofortiger Reaktion, ungeachtet der momentanen Bedürfnisse Ihres Partners? Wiederholen Sie Ihre Forderungen ständig?

Wenn Sie eine dieser Fragen mit Ja beantworten, setzen Sie sich zusammen und erklären Sie dem anderen, was Sie so frustriert, stimmen Sie einen Zeitrahmen zur Erfüllung Ihrer Bitten ab, hören Sie auf, sich zu wiederholen, konstatieren Sie Ihre Bedürfnisse und nehmen Sie auch die Antworten des anderen ernst. Vermeiden Sie »Du«-Vorwürfe, die Widerstand beim anderen hervorrufen könnten. Kommunikation ist der Schlüssel für ein glückliches Weihnachtsfest.

Kinder an Weihnachten: Wie man sie dazu bringt, das zu tun, was sie tun sollen

Verantwortungsvolle Eltern müssen ihre Kinder daran erinnern, sie davon überzeugen und sogar von ihnen fordern, dass sie sich im Interesse ihrer eigenen Sicherheit, ihres

Wohlergehens und ihres Lebenserfolges an bestimmte Regeln halten. Wir wollen, dass sie Weihnachten genießen – das wollen alle Eltern –, aber gleichzeitig müssen sie unsere Regeln beachten. In den Weihnachtsferien, wenn alle zu Hause sind, verfällt man leicht in Nörgelei: »Cameron, wie oft habe ich dir schon gesagt, dass du deine Geschenke in dein Zimmer tragen sollst? Cameron, hörst du mir überhaupt zu?« Oder: »Emma, Schluss jetzt mit dem Computerspiel. Deck bitte den Tisch. Ich werde das nicht noch einmal sagen.«

Wer hat Schuld, wenn ein Elternteil zu Hause ständig nörgelt? Das ungehorsame Kind oder der nörgelnde Elternteil? Unsere Meinung ist: Schuld haben die Eltern.

Die Mutter oder der Vater hat das Kind darauf konditioniert, automatisch so zu reagieren, wie es das jetzt tut. Dem Kind wurde beigebracht, dass es nicht notwendig ist, auf die erste Bitte zu reagieren, und dass es Ihre Gewohnheit ist, mehrmals zu erinnern, zu überzeugen und zu fordern, bevor Sie von ihm erwarten, dass es gehorcht. Das Kind hat Sie darauf trainiert, Ihre Forderungen ständig zu wiederholen, und glaubt, dass Sie im Grunde gar nicht wollen, dass es sofort reagiert.

Für beide Eltern ist dies ein Teufelskreis. Je häufiger man sich wiederholt und klagt, desto länger leistet das Kind hinhaltenden Widerstand. Je mehr man vom Ungehorsam des Kindes enttäuscht ist, desto zorniger und lauter wird man. Das Kind beginnt nun, sich über diesen Zorn aufzuregen, denn seiner Meinung nach hat es nichts Falsches getan. Jetzt reagiert das Kind verwirrt und enttäuscht.

Lösung: Wie Sie Ihre Familie fit für Weihnachten machen

Wenn Sie feststellen, dass Sie ständig an jemandem herumnörgeln, dann zeigt das, dass dieser Mensch Sie dazu erzogen hat, das zu tun, was er will. Mit anderen Worten: Er macht die Regeln, die Sie befolgen. Sagen wir zum Beispiel, Sie bitten diese Person ständig, nicht immer die feuchten Handtücher im Badezimmer auf den Boden zu werfen. Aber egal, wie oft Sie sich beklagen, dieser Mensch macht es einfach weiterhin, und Weihnachten, wenn Sie Übernachtungsgäste haben, die auch das Badezimmer benutzen, merken Sie plötzlich, dass Sie sich ständig wiederholen, und reagieren frustriert. Dieser andere weiß, dass Sie die Handtücher irgendwann aufheben – und er nur ein bisschen Genörgel von Ihnen aushalten muss, was ihn vermutlich nicht sehr beeindruckt. Sie sind also von ihm erzogen worden.

Sie müssen diesen Jemand dazu erziehen, das zu tun, was Sie wollen. Die Erziehung folgt immer dem gleichen Muster, egal ob bei Erwachsenen oder bei Kindern: Sie belohnen das erwünschte und ignorieren das unerwünschte Verhalten. Sagen wir zum Beispiel, Sie werfen das feuchte Tuch beim nächsten Mal außer Sichtweite unten in den Besenschrank. Wenn der Missetäter wieder duschen will, wird er Sie fragen, wo es ist, und Sie werden die groben Lagekoordinaten angeben. Dann wird er merken, wie unangenehm es ist, sich mit einem feuchten, stinkenden Tuch abzutrocknen. Außerdem ist es einfacher, das Tuch aufzuhängen, als danach zu fragen und es zu suchen. Nach kurzer Zeit wird er gelernt haben, sein Badetuch aufzuhängen. Die gleiche Technik funktioniert auch bei stinkenden Socken, Unterhosen oder anderen Dingen, die ordentlich aufgeräumt werden sollten. So werden Sie zum Erzieher statt zum Erzogenen, und das Nörgeln fällt ersatzlos weg. Wenn Sie aber weiter hinter allen herräumen, haben Sie sich für ein weiteres Dasein als Erzogener entschieden und damit das Recht verwirkt, an jemandem herumzunörgeln, weil sein Krempel überall herumliegt.

Der Trick besteht darin, dass Sie es vermeiden, sarkastisch, wertend oder aggressiv aufzutreten, denn das bewirkt vor allem bei Männern in der Regel genau das Gegenteil.

Entsprechend verfahren Sie, wenn jemand Geschenkpapier oder ungeöffnete Geschenke herumliegen lässt. Sagen Sie ihm, dass Sie alles in einen Schrank oder eine Schublade stopfen werden. Bringen Sie die Sachen nicht in sein Zimmer oder an einen Ort, der ihm angenehm ist, denn sonst wird er in seinem asozialen Verhalten noch bestärkt. Wenn Sie jemanden umerziehen wollen, müssen Sie dem Drang widerstehen, hinter ihm herzuräumen.

Wenn er seine Sachen aufräumt, belohnen Sie ihn mit einem Lächeln oder einem Dankeschön. Einige Frauen stößt die Vorstellung ab, dass sie sich bei einem Mann für so etwas Selbstverständliches wie das Aufräumen seiner Utensilien bedanken sollen. Sie müssen jedoch wissen, dass Männer von ihrer Entwicklungsgeschichte her nicht die Hüter des Hauses sind. Ordnung und Sauberkeit sind ihnen nicht von Natur aus mitgegeben. Wenn eine Mutter ihren Sohn nicht dazu erzogen hat, bleibt diese Aufgabe an Ihnen hängen.

Natürlich wird es einige Zeit dauern, die Menschen in Ihrem Leben umzuerziehen, also fangen Sie früh genug damit an. Nur dann werden Sie an Weihnachten erste Erfolge sehen. Es geht immer darum, mit den Männern in Ihrem Leben so gut wie möglich klarzukommen, ohne zu streiten, wütend zu werden oder frustriert zu sein. So können beide Geschlechter glücklich und zufrieden miteinander leben.

Das geheime Punktesystem der Frauen an Weihnachten

Manchmal allerdings haben die Schwierigkeiten bei der Bewältigung der Arbeitslast an Weihnachten und in der Beziehung eines Paares allgemein gar nichts mit Nörgelei zu tun …

❄

In den Augen ihrer Mitmenschen hatten Andrew und Karen alles, was man sich nur wünschen kann. Andrew hatte einen tollen Job, sie waren gerade in ein neues Haus gezogen, ihre beiden Kinder waren glücklich und ausgeglichen, und sie hatten gerade ihr erstes Familienweihnachten mit einem Haus voller Gäste hinter sich gebracht.

Hinter den Kulissen jedoch war die Vorweihnachtszeit von kleinlichem Gezänk geprägt. An Weihnachten selbst war die Atmosphäre gereizt. Karen sprach kaum mit Andrew, und er spielte den größten Teil des Tages mit den Kindern und ging am Abend mit seinem Vater in die Kneipe. Es war die reine Katastrophe. Andrew und Karen liebten einander wirklich, waren jedoch verwirrt, verärgert und verzweifelt, weil sie sich dauernd stritten. Karen wirkte immer gereizt oder gar wütend, und Andrew war zutiefst verwirrt: Er verstand einfach nicht, was los war.

Das Problem war, dass Andrew (wie die meisten Männer) nicht die leiseste Ahnung hatte, dass Karen ein spezielles weibliches Punktesystem zur Bewertung ihrer Ehe hatte.

Karen war der Ansicht, dass Andrew zu viel arbeitete – er hatte bis Heiligabend gearbeitet und war auch nach Weihnachten ein paar Tage ins Büro gegangen, obwohl er fast der Einzige dort war.

Sie hatte das Gefühl, ganz allein für die Weihnachtsvorbereitungen zuständig zu sein. Weihnachten war doch schließlich ein Fest für die Kinder und die Familie, aber Andrew war das anscheinend egal. Im neuen Jahr schließlich waren sie völlig verzweifelt und wollten verstehen, was in ihrer Beziehung schiefgelaufen war. Also gingen sie zu einer Eheberatung, wo folgendes Gespräch stattfand:

KAREN: »Andrew ist ein Workaholic. Ich habe ihn über Weihnachten kaum gesehen. Und es war unser erstes Weihnachten im neuen Haus. Ich brauche einen Mann, der mich begehrt, für mich sorgt und am Familienleben teilnimmt, ohne dass ich ihm immer die Hölle heiß-machen muss.«

Andrew (verblüfft): »Ich begreife nicht, wie du so etwas sagen kannst, Karen ... Was soll das heißen, ich sorge nicht für dich und die Kinder? Sieh dir nur unser schönes Haus an, die hübschen Geschenke, die ich für alle gekauft habe, das leckere Essen, das wir gegessen haben – all das habt ihr mir zu verdanken! Ich habe bis Heiligabend so hart gearbeitet, damit wir Weihnachten so feiern konnten, wie wir das wollten, und du erkennst das überhaupt nicht an!«

Karen (wütend): »Du kapierst es einfach nicht, Andrew. Du wirst es wahrscheinlich nie kapieren! Ich habe Weihnachten alles für dich getan – ich habe das Weihnachtsessen gekocht, das Haus geputzt und geschmückt, bevor alle kamen, ich habe alle Geschenke gekauft ... Du hast nur gearbeitet, mit den Kindern gespielt, gegessen und ferngesehen. Du hast noch nicht einmal die Spülmaschine ausgeräumt oder mir geholfen, den Christbaum aufzustellen! Nenne mir nur eine Sache, bei der du mir über Weihnachten geholfen hast ... Sag schon, wann hast du das letzte Mal gesagt, dass du mich liebst ...«

Andrew (schockiert): »Karen ... du weißt, dass ich dich liebe ...«

Die meisten Männer sind sich der Tatsache nicht bewusst, dass Frauen ein Punktesystem anwenden, mit dem sie das Verhalten ihres Partners in der Beziehung, zum Beispiel an Weihnachten, bewerten. Häufig wissen sie nicht einmal, dass dieses System überhaupt existiert. Folglich erreichen sie nur eine miserable Punktzahl, ohne je zu verstehen, was sie falsch gemacht haben. Die Anzahl der Punkte, die ein Mann bei seiner Partnerin erzielt, wirkt sich direkt und ständig auf seine Lebensqualität aus. Und die Frauen zählen nicht nur die Punkte, sie legen auch die Kriterien fest! Wenn ein Mann und eine Frau zusammenleben wollen, sprechen sie nie darüber, wie die Arbeitsteilung in ihrem Leben aussehen soll. Und wenn Paare ihr erstes Weihnachten zusammen verbringen, diskutieren sie natürlich nie darüber, wer was tun soll.

Männer sehen nur das »große Bild«

Männer treten gerne einen Schritt zurück und betrachten das »große Bild«. Sie leisten viel lieber eine geringe Anzahl großer Beiträge, als sich mit vielen kleinen und ihrer Meinung nach unwichtigen Beiträgen zu verzetteln. Ein Mann bringt seiner Partnerin vielleicht nur selten ein Geschenk mit, aber zu Weihnachten muss es ein großes sein. Das weibliche Gehirn hingegen ist so strukturiert, feinere Details wahrzunehmen, und Frauen treffen eine größere Anzahl kleiner Entscheidungen hinsichtlich der vielen komplizierten Facetten einer Beziehung.

Eine Frau kauft eher ein kleineres Weihnachtsgeschenk für ihren Mann und überrascht ihn im Laufe des Jahres mit anderen kleinen Geschenken, als dass sie Unmengen Geld für ein einziges riesiges Geschenk ausgibt. Wenn ein Mann am zweiten Weihnachtstag zu seinen Schwiegereltern fährt, bekommt er dafür einen Punkt. Wenn er das Gemüse fürs Weihnachtsessen putzt oder ihr sagt, dass er sie liebt, bekommt er auch jeweils einen Punkt. Mit anderen Worten, die Punkte werden für die Anzahl der Beiträge, nicht für deren Größe, Qualität oder Bedeutung verteilt. Aber 95 Prozent aller Punkte werden für alltägliche Dinge verliehen, die ein Mann tut oder nicht tut. Bei den Frauen zählt eindeutig der gute Wille. Dieser Unterschied provoziert viele Missverständnisse zwischen Männern und Frauen und viel Streit unter dem Weihnachtsbaum.

Unser Experiment mit Peter und Alison

Peter war Finanzmakler und investierte viel Zeit in die Betreuung seiner Kunden und in den Aufbau seiner Firma. Seine Frau Alison machte den Haushalt und sorgte für die beiden Kinder. Die vier verbrachten Weihnachten zu Hause. Peter und Alison beschrieben sich als glückliches, normales Paar und sagten, dass sie Weihnachten eigentlich genossen. Alison fügte jedoch hinzu, dass sie ihrem Eindruck nach einen Großteil der Arbeit dabei übernehmen, während Peter meinte, beide trügen etwa gleich viel dazu bei. Sie führten über die Weihnachtszeit zwei Wochen lang Buch über ihre jeweiligen Beiträge zur Gestaltung der Feiertage und schrieben die Punktzahl auf, die sie ihrer Meinung nach vom anderen erhalten sollten. Für einen geringeren Beitrag sollte es einen Punkt, für einen größeren maximal dreißig Punkte geben. Tat der Partner Dinge, die den anderen ärgerten, sollte er Strafpunkte erhalten. Sie durften nicht miteinander diskutieren, wie oder wann sie Punkte zuteilten oder mit welchen Aktivitäten Punkte erzielt wurden.

Hier sind ein paar Beispiele, mit welchen Aktivitäten Peter über Weihnachten punktete:

Peters Weihnachtswertung

Peters Aktivität	er	sie
Den Weihnachtsschmuck vom Dachboden geholt	3	1
Den Weihnachtsbaum gekauft und aufgestellt	3	2
Den Weihnachtskranz an der Tür befestigt	2	1
Den Nachbarn Weihnachtskarten rübergebracht	3	1
Die Weihnachtsbeleuchtung überprüft und defekte Lämpchen ausgewechselt	3	1

Ihr vor einer Party gesagt, dass sie gut aussieht	1	3
Den Truthahn tranchiert	1	1
Ein Modellflugzeug für seinen Sohn zusammengebaut	5	1
Weihnachten ein Brettspiel mit den Kindern gespielt	3	2
Den Müll rausgebracht	1	1
Eine Halskette als Weihnachtsgeschenk gekauft	10	3
Die Schwiegereltern am zweiten Weihnachtstag besucht	5	1
Am 27. Dezember wieder zur Arbeit gegangen	5	0
Den Weihnachtsbaum wieder rausgebracht	5	2

Dinge, die nicht auf Peters Liste standen, von Alison aber gewertet wurden

Peters Aktivität	sie
Gab mir seinen Mantel, als es kalt war	3
Tranchiermesser geschliffen	1
Das gebrauchte Geschenkpapier im Wohnzimmer weggeräumt	1
Den Gästen Getränke serviert	1
Einen festsitzenden Schraubdeckel geöffnet	1
Cocktails gemixt	1
Das Weihnachtsessen gelobt	3
Auf der Weihnachtsfeier seiner Firma, auf der ich niemanden kannte, bei mir geblieben	2

Dinge die Peter hätte tun können, um mehr Punkte zu erzielen

Peters Aktivität	sie
Die Weihnachtseinkäufe mit mir erledigen	5
Weihnachtskarten schreiben	2
Am Heiligabend anbieten, die Küche aufzuräumen	2
Gemüse putzen	1
Den Tisch decken	1
Am ersten Weihnachtstag abwaschen	2
Mich unter dem Mistelzweig küssen	1
Mich unter dem Mistelzweig küssen, ohne an mir rumzufummeln	3
Nicht ständig zappen	2
Mir das Gefühl geben, wichtiger zu sein als die Kinder	3
Die Spülmaschine ausräumen	1

Diese Listen vermitteln mehrere Einsichten: Weil das Gehirn der Männer räumlich orientiert ist, verteilen sie mehr Punkte für körperliche und räumlich bezogene Aktivitäten als Frauen. Peter gab sich zum Beispiel fünf Punkte, weil er seinem Sohn beim Zusammenbauen seines Weihnachtsgeschenkes half, Alison war dies aber nur einen Punkt wert. Er hatte es als schwierige, Geschick erfordernde Aufgabe empfunden und war stolz auf das Ergebnis gewesen. In ihren Augen jedoch hatte er nur mit einem Spielzeug gespielt. Frauen geben Männern in der Regel für jede häusliche Tätigkeit einen Punkt, bewerten kleine persönliche oder intime Dinge jedoch höher als große. Als Peter Weihnachten Alisons Kochkünste lobte, gab sie ihm dafür drei Punkte.

Damit hätte er nie gerechnet. Nicht dass er es vergessen hatte; er wäre einfach nie auf die Idee gekommen, dass man mit einem derartigen Lob Punkte erzielen könnte. Als er Alison eine teure Halskette zu Weihnachten kaufte, glaubte er, mindestens zehn Punkte verdient zu haben, doch Alison gab ihm nur drei Punkte.

Peter meinte, dass Arbeiten über Weihnachten Punkte bringen würde, weil er das keineswegs wollte, aber meinte, es für seine Familie tun zu müssen. Tatsächlich aber dachte Alison, seine Arbeit sei ihm wichtiger als sie, deshalb gab sie ihm keine Punkte. Wahrscheinlich hätte sie ihm am liebsten sogar ein paar Punkte abgezogen. Hätte er sie von der Firma aus angerufen und gesagt, dass er sie liebe und vermisse, und dann noch einmal angerufen, kurz bevor er nach Hause kam, hätte er mindestens drei Punkte erzielt. Wie die meisten Männer hatte Peter keine Ahnung, dass Frauen kleinen Dingen eine große Bedeutung beimessen, obwohl er es so oft von seiner Mutter und seiner Großmutter gehört hatte.

Alisons Weihnachtswertung

Alisons Liste ihrer persönlichen Aktivitäten war viermal länger als Peters Liste. Sie hatte jede Aktivität genau aufgeschrieben, die meisten jedoch mit einer geringen Punktzahl bewertet.

Die Lebensmittel für Weihnachten einkaufen, Weihnachtskarten schreiben, ein Weihnachtspaket auf der Post aufgeben, das Bett im Gästezimmer vorbereiten, den Weihnachtsschmuck kaufen, einen Kranz für die Haustür besorgen, die Tischdekoration übernehmen, eine ältere Frau in der Nachbarschaft besuchen, die Familienbesuche planen, die bunten Teller herrichten, die Weihnachtsgeschichte vorlesen – all das brachte ihr jeweils einen Punkt ein.

Sich dauernd wiederholende Tätigkeiten wie Wäsche-waschen und Kochen zählten jedes Mal einen Punkt.

Strafpunkte

Sie werden abgezogen, wann immer ein Partner etwas tut, was den anderen frustriert oder ärgert. Beide gaben ein-ander sehr wenige Strafpunkte – aber es war ja schließlich auch Weihnachten!

Alisons Strafpunkte für Peter
Betrank sich auf der Firmen-Weihnachtsfeier   −6
Erzählte Heiligabend einen schmutzigen Witz   −5

Peters Strafpunkte für Alison
Redete mit mir, während ich fernsah   −2
Nervte, weil ich den Weihnachtsbaum rausbringen
sollte   −5

Peter beschwerte sich, weil Alison ihn in seiner Ruhe störte, während es bei Alisons Kritik eher um sein Verhalten in der Öffentlichkeit ging.

Alisons und Peters Reaktionen

Am Ende des Experiments hatte Peter sich durchschnitt-lich 62 Punkte und Alison 60 Punkte pro Woche gegeben, und er war mit dem ausgeglichenen Punktestand zufrie-den. Alison hatte ihre Aktivitäten mit durchschnittlich 78 Punkten pro Woche bewertet, Peters Aktivitäten jedoch nur mit durchschnittlich 48 Punkten.

Alison war der Meinung, Peter habe seine Leistung mit 30 Punkten überbewertet. Das erklärt den Groll, den sie Weihnachten hegte. Peter verstand die Welt nicht mehr. Er war davon überzeugt, alles sei in bester Ordnung, und er hatte Weihnachten in vollen Zügen genossen, aber er hatte keinen blassen Schimmer, wie Alison sich fühlte.

Das Experiment öffnete Peter und Alison die Augen. Der einfache, vergnügliche Test, der die unterschiedlichen Bewertungskriterien von Männern und Frauen aufzeigen und die Beiträge beider zu einem gelungenen Weihnachtsfest bewerten sollte, hatte gezeigt, wie hart Alison über Weihnachten gearbeitet und wie sehr sie sich darüber geärgert hatte, dass Peter im Büro saß, statt bei seiner Familie zu sein. Peter hatte geglaubt, er »verdiene die Brötchen« und seine harte Arbeit ermögliche ihnen allen ein schönes Weihnachtsfest. Sie einigten sich darauf, dass Peter im nächsten Jahr über Weihnachten mehr Urlaub nehmen solle. Außerdem wollten sie die Aufgaben rund um die Feiertage so verteilen, dass beide gleichermaßen zufrieden wären.

Machen Sie den Test jetzt

Notieren und bewerten Sie in dieser Weihnachtszeit mit Ihrem Partner zwei Wochen lang alle »Leistungen« in Ihrer Beziehung. Werten Sie die Ergebnisse aus und verwenden Sie sie als Schablone, um nicht nur das nächste Weihnachtsfest, sondern Ihre gesamte Beziehung so glücklich zu gestalten, wie Sie es nicht zu träumen wagen. Ein Punkteunterschied von weniger als 15 Prozent weist auf eine relativ ausgeglichene Partnerschaft hin, in der sich keiner ausgenutzt fühlt. Ein Unterschied von 15 bis 30 Prozent zeigt, dass genug Missverständnisse vorliegen, um Spannungen zu erzeugen, und mehr als 30 Prozent bedeuten, dass ein Partner in der Beziehung unglücklich ist.

Der Partner mit der geringeren Punktzahl muss, um den Punktestand auszugleichen und Spannungen abzubauen, etwas tun, was dem anderen gefällt. Das führt zu einer ausgeglicheneren Beziehung und zu einem fröhlicheren Weihnachtsfest.

Kapitel 4

Warum Weihnachtsfahrten uns den letzten Nerv rauben

Die meisten Paare sitzen in der Weihnachtszeit viel im Auto. Selbst wenn man Weihnachten daheim verbringt, fährt man zu Partys, besucht Verwandte in einer anderen Ecke des Landes, fährt Gäste oder die eigenen Kinder durch die Gegend und muss ziemlich viele Einkäufe erledigen. Verstopfte Autobahnen, überfüllte Parkplätze an den Einkaufszentren und unbekannte Strecken – all das bringt Stress mit sich. Manche Paare haben sogar das Gefühl, dass sie die halbe Weihnachtszeit damit verbringen, nach den Häusern ihrer Freunde oder einer Parklücke zu suchen und nach dem Weihnachtseinkauf dann ihr Auto wiederzufinden.

Zwei Drittel aller Autofahrer streiten sich unterwegs mit ihren Beifahrern. Fröhliche Weihnachten!

Innerfamiliäre Spannungen, die in der Enge des festlich geschmückten Heims vor sich hin köcheln, können hinter dem Lenkrad zum Ausbruch kommen. Die Streitereien im Auto während der Feiertage sind sogar ein so großes Thema, dass das Phänomen einen eigenen Namen bekommen hat: Feiertags-Auto-Anspannung.

Die »Feiertags-Auto-Anspannung« ist ein Zustand, der durch den Stress der Fahrerei an Weihnachten entsteht.

Manchmal hat man den Eindruck, dass Männer und Frauen von der Natur auf einen Streit im Auto programmiert sind. Und das stimmt in gewisser Weise auch. Warum das so ist und was man dagegen tun kann, wollen wir in diesem Kapitel zeigen. Die überwältigende Mehrzahl aller Streitereien während weihnachtlicher Autofahrten hat zwei grundlegende Ursachen: Frauen können nicht gut Karten lesen, und Männer weigern sich, nach dem Weg zu fragen.

Problem 1 – Wie eine Autofahrt beinahe den Heiligen Abend verdorben hätte

Es ist Heiligabend, und John und Ruth fahren zu einer Feier bei Freunden in einer Gegend, die sie nicht kennen. Der Beschreibung nach hätte das etwa 20 Minuten dauern sollen, aber sie irren jetzt schon 50 Minuten umher, und ihr Ziel ist noch nicht in Sicht. John wird allmählich sauer, und Ruth hat der Mut verlassen, seit sie zum dritten Mal an derselben Autowerkstatt vorbeigefahren sind. John fährt immer – sie haben noch nie darüber geredet, warum das so ist, es ist einfach so. Und wie die meisten Männer wird er am Steuer zu einem ganz anderen Menschen.

John bittet Ruth, die Straße auf der Karte zu suchen. Sie öffnet den Stadtplan auf der richtigen Seite und dreht die Karte dann auf den Kopf. Sie dreht sie rechtsherum und dann wieder zurück. Dann sitzt sie schweigend da und starrt stumm darauf. Sie weiß zwar, was eine Karte ist, aber wenn es darum geht, sie zu benutzen, kommt ihr das Ding irgendwie spanisch vor. Es ist ein wenig wie mit Erdkunde in der Schule. All diese rosaroten und grünen Formen haben wenig Ähnlichkeit mit der Welt, in der sie lebt. Manchmal kommt sie mit der Karte klar, wenn sie Richtung Norden fahren, in südlicher Richtung ist es aber eine einzige Katastrophe – und sie fahren gerade nach Süden. Sie dreht die Karte nochmals herum. Nach mehreren Sekunden Funkstille blafft John sie an: »Wenn du die Karte verkehrt herum hältst, finden wir nie hin!«

»Ich muss sie mir aber in der Richtung anschauen, in die wir fahren …«, erklärt Ruth zweifelnd.

»Ja, aber du kannst du sie verkehrt herum nicht lesen.«

»Schau mal, John, ich finde es ziemlich logisch, die Karte in der Richtung zu halten, in die wir fahren. So kann ich die Straßenschilder mit der Karte vergleichen!«, verteidigt sich Ruth und wird dabei lauter.

»Na klar, aber wenn man die Karte andersherum lesen sollte, dann wäre sie ja auch andersherum gedruckt worden, stimmt's? Also hör mit dem Quatsch auf, und sag mir endlich, wo es langgeht!«

»Ich werde dir schon zeigen, wo es langgeht!«, schreit Ruth wütend. Sie wirft John die Karte an den Kopf und kreischt: »Schau doch selber nach!«

Kommt Ihnen dieser Wortwechsel bekannt vor? Er gehört seit Jahrtausenden zu den häufigsten Auseinandersetzungen zwischen Männern und Frauen aller Rassen. Schon im 11. Jahrhundert ritt Lady Godiva ohne Bekleidung, nur in ihre Haare gehüllt, auf ihrem Ross die falsche Straße in Coventry hinunter, Julia verirrte sich nach einem Stelldichein mit Romeo auf dem Rückweg nach Hause, und Kleopatra drohte Marcus Antonius mit Kastration, weil er sie nötigte, seine militärischen Karten zu lesen.

**Warum verfahren wir uns
Weihnachten immer?**

Die Fähigkeit, Karten zu lesen, und das Verständnis dafür, wo man sich nun gerade befindet, hängen vom räumlichen Vorstellungsvermögen eines Menschen ab. Gehirn-Scans haben ergeben, dass es bei Männern und Jungen in der rechten vorderen Gehirnhälfte angesiedelt und eine der am stärksten ausgebildeten Regionen des männlichen Gehirns ist. Es hat sich zu Urzeiten herausgebildet, damit Männer – die Jäger – Geschwindigkeit, Bewegung und Entfernung von Beutetieren abschätzen konnten und erkannten, wie schnell sie laufen mussten, um ihre Beute zu fangen, und wie viel Kraft sie anwenden mussten, um ihr Mittagessen mit einem Felsbrocken oder einem Speer zu erlegen. Das räumliche Vorstellungsvermögen ist bei Frauen in beiden Gehirnhälften angesiedelt, allerdings nicht in einem deutlich umrissenen Bereich, wie das bei Männern der Fall ist. Lediglich circa 10 Prozent aller Frauen haben ein gutes bis ausgezeichnetes räumliches Vorstellungsvermögen. Bei der großen Mehrheit aller Frauen ist diese Fähigkeit nur eingeschränkt vorhanden. Das ist nicht sexistisch – es gibt vieles, was Frauen besser können als Männer, aber in diesem Bereich hat die Natur den Männern einen klaren Vorteil gewährt.

Das räumliche Vorstellungsvermögen schließt die Fähigkeit ein, sich die Form, die Maße, die Koordinaten, die Proportionen, die Bewegung und die Lage von Dingen vorzustellen. Weiterhin umfasst es die Fähigkeit, sich vorzustellen, wie ein Gegenstand im Raum gedreht wird, wie man Hindernisse umgeht und wie man etwas aus einer 3-D-Perspektive wahrnimmt. Die ursprüngliche Funktion war, die Bewegung eines Zielobjektes einzuschätzen, um es treffen und erlegen zu können.

Das räumliche Vorstellungsvermögen ist bei Mädchen und Frauen nicht besonders stark ausgeprägt, weil die Jagd und die damit verbundene Orientierung im Gelände niemals zum Aufgabengebiet der Frauen gehörte. Deswegen haben viele Frauen auch Probleme, eine Straßenkarte oder einen Stadtplan zu lesen, und deswegen enden Weihnachtsbesuche bei Freunden und Verwandten so oft im Streit.

Frauen haben keine guten räumlich-
visuellen Fähigkeiten, weil sie seit
Urzeiten nur Männer jagen.

Es gibt Tausende von gut dokumentierten wissenschaftlichen Studien, welche die Überlegenheit der Männer hinsichtlich des räumlichen Vorstellungsvermögens bestätigen.
Das ist auch nicht überraschend, wenn man an die Entwicklung des Mannes als Jäger denkt. Der moderne Mann
jedoch muss sein Mittagessen nicht mehr erlegen. Heutzutage setzt er sein räumliches Vorstellungsvermögen auf
anderen Gebieten ein, wie beispielsweise beim Golf, bei
Computerspielen, bei allen möglichen Sportarten oder Tätigkeiten, die in irgendeiner Form das Element des Jagens
bzw. das Anvisieren eines Zieles enthalten. Die meisten
Frauen finden Jagen langweilig – hätten sie jedoch einen
eigenen Bereich dafür in der rechten Gehirnhälfte, würden
sie nicht nur Spaß daran haben, sondern auch treffen.

Woher weiß der Weihnachtsmann, wo er hinmuss?

Wahrscheinlich findet der Weihnachtsmann so gut zu all
den vielen Kindern, weil er ein Mann ist. Verwandtenbesuche an den Weihnachtstagen wären wirklich sehr viel einfacher, wenn der Mann das Navigieren übernehmen würde.
Sein gutes räumliches Vorstellungsvermögen ermöglicht es
ihm, in seinem Kopf eine Karte so zu drehen, dass er weiß,
in welche Richtung er gehen muss. Die meisten Männer
können nach Norden schauend eine Karte lesen, obwohl
sie später nach Süden fahren müssen. Sie können auch eine
Karte lesen, sie beiseitelegen und dann aus dem Gedächtnis den Weg zu ihrem Ziel finden. Untersuchungen haben
ergeben, dass das Gehirn eines Mannes Geschwindigkeiten

und Entfernungen misst – so weiß er, wann er die Richtung ändern muss. Die meisten Männer, die man in einen ihnen unbekannten Raum ohne Fenster führt, können ohne Zögern angeben, wo Norden ist. Als Beutejäger musste der Mann seinen Weg zurück nach Hause finden, sonst hätten er und seine Familie nur geringe Überlebenschancen gehabt.

*Der Weihnachtsmann muss tatsächlich
ein Mann sein, weil er immer den Weg
zu all den vielen Kindern findet.*

Warum sich Frauen in mehrstöckigen Parkhäusern verirren

Man kann sich in jedes beliebige Sportstadion setzen und beobachten, wie Männer ihre Plätze verlassen, um etwas zu trinken zu holen, und dann kurze Zeit später mühelos zurückfinden. Und man kann in jeder beliebigen Stadt der Welt beobachten, wie Touristinnen ratlos an Straßenkreuzungen stehen und ihre Stadtpläne wild in alle möglichen Richtungen drehen. In jedem beliebigen mehrstöckigen Parkhaus eines Einkaufszentrums kann man – vor allem zur Weihnachtszeit – Frauen mit Taschen voller Weihnachtsgeschenke und panischem Gesichtsausdruck herumirren sehen, die verzweifelt ihr Auto suchen. Wenn ein Mann dagegen nach einiger Zeit wieder an den gleichen Ort – zum Beispiel im Parkhaus eines Einkaufszentrums – zurückkehren will, braucht er keine Karte mehr, denn alle relevanten Informationen hat sein Gehirn gespeichert.

Wie Frauen den Weg finden

»Wenn Männer die Karten anders machen würden, müssten wir sie nicht auf den Kopf stellen«, behaupten viele Frauen. Die britische Kartographiegesellschaft allerdings weiß zu berichten, dass 50 Prozent ihrer Mitglieder Frauen sind und 50 Prozent derer, die Karten zeichnen und an ihnen arbeiten, ebenfalls. »Das Zeichnen von Karten ist eine zweidimensionale Aufgabe, bei der Frauen ebenso gut abschneiden wie Männer«, sagt der führende britische Kartograph Alan Collinson. »Für die meisten Frauen liegt die Schwierigkeit darin, die Karten zu lesen und sich mit ihnen zurechtzufinden, weil sie eine dreidimensionale Perspektive brauchen, um einen Weg zu finden. Ich entwerfe Karten für Touristen mit einer dreidimensionalen Perspektive – sie zeigen Bäume, Berge und andere Orientierungspunkte. Mit solchen Karten kommen Frauen viel besser zurecht. Unsere Tests haben ergeben, dass Männer die Fähigkeit haben, eine zweidimensionale Karte im Kopf in eine dreidimensionale Ansicht umzuwandeln, wozu wohl nur wenige Frauen in der Lage sind.« Wenn Frauen dreidimensional gezeichnete Karten verwenden, verbessern sich ihre Navigationsfähigkeiten ganz enorm.

Dreidimensionale Karten könnten
den Weihnachtsstreit im Auto ein
für alle Mal beenden.

Eine weitere höchst interessante Entdeckung war, dass Männer sehr gut abschneiden, wenn sie mit einem Gruppenführer unterwegs sind, der ihnen an jedem Punkt einer bestimmten Route mündlich neue Richtungsanweisungen gibt. Wenn man dagegen Frauen mündliche Anweisungen gibt, führt das zu einer Katastrophe. Die Untersuchungen zeigen, wie Männer Lautsignale in dreidimensionale Karten umwandeln, mit denen sie sich vor ihrem inneren

Auge die richtige Richtung und Route vorstellen können, während Frauen besser mit einer dreidimensionalen, perspektivischen Karte zurechtkommen.

Wie man im Auto fröhliche Weihnachten verbringen kann

Männer fahren gern schnell auf kurvenreichen Straßen, weil dabei ihre räumlichen Fähigkeiten gefordert werden: Übersetzungsverhältnis, Einsatz von Kupplung und Bremse, relative Kurvengeschwindigkeit, Winkel und Entfernungen. Und das alles möglichst mit ausgeschaltetem Radio.

Der moderne männliche Fahrer sitzt hinter dem Lenkrad, überreicht seiner Frau auf dem Beifahrersitz eine Karte und fordert sie auf, ihm den Weg zu weisen. Mit ihrem beschränkten räumlichen Vorstellungsvermögen wird die Frau in dem Moment, in dem sie die Karte entfaltet, merkwürdig still. Sie beginnt die Karte hin und her zu drehen und kommt sich dabei ziemlich bescheuert vor. Dann versucht sie etwas am Horizont zu erkennen, was irgendeinem Zeichen auf der Karte ähnelt. Die wenigsten Männer verstehen, dass jemand, der keinen speziellen Gehirnbereich für das räumliche Drehen von Karten hat, die Karte in den Händen drehen muss. Für eine Frau ist es absolut logisch, dass sie die Karte in der Richtung hält, in die sie fährt. Wenn ein Mann also Streit an Weihnachten vermeiden will, sollte er seine Frau nicht bitten, eine Straßenkarte für ihn zu lesen.

....

Wollen Sie fröhlich Weihnachten feiern?
Dann bestehen Sie niemals darauf,
dass eine Frau eine Straßenkarte oder
einen Stadtplan für Sie liest.

....

Da sich bei Frauen das räumliche Vorstellungsvermögen auf beiden Seiten des Gehirns befindet, gerät es in Konflikt mit ihrer Sprachfunktion. Wenn Sie also einer Frau einen Stadtplan in die Hand drücken, wird sie zu reden aufhören, bevor sie ihn hin und her zu drehen beginnt. Wenn man einem Mann eine Karte reicht, wird er weiterreden – aber das Radio ausschalten, weil seine Hörfunktionen nicht zusammen mit seinen Kartenlesefähigkeiten einsatzbereit sind. Deshalb verlangt er auch von allen Familienmitgliedern, auf Zehenspitzen umherzuschleichen, während er am Telefon spricht.

Weihnachtsfahrten – wer sollte am Steuer sitzen?

Die früh hereinbrechende Dunkelheit macht das Fahren um Weihnachten herum ein bisschen schwieriger. Wenn Sie im Dunkeln fahren müssen, wer sollte sich dann hinters Lenkrad setzen? Frauen können zwar in der Dunkelheit besser sehen als Männer, vor allem im Rotbereich des Spektrums. Die Augen eines Mannes überblicken jedoch eine größere Distanz in einem engeren Sichtbereich. Deshalb hat er nachts eine bessere Fernsicht als eine Frau. Zusammen mit seinen stärker entwickelten räumlich-visuellen Fähigkeiten kann ein Mann die Manöver anderer Autos auf der Straße vor und hinter sich auseinanderhalten und besser einordnen. Die meisten Frauen dagegen klagen über etwas, was einer Nachtblindheit recht ähnlich ist: über die Unfähigkeit zu unterscheiden, auf welcher Seite der Straße sich die entgegenkommenden Autos befinden. Diese Aufgabe ist für einen Mann mit seinen Jägeraugen ein Kinderspiel. Bei einer langen Autofahrt – etwa wenn Sie Verwandte am anderen Ende des Landes besuchen – ist es also durchaus sinnvoll, dass die Frau tagsüber fährt und der Mann das Steuer bei einbrechender Dunkelheit übernimmt. Frauen sehen viel mehr Einzelheiten in der

Dunkelheit als Männer, und das in einem größeren Radius, allerdings nur auf erheblich kürzere Distanzen.

Wenn Sie über Weihnachten längere
Strecken fahren müssen, sollte der Mann
nachts fahren und die Frau tagsüber.

Die Fahrt zur Weihnachtsparty

Auf der ganzen Welt hören sich die Anweisungen, die ein Mann einer Frau am Steuer gibt, gleich an: »Links abbiegen – langsamer! – Schalt runter. – Siehst du die Fußgänger dort? – Konzentrier dich – und hör auf zu heulen!« Wenn ein Mann Auto fährt, testet er dabei, wie gut sein räumliches Vorstellungsvermögen in der jeweiligen Umgebung funktioniert. Für eine Frau liegt der Sinn des Autofahrens darin, sicher von Punkt A nach Punkt B zu kommen. Das Beste, was ein Mann auf dem Beifahrersitz an Weihnachten – und zu jeder anderen Zeit des Jahres – tun kann, ist, seine Augen zu schließen, das Radio lauter zu drehen und sich seine Kommentare zu verkneifen, denn Frauen fahren generell sicherer als Männer. Sie wird ihn schon ans Ziel bringen, auch wenn es vielleicht ein bisschen länger dauert. Aber immerhin kann er sich entspannt zurücklehnen und wird heil und wohlbehalten ankommen.

Im Durchschnitt fahren Frauen an Weihnachten
327 Kilometer zusätzlich, ein Viertel davon bei
den Weihnachtseinkäufen und 41 Prozent bei Fahrten
zu Freunden und Verwandten.

Eine Frau kritisiert die Fahrweise eines Mannes, weil ihm sein räumliches Vorstellungsvermögen Entscheidungen und Einschätzungen ermöglicht, die in ihren Augen gefährlich sind. Wenn er jedoch kein schlechter Fahrer ist, sollte auch

121

sie sich entspannt zurücklehnen und ihn in Ruhe fahren lassen, statt ihn zu kritisieren.

Wie man eine Frau im Straßenverkehr dirigiert

Einer Frau sollte man nie Richtungsangaben wie »Fahr Richtung Süden« oder »Halte dich fünf Kilometer lang westlich« geben, weil sie keinen inneren Kompass hat. Stattdessen sollte man sich lieber auf bekannte Orientierungspunkte beziehen: »Fahr am Schnellimbiss vorbei und dann Richtung Kreissparkasse.« Mit ihrem peripheren Sehvermögen kann eine Frau diese Orientierungspunkte leicht ausmachen. Bauunternehmern und Architekten rund um die Welt entgehen Einnahmen in Millionenhöhe, weil sie weiblichen Entscheidungsträgern zweidimensionale Pläne und Entwürfe vorlegen. Das Gehirn eines Mannes kann den Plan in ein 3-D-Bild umwandeln und sich vorstellen, wie das fertige Gebäude aussehen soll. Für eine Frau dagegen ist so ein Plan nur ein Blatt Papier, auf dem Gebilde mit mysteriösem Linienverlauf zu sehen sind. Mit dreidimensionalen Modellen oder Computerbildern dagegen kann man Frauen Häuser verkaufen. Eine Frau, die das alles weiß, wird sich nie wieder hilflos fühlen, wenn sie eine Straßenkarte vor sich hat: Sie soll sie einfach einem Mann geben, denn Kartenlesen ist eindeutig Männersache!

Für einen Mann ist es wesentlich entspannender, selbst den Weg zu suchen, während er Auto fährt, und seine Frau über die interessanten Dinge, die sie rundherum sieht, reden zu lassen. Die verbalen Fähigkeiten eines Mannes sind denen einer Frau unterlegen, und da scheint es fast wie ausgleichende Gerechtigkeit, dass er stattdessen einen besseren Orientierungssinn hat. Das bedeutet, dass er problemlos den Weg zur Weihnachtsparty seiner Freundin findet – und, wenn er vor ihrer Haustür steht, nicht weiß, was er sagen soll.

Parken an Weihnachten – das verflixte Rückwärts-Einparken

Es ist Heiligabend, und Sie müssen noch Lebensmittel für Weihnachten einkaufen. Der Parkplatz des Supermarkts ist voll, und Sie finden in der Nähe des Eingangs nur eine einzige winzige Parklücke, in die Sie rückwärts einparken müssen. Versuchen Sie es, oder suchen Sie weiter? Umfragen zufolge parken die meisten Frauen ihr Auto lieber in einer größeren Parklücke weiter weg vom Eingang und nehmen den längeren Fußweg in Kauf, statt auf kleinem Raum rückwärts einzuparken.

Bei den meisten Frauen ist das Einparken an Weihnachten etwa genauso »beliebt« wie eine Untersuchung beim Frauenarzt.

Wenn man Sie auffordern würde, in einer Straße alle am Randstein geparkten Autos zu betrachten, wären Sie dann in der Lage, die Autos, die von Männern abgestellt wurden, von denen zu unterscheiden, die Frauen geparkt haben? Eine Untersuchung, die von einer englischen Fahrschule in Auftrag gegeben wurde, hat ergeben, dass in Großbritannien im Durchschnitt 82 Prozent der Männer exakt am Randstein parken und 71 Prozent ihr Auto beim ersten Versuch in die Parklücke manövrieren. Bei Frauen lag die Zielgenauigkeit bei 22 Prozent, und nur 23 Prozent schafften das Einparken auf Anhieb. Eine ähnliche Untersuchung in Singapur ergab bei Männern 66 Prozent Zielgenauigkeit, 68 Prozent schafften das Einparken auf Anhieb. Von den Frauen hingegen parkten nur 19 Prozent exakt am Randstein, und lediglich 12 Prozent schafften es beim ersten Versuch. Also aus dem Weg, wenn die Fahrerin aus Singapur ist! Die besten Einparker sind deutsche Männer: 88 Prozent schaffen es beim ersten Versuch.

Einparkstudien von Fahrschulen zeigen, dass Frauen während der Fahrstunden besser rückwärts einparken als Männer, doch Statistiken besagen, dass Frauen im »wirklichen Leben« schlechter abschneiden. Der Grund hierfür ist, dass Frauen eine Aufgabe leichter lernen als Männer und sie erfolgreich wiederholen können, vorausgesetzt, die Umgebung und die Bedingungen ändern sich nicht. Im normalen Straßenverkehr erfordert jedoch jede Situation eine neue Einschätzung der Lage, und das räumliche Vorstellungsvermögen der Männer ist besser für diese Aufgabe geeignet.

Hormone haben einen großen Einfluss auf unser räumliches Vorstellungsvermögen. Während Testosteron die räumlich-visuellen Fähigkeiten fördert, unterdrückt Östrogen sie. Frauen haben wesentlich weniger Testosteron im Blut als Männer und folglich entsprechend schlechter ausgeprägte räumlich-visuelle Fähigkeiten, je »weiblicher« ihr Gehirn von seiner Orientierung her ist. Es gibt eine seltene Störung, die als Turner-Syndrom bezeichnet wird und bei der einem genetisch weiblichen Embryo (XX) eines der X-Chromosomen fehlt. Ein Mädchen mit diesem Syndrom nennt man XO-Mädchen. Diese XO-Mädchen sind in allen Verhaltensweisen extrem weiblich, besitzen nahezu keinen Orientierungssinn und wenige bis gar keine räumlich-visuellen Fähigkeiten. Leihen Sie Ihr Auto also unter keinen Umständen einer XO-Frau!

In den letzten Jahren haben viele Städte Parkplätze geschaffen, in die man in einem Winkel von 45 Grad zum Randstein rückwärts einparkt, weil es sich als sicherer erwiesen hat, wenn der Fahrer beim Ausparken vorwärts fährt. Leider wird damit das Problem des Einparkens an sich nicht aus der Welt geschafft, denn auch hier benötigt man ein gutes räumliches Vorstellungsvermögen, um Winkel und Entfernungen abzuschätzen. Wir haben Umfragen an zwanzig verschiedene Gemeinderäte verschickt, die diese Art des Parkens eingeführt hatten, und festgestellt, dass in den seltensten Fällen Frauen an dieser Entscheidung mitgewirkt hatten. Fast überall waren es ausschließlich Männer. Wenn ein Gemeinderat nur aus Frauen bestünde, wären das Rückwärts-Einparken und das Parken parallel zum Randstein längst verboten! Frauen würden Parkplätze schaffen, bei denen man einfach durchfahren könnte, ohne dass man rückwärts fahren oder Winkel und Entfernungen abschätzen müsste. Zwar wäre dafür mehr Fläche erforderlich, dafür würde man aber auch viele Unfälle vermeiden. Und es würde bedeuten, dass Frauen ihre Weihnachtseinkäufe schneller erledigen könnten, weil sie dann näher am Einkaufszentrum einen Parkplatz finden würden. Männern dagegen könnte das alles egal sein – sie erledigen ihre Einkäufe ohnehin erst kurz vor Ladenschluss am Heiligen Abend.

Kann man seine räumlichen Fähigkeiten verbessern?

Ja, man kann. Es gibt mehrere Möglichkeiten. Sie können warten, bis der natürliche Vorgang der Evolution einsetzt, und in der Zwischenzeit immer wieder die Tätigkeiten üben, bei denen es auf das räumliche Vorstellungsvermögen ankommt, bis Ihr Gehirn genug Verbindungen hergestellt hat. Bei dieser Methode muss man allerdings sehr viel Geduld aufbringen – bis Weihnachten werden Sie es kaum schaffen. Biologen schätzen, dass dieser Prozess einige Jahrtausende dauern könnte.

....

Wenn Sie jetzt anfangen, können Sie
Ihr räumliches Vorstellungsvermögen
bis Weihnachten im Jahr 4000
deutlich verbessern!

....

Eine andere Möglichkeit wäre die Einnahme von Testosteron, das ja das räumliche Denken fördert. Doch auch diese Möglichkeit ist nicht unbedingt der Weisheit letzter Schluss, denn unter anderem wären ein höheres Aggressionspotential, Glatzköpfigkeit und ein Bart die Folgen – für die meisten Frauen also eher keine Alternative, denn welche Frau will schon aussehen wie der Weihnachtsmann.

Es ist inzwischen erwiesen, dass Übung und beharrliches Wiederholen einer Tätigkeit dazu beitragen, dauerhafte Gehirnverbindungen für eine bestimmte Aufgabe zu bilden. So besitzen beispielsweise Ratten, die in Käfigen mit viel Spielzeug aufgezogen wurden, mehr Gehirnmasse als Ratten, die ohne Spielsachen aufwuchsen. Pensionäre, die im Ruhestand nur noch die Beine hochlegen, büßen Gehirnzellen ein, während diejenigen, die geistig aktiv bleiben, ihre Gehirnmasse intakt halten beziehungsweise noch vergrößern.

Wenn Sie üben und lernen, wie man Straßenkarten liest, können Sie Ihre praktischen Fähigkeiten darin stark verbessern, ebenso wie das tägliche Üben auf dem Klavier irgendwann Früchte trägt. Außer in den Fällen, in denen der Klavierspieler mit den speziellen Gehirnwindungen geboren wurde, die intuitives Klavierspielen erleichtern, ist ständiges und ausdauerndes Üben erforderlich, um ein gewisses Niveau zu erreichen und zu halten. Mit anderen Worten, wenn Klavierspieler oder Kartenleser nicht ständig üben, werden ihre antrainierten Fähigkeiten schnell wieder verkümmern, und es wird länger dauern, sie wieder auf ein gewisses Niveau zu bringen, als bei einem Menschen, dessen Gehirn an diese Aufgaben gewöhnt ist.

....

Bei 56 Prozent aller Streitereien im Auto geht es
um falsche Richtungsangaben und Irrfahrten.
Deshalb nimmt der Weihnachtsmann auch nie seine
Frau mit, wenn er die Geschenke ausfährt.

....

Problem 2 – Wie eine Autofahrt beinahe das Weihnachtsfest verdorben hätte

Aber keine Sorge – auch die Männer bekommen bei uns noch ihr Fett weg! Am nächsten Morgen, dem ersten Weihnachtstag, sind John und Ruth unterwegs zum neuen Haus von Ruths Eltern. Sie sind gerade erst umgezogen, und die beiden waren noch nie in diesem Teil der Stadt. Dummerweise haben sie auch keinen Stadtplan dabei, aber John ist sicher, dass er den Weg findet. Ruth glaubt, dass sie sich hoffnungslos verfahren haben, doch John ist noch immer felsenfest davon überzeugt, dass sie gleich ankommen werden. Zögernd spricht Ruth John an.

»Liebling, ich glaube, wir hätten an der Ampel da rechts abbiegen sollen. Halt doch mal an und frag!«

»Ich weiß, wo es langgeht. Irgendwo hier muss es sein.«

»Wir sind aber schon eine Ewigkeit hier unterwegs. Lass uns doch anhalten und jemanden nach dem Weg fragen!«

»Hör zu, ich weiß, was ich tue! Wenn du alles besser weißt, dann fahr doch selbst!«

»Ich will ja gar nicht fahren, aber ich will auch nicht den ganzen Weihnachtstag im Kreis herumirren!«

»Okay! Dann drehen wir eben um und fahren nach Hause!«

Den meisten Frauen und Männern wird diese Szene bekannt vorkommen. Eine Frau versteht einfach nicht, warum dieser wunderbare Mann, den sie so liebt, plötzlich total durchdreht, nur weil er sich verfahren hat. Wenn sie sich verfahren hätte, würde sie einfach nach dem Weg fragen. Was ist sein Problem? Warum kann er nicht einfach zugeben, dass er keine Ahnung hat?

Warum halten Männer nicht an und fragen nach dem Weg?

Weil sie es hassen, unrecht zu haben. Um das zu verstehen, muss man einen Blick auf die Geschichte werfen. Stellen Sie sich einmal folgende Szene vor: Die Höhlenfamilie hockt um ein Feuer herum. Der Mann sitzt am Höhleneingang und blickt hinaus. Er sucht mit den Augen Landschaft und Horizont nach Bewegungen ab. Seine Frau und seine Kinder haben seit Tagen nichts gegessen, und er weiß, dass er beim ersten Nachlassen des schlechten Wetters auf die Jagd gehen und erst zurückkehren wird, wenn er Wild erbeutet hat. Das ist seine Aufgabe, denn seine Familie ist von ihm abhängig. Die ist zwar hungrig, hat aber Vertrauen in seine Fähigkeiten. Sein Magen knurrt, und er macht sich Sorgen. Wird er Erfolg haben wie schon so oft? Oder werden seine Leute verhungern? Werden andere Männer ihn töten, weil er durch den Hunger geschwächt ist? Er sitzt mit ausdrucksloser Miene da und beobachtet. Er darf seiner Familie nicht zeigen, dass er Angst hat, denn dann würde sie verzweifeln. Er muss stark sein.

Wenn ein Mann unrecht hat, fühlt er sich wie ein Versager, weil er nicht in der Lage war, seine Aufgabe zu erfüllen.

Es mag ja Weihnachten sein, aber das ist kein Grund, diese Millionen Jahre alte Angst, als Versager dazustehen, einfach über Bord zu werfen. Die wenigsten Frauen wissen, dass ein Mann, der allein im Auto unterwegs ist, wahrscheinlich anhalten und nach dem Weg fragen würde. Doch wenn eine Frau neben ihm sitzt, fühlt er sich als Versager, weil er nicht in der Lage ist, sie ohne Hilfe an den gewünschten Ort zu bringen.

> *Weihnachten ist nur einmal im Jahr.*
> *Warum sollte man deshalb eine Millio-*
> *nen Jahre alte Verhaltensweise ändern?*

Wenn eine Frau sagt: »Halt doch an und frag nach dem Weg!«, dann hört ein Mann heraus: »Du bist unfähig – du findest nicht mal den Weg.« Wenn sie sagt: »Der Wasserhahn in der Küche tropft. Soll ich den Klempner rufen, damit er ihn repariert?«, hört er heraus: »Du bist nutzlos! Ich rufe einen anderen Mann, der deine Aufgabe für dich erledigt!« Das ist auch der Grund, warum Männer nur ungern sagen: »Es tut mir leid!« Für sie ist das, als ob sie zugäben, dass sie unrecht hatten, und unrecht zu haben ist für sie gleichbedeutend damit, ein Versager zu sein.

Eine Frau sollte also vor allem darauf achten, dass sie ihm nicht ungewollt auf die Füße tritt, wenn sie mit ihm ein Problem bespricht. Schon wenn man einem Mann ein Selbsthilfebuch zu Weihnachten schenkt, könnte er auf die Idee kommen, dass er so, wie er ist, nicht gut genug ist.

> *Männer vertragen keine Kritik –*
> *deshalb möchten sie immer*
> *eine Jungfrau heiraten.*

Ein Mann muss lernen, dass es einer Frau nicht darum geht, ihm zu zeigen, dass er alles falsch macht. Meistens will sie ihm wirklich nur helfen, und er sollte nicht alles gleich persönlich nehmen. Eine Frau will ihrem geliebten Mann helfen, ein besserer Mensch zu werden; er deutet das jedoch oftmals so, dass er nicht gut genug für sie ist. Ein Mann gibt keine Fehler zu, weil er befürchtet, dass sie ihn dann nicht mehr liebt. In Wirklichkeit liebt eine Frau einen Mann nur umso mehr, wenn er Fehler zugibt.

....

Ein Mann verbringt Weihnachten lieber damit,
im Kreis herumzufahren und immer wieder zu sagen:
»Es muss hier irgendwo sein«, oder:
»Die Richtung stimmt garantiert«, als zuzugeben,
dass er sich verfahren hat.

....

Im Notfall hilft es, wenn Sie ihm sagen, Sie müssten dringend auf die Toilette. Dann muss er anhalten – bevorzugt an einer Tankstelle. Während Sie auf der Toilette sind, hat er Zeit, so zu tun, als ob er etwas kaufen wollte, und kann dabei nach dem Weg fragen. So schaffen Sie es noch rechtzeitig bis zur Bescherung zu Ihren Verwandten.

....

»Was ist los mit euch Männern?
Würden euch keine Haare mehr auf der
Brust wachsen, wenn ihr mal nach
dem Weg fragt?«
ERMA BOMBECK

....

Die fliegende Karte

Die Autoren dieses Buches sind neun Monate im Jahr auf allen Kontinenten unterwegs, um Seminare zu halten, und einen Großteil dieser Zeit verbringen sie in Mietautos. Wie die meisten Menschen sind auch sie zu Weihnachten ziemlich lange unterwegs, um Verwandte und Freunde zu besuchen. Allan sitzt meistens am Steuer, denn sein räumliches Vorstellungsvermögen ist besser als Barbaras, während sie ihm die Richtung angibt. Barbara verfügt über so gut wie keine Navigationskenntnisse, und so haben sich Allan und Barbara lange Jahre ihren Weg um die Welt freige- kämpft und -gestritten – von Stadt zu Stadt, von Land zu Land. Barbara hat Allan schon Stadtpläne in praktisch al- len Sprachen an den Kopf geworfen, und bei mehreren Ge- legenheiten ist sie vor seinen Karten geflohen und in Busse oder Züge umgestiegen und hat ihn angeschrien: »Lies das blöde Ding doch selbst!« Auch ein oder zwei Weihnachts- feiern endeten dabei im Streit.

Barbara Pease hat keinen Orientie- rungssinn, dafür findet Allan Pease seine Socken in einer Schublade nicht.

Zum Glück wurden ihnen durch ihre Untersuchungen zum Thema räumliches Vorstellungsvermögen die Pro- bleme bewusst, mit denen man zu kämpfen hat, wenn ein Partner einen eher kläglichen Orientierungssinn hat und der andere das nicht verstehen kann. Heute schaut sich Allan die Karte an, bevor sie losfahren, und Barbara weist ihn auf interessante Besonderheiten der Landschaft hin, die er andernfalls übersehen würde. Sie sind immer noch glücklich verheiratet, aus dem Fenster geworfene Karten stellen für vorbeifahrende Verkehrsteilnehmer mittlerweile kein ernstzunehmendes Unfallrisiko mehr dar, und Weih- nachten haben sie sich schon lange nicht mehr durch Strei- tereien verdorben.

Zusammenfassung: Wie man Streitereien auf weihnachtlichen Autofahrten vermeidet

John und Ruth haben jetzt keine Probleme mehr mitein- ander, wenn sie zusammen im Auto sitzen. Zu Weihnach- ten hat sie ihm ein Satelliten-Navigationssystem gekauft.

Das heißt, dass er entscheiden kann, welche Strecke er fahren wird, und dass er ohne ihre Hilfe ans Ziel kommt. Das ist das perfekte Spielzeug für das Kind im Manne, mit dem er immer recht haben, sich nie verirren und seine Frau immer lieben wird. Wenn das außerhalb Ihrer finanziellen Möglichkeiten liegt, er aber etwas für Computer übrighat, dann empfehlen wir Ihnen die kostenlosen Routenplaner im Internet. Damit findet man die perfekte Route, die man auch ausdrucken und mitnehmen kann.

Während der Autofahrt redet Ruth und weist John auf interessante Dinge in der Umgebung hin, und er hört zu, ohne sie zu unterbrechen. Sie kritisiert seinen Fahrstil nicht mehr, weil sie jetzt weiß, dass er wegen seiner guten räumlich-visuellen Fähigkeiten mehr riskieren kann als sie, dass er aber trotzdem sicher fährt.

Wenn Männer aufhören, Frauen darum zu bitten, ihnen den Weg zu weisen, wird sich allgemeine Zufriedenheit einstellen, und wenn Frauen aufhören, den Fahrstil von Männern zu kritisieren, wird es Weihnachten nur halb so viel Streit geben. Wir alle haben unterschiedliche Stärken und Schwächen. Wenn Sie also eine bestimmte Aufgabe nicht gut bewältigen können, sollten Sie nicht betrübt sein! Mit Übung können Sie Ihre Fähigkeiten verbessern. Doch vermasseln Sie sich damit auf keinen Fall Ihr Leben – oder womöglich Weihnachten!

Kapitel 5

Zehn Dinge, die Männer und Frauen an Weihnachten tun und die den anderen nerven

Die Geschichte der drei Weisen aus dem Morgenland und der Geburt Jesu ist eine der berühmtesten Erzählungen der Welt. Frauen entdecken in der Geschichte jedoch bestimmte männliche Eigenarten, die sie verabscheuen. So nahmen die drei Weisen einfach an, die Welt drehe sich nur um sie – der Stern im Osten stehe nur am Himmel, damit sie ihm folgen könnten. Außerdem kamen sie erst zwei Monate nach Jesu Geburt am Stall an, wahrscheinlich wollten sie unterwegs nicht anhalten und nach dem Weg fragen. Und was sollen ein Neugeborenes und seine erschöpfte Mutter bitte mit Gold, Weihrauch und Myrrhe (ein stark duftendes Pflanzenöl, mit dem man Tote einbalsamiert) anfangen? Und auch noch drei weise Männer auf einmal? Zumindest Letzteres ist doch vollkommen unwahrscheinlich.

Angenommen, in der Geschichte kämen drei weise Frauen vor. Sie hätten nach dem Weg gefragt, wären rechtzeitig angekommen, um bei der Geburt zu helfen, und hätten praktische Geschenke wie Windeln, Fläschchen, Spielzeug und einen Blumenstrauß mitgebracht. Dann hätten sie die Tiere aus dem Stall verbannt, alles geputzt und einen Eintopf gekocht. Später wären sie in Kontakt geblieben, und es hätte Friede auf Erden geherrscht immerdar.

Allerdings hätten die drei weisen Frauen vielleicht auch alles verpasst, weil sie Heiligabend zusammen auf

Toilette gegangen und dort ins Gespräch gekommen wären.

✳

Über zehn Jahre lang haben wir Umfragen ausgewertet, bei denen es darum ging, womit Frauen und Männer sich gegenseitig besonders auf die Nerven gehen, und wir haben uns mit der modernen Verhaltensforschung befasst, um die Unterschiede zwischen den Geschlechtern zu erklären. Vor allem aber haben wir Strategien entwickelt, wie man mit diesen Unterschieden umgehen kann.

An Weihnachten ist die Liste der Dinge, die Männer und Frauen aneinander nerven, überraschend lang, aber wir haben sie eingedampft und jene zehn Fragen herausdestilliert, die Männer und Frauen über die Feiertage vor allem beschäftigen, wenn sie an ihren Partner denken. Hier sind sie:

1. Warum sitzen Männer das ganze Weihnachtsfest über vor dem Computer und spielen?
2. Warum finden Männer nie Tesafilm, Schere und alles andere, was man an Weihnachten so braucht?
3. Warum können Frauen den Weihnachtsbaum nicht gerade aufstellen?
4. Warum vertiefen sich Männer mit Begeisterung in diese nervigen kleinen Geduldspiele aus den Weihnachtsknallbonbons?
5. Warum zappen Männer immer mit der Fernbedienung durch die Fernsehkanäle?
6. Warum bestehen Männer darauf, die Klobrille hochgeklappt zu lassen, selbst wenn die Eltern ihrer Frau zu Besuch sind?
7. Warum gehen Frauen auf Partys immer mit anderen Frauen zur Toilette?
8. Warum lieben Männer anzügliche Witze?

9. Warum schaffen es Frauen nie, die eine Sendung, die man Weihnachten wirklich gern sehen würde, aufzunehmen?

10. Warum beschweren sich manche Männer darüber, dass sie sich Weihnachten entsetzlich langweilen?

1. Warum sitzen Männer das ganze Weihnachtsfest über vor dem Computer und spielen?

Oft fragt man uns, warum Männer an Weihnachten so viel Zeit mit der PlayStation oder dem GameCube verbringen, während Frauen offenbar wenig oder gar kein Interesse daran haben. Die Antwort ist einfach: Computerspiele oder Spielkonsolen sprechen das räumliche Vorstellungsvermögen des Mannes an.

Man kann rund um die Welt in jede beliebige Spielhalle gehen – sie sind alle randvoll mit halbwüchsigen Jungen, die ihre räumlich-visuellen Fähigkeiten anwenden. Und in jedem Kaufhaus drängen sich die Männer vor den Computerspielen.

Wir werden im Folgenden einige wissenschaftliche Studien über das räumliche Vorstellungsvermögen zusammenfassen. Bei den meisten geht es unter anderem auch um das Zusammensetzen dreidimensionaler mechanischer Teile.

Eine Studie der Yale University ergab, dass nur 22 Prozent der Frauen derartige Aufgaben genauso gut bewältigen wie Männer. Jungen konnten diese Aufgaben besonders gut lösen, wenn ihr rechtes Auge zugebunden wurde, so dass nur das linke Informationen empfing. Das linke Auge leitet die Informationen an die rechte Gehirnhälfte weiter, in der sich das Zentrum für das räumliche Vorstellungsvermögen befindet. Bei Mädchen ist es egal, welches Auge man verdeckt, denn das weibliche Gehirn versucht das Problem zu lösen, indem es beide Gehirnhälften aktiviert. Dies ist einer der Gründe, warum nur wenige Frauen Mechanikerinnen, Ingenieurinnen oder Pilotinnen werden.

Die Psychologieprofessorin Dr. Camilla Benbow von der Iowa State University und ihr Kollege Dr. Julian Stanley untersuchten eine Gruppe hochbegabter Kinder und fanden heraus, dass auf 13 Jungen, die gut in Mathematik sind, nur ein einziges Mädchen kommt. Jungen können einen Gebäudeblock schneller und müheloser mit Hilfe eines zweidimensionalen Plans errichten als Mädchen, sie können Winkel genau einschätzen und erkennen, ob eine Oberfläche plan ist oder nicht. Bei dreidimensionalen Videotests waren die Jungen den Mädchen in puncto räumliches Vorstellungsvermögen in einem Verhältnis von 4:1 überlegen, und die besten Mädchen wurden noch häufig genug von den Jungen übertroffen, die bei den Tests am schlechtesten abgeschnitten hatten. Bei Männern ist das räumliche Vorstellungsvermögen eine eigene Gehirnfunktion, die in mindestens vier Bereichen der rechten vorderen Gehirnhälfte angesiedelt ist. Camilla Benbow zeigte auch, dass die geschlechtsspezifischen Unterschiede bereits im zarten Alter von vier Jahren ausgeprägt sind.

Aufgrund dieser uralten Fähigkeiten des frühzeitlichen Jägers dominieren Männer auch heute noch in Bereichen wie Architektur, Chemie, Bauwesen und Statistik. Jungen können Hand und Auge besser koordinieren, wodurch sie in Ballsportarten überlegen sind. Deshalb sind Männer von allen Spielen besessen, bei denen es auf das Abschätzen von Flugbahnen, auf das Jagen, auf das Werfen und das Zielen auf ein Tor ankommt. Es erklärt ebenfalls, warum Spielhallen und Skateboard-Bahnen rund um die Welt mit Jungen gefüllt sind, man dort aber nur verhältnismäßig wenig Mädchen antrifft. Die meisten Mädchen sind nur dort, um den Jungs zu imponieren; oft stellen sie allerdings fest, dass die Jungen viel zu sehr mit ihrem Spiel beschäftigt sind und sich gar nicht um sie kümmern.

*Männer spielen an Weihnachten gern
Computerspiele, weil sie ihr räumliches
Vorstellungsvermögen testen – und nicht,
weil sie sich vor der Hausarbeit
drücken wollen.*

Computerspiele sind an Weihnachten ein besonderes Problem, weil Männer und Jungen oft Spiele und Spielkonsolen geschenkt bekommen – was dann zu zahllosen Feiertagsstunden vor dem Bildschirm führt. Fast genauso lange braucht man auch, um sich Gehör zu verschaffen, wenn man sie bitten will, doch jetzt endlich aufzuhören! Wenn eine Frau nicht will, dass ihr Partner über Weihnachten am Computer spielt, dann sollte sie vorher mit ihm darüber reden und vorschlagen, dass er am ersten Weihnachtstag nicht oder höchstens eine Stunde spielt. Wenn er nicht darauf eingeht, ist sie vielleicht gezwungen, die Spielkonsole an diesem Tag zu verstecken. Wenn sie ihrem Partner ein Computerspiel zu Weihnachten gekauft hat, muss sie damit rechnen, dass er es ausprobieren will.

2. Warum finden Männer nie Tesafilm, Schere und alles andere, was man an Weihnachten so braucht?

Jede Frau auf dieser Welt wird die folgende Unterhaltung schon einmal mit einem Mann geführt haben, der vor einem geöffneten Kühlschrank steht:

DAVID: »Wo ist die Butter?«
JANE: »Im Kühlschrank.«
DAVID: »Da schaue ich ja gerade nach, aber ich sehe keine Butter.«
JANE: »Sie ist aber da. Ich habe sie vor zehn Minuten in den Kühlschrank gestellt.«

DAVID: »Nein, du musst sie irgendwo anders hingetan haben. In diesem Kühlschrank ist keine Butter!«

An diesem Punkt der Unterhaltung kommt Jane mit großen Schritten in die Küche, greift einmal in den Kühlschrank und zieht, wie mit Zauberhand, eine Butterdose hervor. Unerfahrene Männer halten das oft für einen gemeinen Trick und beschuldigen die Frauen, etwas in Schubladen und Schränken vor ihnen zu verstecken. An Weihnachten ist die Liste der Dinge, die Männer »nicht finden können«, scheinbar endlos – beim Geschenkeeinpacken (ja, manche Männer tun das tatsächlich!) finden sie die nötigen Utensilien nicht, und wenn sie genauer darüber nachdenken, wissen sie eigentlich nicht einmal mehr so richtig, wo die Geschenke hingekommen sind. Dabei liegen sie vor ihrer Nase, aber sie sehen sie einfach nicht. Männer sagen das nicht einfach so, um über die Feiertage einen Streit anzufangen.

Augen im Hinterkopf?

Nun ja, nicht direkt, aber fast. Frauen haben ein größeres peripheres Sehvermögen als Männer. Als Nesthüterinnen besitzen sie eine Gehirn-Software, mit der sie ein Blickfeld von mindestens 45 Grad rechts und links von ihrem Kopf sowie oberhalb und unterhalb ihrer Nase einsehen können. Das periphere Blickfeld vieler Frauen reicht sogar bis zu fast 180 Grad. Die Augen eines Mannes sind größer als die einer Frau, und sein Gehirn hat sie für ein Langstreckensehen in einer Art Tunnel konfiguriert. Das heißt, er kann klar und deutlich Dinge wahrnehmen, die direkt vor ihm liegen, und das auf größere Distanzen, mehr oder weniger wie mit einem Fernglas.

Mit ihrem größeren peripheren Gesichtsfeld kann eine Frau den Inhalt eines Kühlschranks oder eines Schranks praktisch ohne eine einzige Kopfbewegung erfassen. Deshalb hat sie weniger Probleme, die Schere in der Schublade oder die Butter im Kühlschrank zu finden. Ihr höherer Östrogen-Spiegel erlaubt ihr, die Gegenstände in einer Schublade, einem Schrank oder einem Raum zu erkennen und sich auch später noch an die Anordnung in einem komplexen Zufallsmuster zu erinnern – wo etwa das Geschenkband oder der Tesafilm im Schrank zu finden ist. Neuere Untersuchungen legen zudem nahe, dass das männliche Gehirn nach dem Wort sucht, das mit dem Gegenstand in Verbindung steht, im Fall der Butter sucht ein Mann also nach B-U-T-T-E-R. Wenn sie nicht an ihrem gewohnten Platz steht, sieht er sie einfach nicht.

Männer dagegen müssen ihren Kopf von oben nach unten, von rechts nach links drehen und wenden, um das »verschwundene« Objekt zu suchen.

....

Wegen ihres Tunnelblicks müssen
Männer ihre Frauen fragen,
wo all die Dinge sind, die sie an
Weihnachten brauchen.

....

Als Jäger musste der Mann in der Lage sein, eine Beute in der Ferne anzuvisieren und sie dann zu verfolgen. Er entwickelte beinahe so etwas wie Scheuklappen, damit er nicht von seinem Ziel abgelenkt wurde. Die Frau benötigte ein weites Blickfeld, damit sie Raubtiere, die sich an ihr Nest heranpirschten, frühzeitig entdecken konnte.

Man kann sein peripheres Sehvermögen durch Übung verbessern. Kampfflieger zum Beispiel tun das, aber das dauert eine Weile, deshalb rechnen Sie lieber nicht damit, dass es bis Weihnachten klappt. Das periphere Blickfeld eines Menschen kann sich auch unter lebensbedrohenden Umständen erweitern. Bei einer Gefängnisrevolte im australischen Perth Prison im Jahr 1999 nahmen die Häftlinge mehrere Gefängnisaufseher als Geiseln. Sie drohten, die

Aufseher zu töten, falls man ihre Forderungen nicht erfüllte. Der Gefängnisbeamte Lance Bremen berichtete, dass er bis dahin einen »typisch männlichen Tunnelblick« gehabt habe. Nachdem er diese gefährliche Situation überstanden hatte, war sein peripheres Blickfeld auf fast 180 Grad erweitert. Ausgelöst durch das traumatische Erlebnis und die Todesgefahr, hatte sein Gehirn sein Blickfeld ausgedehnt, damit er kontrollieren konnte, ob sich ihm jemand näherte.

Das Weihnachtsfest ist für eine Frau weniger anstrengend, wenn sie versteht, welche Probleme Männer damit haben, Dinge in ihrem direkten Umfeld wahrzunehmen. Wenn ein Mann ein Geschenk einzupacken versucht und fragt: »Liebling, wo ist der Tesafilm? Hast du das Geschenkband gesehen? Wo hast du die Schere hingelegt? Ich glaube, wir haben keine Geschenkanhänger mehr …«, dann sollte eine Frau einfach akzeptieren, dass es für ihn schwieriger ist, all diese Dinge zu sehen, als für sie. Und wenn eine Frau einem Mann sagt: »Es liegt im Schrank!«, dann sollte er ihr glauben und noch ein bisschen weitersuchen. Das ist ganz sicher der beste Weg zu einem friedvollen Christfest.

3. Warum können Frauen den Weihnachtsbaum nicht gerade aufstellen?

Wir alle kennen den Kampf mit dem Weihnachtsbaumständer. Überall auf der Welt hört man die Frage: »Steht er jetzt gerade?« Um einen Weihnachtsbaum aufzustellen, braucht man definitiv zwei Personen, und wir schlagen vor, dass der Mann den Baum ausrichtet, damit der 90-Grad-Winkel gesichert ist.

Wie schon gesagt, haben Frauen im Allgemeinen eine bessere periphere Sicht als Männer und sehen kleine Einzelheiten genauer, aber gleichzeitig haben sie eher Probleme, zu sagen, ob ein Weihnachtsbaum gerade steht oder nicht. Ein Freund von uns hat einmal gesagt, es sei unglaublich, wie scharf die Augen seiner Frau seien, wenn er etwas zu verbergen habe, aber wie schnell ihre Sehkraft sie verlasse, wenn es darum gehe, das Auto rückwärts in die Garage zu fahren. Einen Weihnachtsbaum aufzustellen ist – wie die Einschätzung der Entfernung zwischen Stoßstange und Garagenwand – eine Sache des räumlichen Vorstellungsvermögens, das bei Männern in der rechten Gehirnhälfte angesiedelt und bei den meisten Frauen nicht besonders ausgeprägt ist.

Beim Aufstellen des Baums geht es um Winkel, und Winkel sind eindeutig eine Domäne des Mannes. Ein Mann hat keine Probleme, sich vorzustellen, wie es sich auswirkt, wenn man den Baum ein bisschen nach links neigt, während eine Frau ihn unweigerlich in die falsche Richtung oder zu stark neigt. Das männliche Gehirn ist darauf ausgelegt, Geschwindigkeiten, Winkel und Richtungen richtig einzuschätzen. Deshalb sind Männer so begeisterte Fans aller möglichen Ballspiele, bei denen es ebenfalls um die Einschätzung von Winkeln und Richtungen geht.

Gleiches gilt für den Kauf des Christbaums – als Beispiel dafür wollen wir die Geschichte von Carol und ihrem Baum erzählen: Jahrelang hatte Carol Bäume gekauft, die entweder zu groß oder zu klein für ihr Wohnzimmer waren. Schließlich gab sie es auf, Weihnachtsbäume nach Augenmaß zu kaufen, und wollte die Raumhöhe messen, um dann mit dem Zollstock zum Einkaufen zu gehen. Doch dann wollte ihr 15-jähriger Sohn Michael den Weihnachtsbaum kaufen, und Carol beauftragte ihn, die Zimmerhöhe zu messen und mit dem Zollstock loszuziehen. Doch Michael sagte nur: »Mach dir da mal keine Sorgen – das ist wirklich nicht nötig.« Carol verstand einfach nicht, warum Michael sich da so sicher war. Er kam mit dem Baum zurück, und siehe da, er passte genau ins Zimmer. Das sind die Segnungen der räumlichen Vorstellungskraft.

4. Warum vertiefen sich Männer mit Begeisterung in diese nervigen kleinen Geduldspiele?

Geduldspiele aus Knallbonbons – zum Beispiel die klassischen Labyrinthe – sind furchtbar frustrierend und dauern manchmal Stunden. Außerdem erfordern sie eine ruhige Hand, was nach ein paar Gläsern Wein am Weihnachtsabend durchaus zum Problem werden kann. Trotzdem sind viele Männer total begeistert davon und können gut und gern einen ganzen Nachmittag an Weihnachten über so ein Spiel gebeugt dasitzen und immer wieder versuchen, die kleinen Kugeln in die entsprechenden Löcher in der Mitte des Labyrinths zu bugsieren. Frauen könnten jetzt vielleicht zu der Ansicht gelangen, dass Männer diese Geduldspiele lieben, weil sie sich vor dem Abwasch nach dem Weihnachtsessen drücken wollen, aber das ist nicht die ganze Wahrheit. Es gibt auch eine biologische Erklärung für diese Faszination.

Der amerikanische Wissenschaftler Dr. D. Wechsler entwickelte eine Reihe von IQ-Tests, in denen bei räumlichen Tests keine geschlechtsspezifischen Probleme als Aufgaben gestellt wurden. Er ließ die Tests von Menschen aus primitiven Kulturkreisen bis hin zu Stadtbewohnern aus der ganzen Welt ausführen und kam – wie auch andere Forscher unabhängig von ihm – zu dem Schluss, dass Frauen Männern überlegen sind, was die allgemeine Intelligenz anbelangt, und zwar um durchschnittlich 3 Prozent, obwohl sie ein etwas kleineres Gehirn haben. Wenn es allerdings um labyrinthartige Tests ging, waren Männer den Frauen haushoch überlegen, unabhängig von der Kultur – 92 Prozent der richtigen Antworten entfielen auf Männer, 8 Prozent auf Frauen. Kritische Stimmen könnten hier einwenden, dass Frauen einfach zu intelligent sind, um sich mit dummen Labyrinthspielen zu beschäftigen; dennoch macht der Test die Überlegenheit des räumlichen Vorstellungsvermögens von Männern sehr deutlich.

Tests von Zoologen haben ergeben, dass männliche Säugetiere weiblichen Säugetieren beim räumlichen Vorstellungsvermögen überlegen sind. Männliche Ratten sind viel geschickter darin, den Ausweg aus Labyrinthen zu finden, als weibliche, und männliche Elefanten finden leichter zu einem Wasserloch zurück als weibliche.

Labyrinthe, Miniflipper und Geschicklichkeitsspiele zwingen das Gehirn dazu, sich Rotationen eines dreidimensionalen Objekts mit Hilfe von Winkeln und Ähnlichem vorzustellen und diese Bewegungen entsprechend auszuführen. Deshalb machen solche Spiele Männern Spaß, und sie sind darin besser als Frauen. Es erklärt aber nicht, warum sich noch niemand einen Knallbonbon-Inhalt hat einfallen lassen, der Frauen erfreut – Nähzeug und Plastikringe sind ja eindeutig nicht dazu geeignet.

5. Warum zappen Männer immer mit der Fernbedienung durch die Fernsehkanäle?

> **Fernbedienung, die:** Gerät, um von einem Programm ins andere zu schalten.
> **Telecommander, der:** Gerät, um alle 2,5 Minuten durch alle 55 Programme zu zappen.

Sie haben es geschafft – die Geschenke sind ausgepackt, das Weihnachtsessen ist verspeist, der Abwasch ist erledigt, die Kinder sind glücklich. Jetzt freuen Sie sich nur noch darauf, sich mit einem Becher Glühwein gemütlich ins Sofa zu kuscheln und den Weihnachtsfilm zu sehen, auf den Sie sich schon die ganze Woche gefreut haben. Doch leider haben Sie eine ganz andere Vorstellung von »sehen« als Ihr Partner. Sie haben sich kaum richtig hingesetzt, da schaltet er schon zum ersten Mal um. Eine Minute später wechselt er wieder den Sender. Und noch einmal und noch einmal. Irgendwann reißt Ihnen der Geduldsfaden: »Ich möchte einfach fernsehen.«

Er schaut Sie an und versteht überhaupt nicht, warum Sie so außer sich sind. »Aber wir sehen doch fern«, sagt er.

An Weihnachten wollen Männer nicht
wissen, was im Fernsehen kommt,
sondern was sonst noch
im Fernsehen kommt.

Jahrtausendelang kehrten Männer abends von der Jagd zur Höhle zurück und starrten den ganzen Abend ins flackernde Feuer. Zusammen mit seinen Freunden konnte ein Mann stundenlang in diesem tranceartigen Zustand verharren, ohne mit ihnen zu reden, und die anderen Männer verlangten von ihm auch gar nicht, dass er sich am Gespräch beteiligte. Für die Männer war dies eine wichtige Möglichkeit, Stress abzubauen und ihre Batterien für die Anstrengungen des nächsten Tages wieder aufzuladen.

Auch der moderne Mann kennt noch dieses Starren ins Feuer, allerdings gehören heute Hilfsmittel wie die Zeitung, Bücher oder die Fernbedienung dazu. Auf einer Afrikareise kamen wir einmal ins Okawango-Becken nördlich der Kalahari-Wüste in Botswana. Auf einem Pfosten neben einer Hütte im Dorf bemerkten wir eine Satellitenschüssel, die von Solarzellen betrieben wurde. Wir gingen in die Hütte und trafen auf eine Gruppe Kalahari-Buschmänner im Lendenschurz vor einem Fernseher. Sie wechselten sich ab, wer mit dem Telecommander durch die Kanäle zappen durfte.

Weihnachten ist eine Zeit der Traditio-
nen – traditionell ist der Kampf um die
Fernbedienung, und traditionell sind
auch die Klagen, dass im Fernsehen ein-
fach nichts Interessantes kommt …

Ein Mann, der mit der Fernbedienung durch die Fernsehkanäle zappt, wirkt auf die meisten Frauen wie ein rotes Tuch. Gern wird gescherzt, dass viele Frauen ihre Ehemänner am liebsten mit der Hand um die Fernbedienung gekrallt beerdigen würden. Und an Weihnachten nach einem langen Tag, an dem viel gegessen und getrunken wurde, ist dieses Problem nerviger denn je. Fernsehsender buhlen um die Aufmerksamkeit des Publikums, und dementsprechend kann es zu Spitzenzeiten mehrere Sendungen geben, die man gern gleichzeitig anschauen würde. Dadurch wird das Zappen der Männer noch verstärkt.

Und es trägt auch kaum zur Lösung des Problems bei, dass der Geschmack von Männern und Frauen in Bezug auf das Fernsehprogramm so verschieden ist. Frauen entspannen sich vor dem Fernseher am liebsten bei einer Serie, in der es um Zwischenmenschliches und Gefühle geht, Weihnachten möchten sie also wohl gern eine Liebeskomödie, ein Drama oder einen Kostümfilm anschauen. Das Gehirn der Frau ist darauf ausgerichtet, Worte und Körpersprache der Schauspieler zu interpretieren, außerdem nimmt sie gern Anteil an den Beziehungsdramen und spekuliert über deren Ausgang.

Für Männer ist das Fernsehen dagegen ein völlig anderer Vorgang, der im Wesentlichen zwei Bedürfnisse befriedigen soll. Mit seinem ergebnisorientierten, auf Problemlösungen ausgerichteten Gehirn will der Mann so schnell wie möglich zum Wesentlichen kommen. Wenn er von Programm zu Programm wechselt, kann er die Probleme in jeder Sendung analysieren und die erforderlichen Lösungen in Betracht ziehen. Männer vergessen außerdem gern ihre eigenen Probleme, indem sie sich auf die Probleme anderer konzentrieren. Das erklärt, warum sechsmal so viele Männer wie Frauen sich die Tagesschau ansehen. Da der Mann nicht mehrere Dinge gleichzeitig tun kann, vergisst er seine eigenen Sorgen, wenn er die Probleme anderer Menschen betrachtet, für die er sich nicht verantwortlich fühlen muss.

An Weihnachten schaut er wahrscheinlich am liebsten einen Actionfilm oder einen Thriller (am besten beides gleichzeitig). Dieser grundsätzliche Unterschied zwischen den Geschlechtern führt sehr häufig zu Streitereien.

....

Wie bringt man einen Mann dazu, ein paar der an Weihnachten vertilgten Kalorien wieder zu verbrennen? Man steckt ihm die Fernbedienung zwischen die Zehen.

....

Um das Fernbedienungsproblem zu lösen, sollte die Frau mit dem Mann ruhig darüber sprechen, dass sein ständiges Umschalten sie wahnsinnig macht, und ihn bitten, nicht zu zappen, wenn sie sich eine Sendung ansieht – vor allem nicht an Weihnachten. Sträubt er sich, kann sie die Fernbedienung irgendwo verstecken, wo er niemals nachsehen würde. Wenn beides nicht funktioniert, sollte sie erwägen, sich selbst einen Fernseher zu Weihnachten zu wünschen – oder eine Fernbedienung.

6. Warum bestehen Männer darauf, die Klobrille hochgeklappt zu lassen, selbst wenn die Eltern ihrer Frau zu Besuch sind?

Jill hat zum ersten Mal ihre Eltern an Weihnachten zu Besuch. Das Haus ist makellos, das Weihnachtsessen war ein grandioser Erfolg – alles läuft wunderbar. Doch eine kleine Sache gibt es da: Ihr Ehemann Bob lässt ständig die Klobrille oben. Sie hat das schon Millionen Mal mit ihm durchdiskutiert, aber er macht es immer wieder. Jill geht jedes Mal, nachdem er auf der Toilette war, und klappt die Klobrille wieder hinunter, damit ihre Mutter es nicht sieht. Warum kann er das nicht einfach selbst tun?

Um diese überaus nervige männliche Angewohnheit zu verstehen, müssen wir weit in die Geschichte zurückgehen …

Bis zum Ende des 19. Jahrhunderts, als die Wasserspülung erfunden wurde, waren Toiletten kleine Häuschen im Hinterhof. Wenn eine Frau auf die Toilette ging, nahm sie zu ihrer eigenen Sicherheit eine andere Frau mit. Von Männern dagegen erwartete man, dass sie allein gingen und sich nötigenfalls selbst verteidigten. Männer pinkelten nie auf der Toilette – das erledigten sie an einem Busch oder Baum oder einer Mauer, eine Gewohnheit, die moderne Männer von ihren Vorvätern geerbt haben. Deswegen sieht man auch selten einen Mann auf offenem Feld pinkeln, er pinkelt immer gegen eine Mauer oder einen Baum. Wie bei Tieren ist damit auch der Zweck verbunden, sein Revier zu markieren.

Heutzutage sind öffentliche Toiletten überall nach Geschlechtern getrennt. Bei den Frauen gibt es Sitztoiletten, bei den Männern Urinale. Frauen setzen sich immer hin, aber nur 10 bis 20 Prozent der Männer. Moderne Häuser sind eigentlich dafür entworfen und gebaut, Männer und Frauen bequem unterzubringen, doch die Männer sind im Nachteil, weil die Toiletten nur den weiblichen Bedürfnissen entsprechen. Zu Hause klappt ein Mann die Klobrille hoch, damit sie nicht nass wird, wenn die Frau später darauf sitzen will. Wenn er aber versäumt, sie danach wieder herunterzuklappen, wird er sofort kritisiert. Viele Männer ärgern sich sehr darüber. Warum klappen die Frauen nicht auch einmal die Brille für die Männer hoch?

....

Nachdem Gott die Welt erschaffen hatte, merkte er,
dass er noch zwei Gaben zwischen Adam und Eva
aufteilen musste. Die eine, so erklärte er, erlaube
es seinem Besitzer, im Stehen zu pinkeln. Adam war
entzückt und bettelte inständig um diese Gabe.
Eva lächelte gütig und sagte Gott, wenn Adam
diese Gabe so gerne wolle, solle er sie haben.
Also verlieh Gott Adam die Gabe, und dieser ging
sofort los, pinkelte aufgeregt einen Baum an

147

und dann ein Muster in den Sand. Und Gott sah,
dass es gut war.
Dann wandte sich Gott an Eva: »Nun, hier ist die
andere Gabe«, sagte er. »Du sollst sie haben.«
»Danke«, antwortete Eva. »Wie nennt man sie?«
Gott antwortete lächelnd: »Multipler Orgasmus.«

....

Vor einigen Jahren forderte eine feministische Gruppe in Schweden, dass Urinale verboten werden müssten, weil Männer, die im Stehen pinkeln, »in ihrer Männlichkeit triumphieren« und damit die Frauen demütigen. Sie erhielten nicht allzu viel Unterstützung. Gelegentlich, meist in schicken Werbeagenturen in den USA, werden Urinale zugunsten von Unisex-Toiletten mit individuellen Kabinen abgeschafft. Allerdings geschieht das mehr wegen der Kostenersparnis und optimalen Raumnutzung als aus Gründen der Gleichberechtigung. Eine holländische Firma gab im Jahr 2000 bekannt, das weltweit erste »weibliche Urinal« auf den Markt zu bringen. Bis jetzt hat sie damit jedoch keinen globalen Erfolg erzielt.

Einer unserer Leser schilderte uns, wie er und seine Frau mit dem ständigen Streit um die Klobrille umgehen:

»Frauen sollten verstehen, dass der Penis eines Mannes manchmal ein Eigenleben führt. Ein Mann kann in eine Toilettenkabine gehen (weil alle Urinale besetzt sind) und die Toilette genau anvisieren, und sein Penis wird es dennoch irgendwie schaffen, auf das Klopapier an der Wand, das linke Hosenbein und den Schuh zu spritzen. Ich sage Ihnen, seinem Johannes kann man nicht trauen.

Nach 28 Jahren Ehe hat meine Frau mich erzogen. Ich darf nicht mehr wie ein Mann aufrecht stehend pinkeln. Ich muss mich hinsetzen. Sie hat mich überzeugt, dass dies nur ein kleines Opfer ist. Andernfalls wird sie mich, wenn sie noch einmal nachts auf die Toilette geht und entweder auf einer urinbespritzten Klobrille sitzt oder in die Toilette fällt, weil ich die Brille nicht runtergeklappt habe, im Schlaf ermorden.«

Erschwerend kommt das Problem der Morgenerektion hinzu, mit der das Zielen noch schwieriger wird. Damit wäre auch geklärt, warum manchmal die Wand nass wird. Selbst im Sitzen, berichtet unser Briefschreiber, gebe es mechanische Probleme, die nur Männer verstehen. Er hat mittlerweile die Kunst perfektioniert, bäuchlings quer über der Toilettenschüssel in einer Art »Fliegender Supermann«-Position zu liegen, damit ja nichts danebengeht.

»Frauen müssen einsehen, dass man den Männern nicht allein die Schuld geben darf. Wir können ihre Sorge um Hygiene und Sauberkeit im Badezimmer nachvollziehen, aber es gibt Zeiten, in denen wir einfach die Kontrolle über die Dinge verlieren. Das ist nicht unsere Schuld, sondern die Schuld von Mutter Natur. Wenn es Vater Natur gewesen wäre – gäbe es kein Problem ...«

In Wirklichkeit kümmert es Männer nicht, ob die Klobrille oben oder unten ist, sie ärgern sich jedoch über Frauen, die verlangen, dass sie die Brille runterklappen, anstatt sie höflich zu bitten, oder noch besser – es selbst zu machen.

Was sollte Jill also tun, um Bob umzuziehen? Einen Mann zu bitten, sich beim Pinkeln zu setzen, wird das Problem normalerweise lösen. Wenn sich der Mann weigert, sollte er ruhig, aber bestimmt darauf hingewiesen werden, dass Hunderttausende Männer in der muslimischen Welt jeden Tag im Sitzen pinkeln, ohne dass dadurch ihre Männlichkeit in irgendeiner Form beeinträchtigt wird. Vom Propheten Mohammed heißt es, er habe nur einmal im Stehen uriniert, und zwar in einem Garten, in dem man sich unmöglich setzen konnte. Wenn das Ihren Mann immer noch nicht überzeugt, sollten Sie einfach eine neue Hausordnung aufstellen. Von nun an ist das Putzen der Toilette seine Aufgabe, und das heißt, dass er jeden Tag den Boden aufwischen muss, um die verirrten Tröpfchen zu beseitigen. Das wird sehr bald ein ganz neues, positives Licht auf das Pinkeln im Sitzen werfen …

Wenn Sie es sich leisten können, lautet die Ideallösung, sich ein Haus oder eine Wohnung mit zwei Toiletten zu kaufen – eine für ihn und eine für Sie – oder zu renovieren und eine zusätzliche Toilette einzubauen. Auf diese Weise hat jeder die Sauberkeits- und Hygienestandards seiner Wahl, ohne sich über den anderen ärgern zu müssen, und auch Weihnachten gibt es dann keine Probleme mehr.

7. Warum gehen Frauen auf Partys immer mit anderen Frauen zur Toilette?

An Weihnachten treffen wir uns häufiger mit anderen Leuten als zu jeder anderen Zeit im Jahr. Leider bedeutet das auch, dass immer wieder Ehemänner allein auf Partys herumstehen und sich fragen, wohin denn wohl ihre Frauen verschwunden sind. Warum gehen Frauen in Gruppen zur Toilette, und warum brauchen sie immer so lange?

Wir haben schon gehört, dass es bis weit ins 19. Jahrhundert hinein keine Toiletten mit Wasserspülung gab. Männer wie Frauen mussten das Klohäuschen außerhalb des Hauses aufsuchen. Männer gingen allein, Frauen dagegen nahmen zur Sicherheit möglichst andere Frauen mit. Als die Wasserspülung erfunden wurde (angeblich von dem Installateur Thomas Crapper), erhielt das Klo seinen eigenen Raum im Haus. Dennoch halten Frauen nach wie vor an der Praxis fest, nur in Gruppen auf die Toilette zu gehen. Von einem Mann wird man nie hören: »He, Fred, ich muss aufs Klo – kommst du mit?«

Wenn Frauen auf die Toilette gehen,
nehmen sie Verstärkung mit.

Wenn Frauen gemeinsam auf die Toilette gehen, reden sie miteinander – es ist eine Gelegenheit, einander besser kennenzulernen und Beziehungen zu knüpfen. Wenn Männer gemeinsam auf die Toilette gehen, reden sie nicht miteinander. Selbst wenn zwei enge Freunde gleichzeitig die Toilette aufsuchen, bleibt die Unterhaltung auf ein Minimum beschränkt. Und auf einer öffentlichen Toilette spricht ein Mann niemals mit einem ihm unbekannten Mann. Nie und nimmer und unter keinen Umständen.

Hier ist ein Brief eines männlichen Lesers, der zeigt, was es mit dem Stillschweigen auf der Herrentoilette auf sich hat.

Auf der Autobahn nach Norden machte ich einmal halt auf einem Rastplatz, um auf die Toilette zu gehen. Die erste Kabine war besetzt, also ging ich in die zweite. Kaum saß ich, als eine Stimme aus der anderen Kabine fragte: »Hallo, wie geht es dir?« Wie alle Männer unterhalte ich mich auf Herrentoiletten nie mit Fremden und verbrüdere mich auch mit niemandem, und ich weiß immer noch nicht, welcher Teufel mich geritten hat, aber ich antwortete mit einem verlegenen »Es geht so …«.
Der andere Typ sagte: »Und – was hast du vor?«
Ich dachte: ›Das ist komisch‹, aber wie ein Idiot antwortete ich: »Das Gleiche wie du – Richtung Norden fahren!«

Dann hörte ich den Typen ganz nervös sagen: »Hör zu, ich ruf dich später noch mal an, da ist so ein Spinner in der Kabine nebenan, der ständig auf meine Fragen antwortet!«

Anders als Männer reden Frauen, wenn sie gemeinsam auf die Toilette gehen, über alle und alles. Sie sprechen darüber, was sie Weihnachten und Silvester machen, sie hecheln die Kleider durch, die sie und andere tragen: »Hast du die Frau in dem lila Kleid gesehen? So etwas würde ich nie anziehen, und wenn du mir die Pistole auf die Brust setzt!« Sie tauschen sich aus, welche Männer nett sind und welche nicht, und sie erörtern alle möglichen privaten Probleme, die sie oder ihre Freundinnen vielleicht haben. Wenn sie ihr Make-up auffrischen, reden sie über Schminktechniken und verschiedene Kosmetikmarken und probieren die Mittelchen anderer, auch fremder Frauen aus. Jede, die irgendwie unglücklich aussieht, bekommt eine Gruppentherapie – und Gott sei dem Manne gnädig, der schuld an ihrem Unglück ist! Frauen sitzen auf der Toilette und reden durch die Trennwand mit anderen Frauen, bitten fremde Frauen, ihnen Toilettenpapier unter der Wand durchzureichen, und es kommt sogar vor, dass zwei Frauen eine Kabine gemeinsam benutzen, um ihre Unterhaltung nicht unterbrechen zu müssen. Ein Nachtklub im englischen Birmingham hat in der Damentoilette sogar extragroße Kabinen mit jeweils zwei Toilettenschüsseln für tiefschürfende und bedeutungsvolle Unterhaltungen eingebaut. Bei Weihnachtsfeiern kann es passieren, dass sich praktisch die gesamte weibliche Belegschaft auf die Damentoilette flüchtet!

Die eigentliche Weihnachtsfeier findet meist auf der Damentoilette statt.

8. Warum lieben Männer anzügliche Witze?

Weihnachten ist auch eine Zeit der lockeren Unterhaltung in geselliger Runde, eine Zeit, in der wir tun, was uns Spaß macht, und gemeinsam mit Freunden und Familie über Witze lachen. Das Problem dabei ist, dass Männer gern Witze über Sex oder Katastrophen reißen. Das ist meist ganz vergnüglich, wenn man mit Freunden zusammensitzt, die einen ähnlichen Humor haben. An Weihnachten aber sind vielleicht ältere Verwandte oder gar Kinder dabei, und es kann ein bisschen peinlich werden. Warum also erzählen Männer trotz allem immer wieder geschmacklose Witze?

Humor und Witze haben bei Männern drei Zwecke: Mit einem guten Repertoire von Witzen imponieren sie anderen Männern, sie bewältigen mit Witzen tragische Ereignisse oder deren Folgen, und Witze helfen ihnen, die Wahrheit bei einem akuten Problem zu gestehen. Deshalb haben viele Witze eine Katastrophe als Pointe. In der Frühzeit der Menschheit diente das Lachen als Warnsignal, mit dem anderen mitgeteilt wurde, dass Gefahr drohte. Menschenaffen setzen es auch heute noch so ein. Wenn zum Beispiel ein Schimpanse knapp einem Löwen entkommt, klettert er rasch einen Baum hinauf, legt den Kopf zurück und macht »Huu-Huu-Huu-Ha-Ha-Ha«-Geräusche, die ähnlich wie das menschliche Lachen klingen. Damit werden die anderen Schimpansen vor der Gefahr gewarnt. Lachen ist eine Erweiterung des Weinens, und Weinen ist eine Reaktion auf Erschrecken und Angst, die Kinder von Geburt an zeigen. Wenn man ein Kind beim »Guck-Guck-Spielen« erschreckt, weint es zunächst vor Angst. Erkennt das Kind dann, dass die Situation nicht lebensbedrohlich ist, lacht es und zeigt damit, dass es zwar Angst hatte, nun aber das Spiel durchschaut hat.

Kernspintomographien zeigen, dass Männer mehr über Dinge lachen, die die rechte Gehirnhälfte stimulieren, bei

Frauen ist es dagegen die linke. In Amerika brüstet sich die Rochester University damit, ihre Wissenschaftler hätten herausgefunden, wo der männliche Sinn für Humor steckt: angeblich im Stirnlappen über dem rechten Auge. Männer mögen Humor oder Witze, die einen logischen Ansatz haben, Schritt für Schritt vorgehen und deren Schlussfolgerung trotzdem schwer vorherzusagen ist. Hier sind einige relativ zahme Weihnachtswitze, die das männliche Gehirn stimulieren:

....

Männer sind wie Schneestürme ...
Keiner weiß, wann er kommt, wie viele Zentimeter
er bringt und wie lange er anhält.

....

Warum ist Weihnachten fast dasselbe wie
ein Tag im Büro?
Die Frau macht die ganze Arbeit, und der dicke Typ
im Anzug heimst das Lob dafür ein.

....

Ein wichtiger Unterschied zwischen den Geschlechtern besteht darin, dass Männer gerne Witze über Tragödien, schreckliche Ereignisse und die männlichen Genitalien reißen. Die Sexualorgane der Frau vollbringen bei der menschlichen Fortpflanzung erstaunliche Leistungen, sind sicher verstaut und würden sich, wenn man sie auseinanderziehen würde, über eine Länge von 4 Kilometern erstrecken. Dennoch machen Frauen nie Witze darüber, geben ihnen keine Kosenamen und behandeln sie auch nicht als Quell der Heiterkeit.

Die Sexualorgane des Mannes hängen an seiner Vorderfront in einer verletzlichen und gefährdeten Position (ein weiterer Hinweis, dass Gott eine Frau sein könnte) und geben Männern ständig Anlass zu Heiterkeitsausbrüchen. Weiblicher Humor bezieht sich auf Menschen, Beziehungen und Männer. Ein Beispiel:

*Warum muss der Weihnachtsmann eigentlich
eine Frau sein?
Weil Männer nie selbst ihre Koffer packen, weil sie
ihre Post nicht beantworten, nicht an Strümpfen
interessiert sind, sondern nur an dem, was drinsteckt,
und weil die Verantwortung für Weihnachten
eine langfristige Bindung wäre.*

Das männliche Gehirn kann sich erstaunlich viele Witze merken. Manche Männer erzählen Witze, die sie in der vierten Klasse gehört haben, kennen aber nicht die Namen der besten Freunde ihrer Kinder. Männer halten es für wahnsinnig komisch, einer Gruppe älterer Damen und vor allem Nonnen aus dem vorbeifahrenden Auto ihren nackten Hintern entgegenzustrecken, Sekundenkleber oder Frischhaltefolie auf Klobrillen anzubringen, einen Furzwettbewerb zu veranstalten oder einen angehenden Bräutigam nackt und betrunken an einen Laternenpfahl im Stadtzentrum zu fesseln. Die wenigsten Frauen amüsieren derlei Scherze.

Witze sind für Männer ein so wichtiges Kommunikationsmittel, dass die E-Mail-Netzwerke und Faxgeräte weltweit nach jeder Katastrophe mit entsprechenden Witzen förmlich überschwemmt werden. Ob Prinzessin Cassie bei einem Unfall stirbt, ob am 11. September die Twin Towers zerstört werden oder ob die Jagd auf Osama bin Laden misslingt, das männliche Gehirn wird sofort aktiv.

*Osama bin Laden hat 53 Geschwister, 13 Frauen,
28 Kinder und besitzt ein Vermögen von über
300 Millionen Dollar. Aber er hasst die Amerikaner
wegen ihres aufwendigen Lebensstils ...*

Der Unterschied zwischen Männern und Frauen zeigt sich darin, wie sie mit starken Gefühlen umgehen. Frauen werden mit Katastrophen oder Tragödien fertig, indem sie ihre Gefühle anderen gegenüber ausdrücken, Männer dagegen behalten ihre Gefühle für sich. Mit Hilfe von Witzen »sprechen« Männer auf ihre Art über ein Ereignis, ohne starke Gefühle zu zeigen, denn diese könnten als Schwäche gedeutet werden.

Wie Witze und Humor den Schmerz lindern

Lachen und Weinen veranlassen das Gehirn, Endorphine auszuschütten. Endorphine sind chemische Stoffe, die ähnlich wie Morphium und Heroin zusammengesetzt sind. Sie haben eine beruhigende Wirkung und stärken das Immunsystem. Deswegen werden glückliche Menschen selten krank, unglückliche Leute, die sich viel beklagen, werden anscheinend häufiger krank.

Aus psychologischer und physiologischer Sicht sind Lachen und Weinen eng miteinander verbunden. Denken Sie an das letzte Mal, als Ihnen jemand einen Witz erzählt hat, über den Sie lauthals lachten. Wie fühlten Sie sich danach? Das prickelnde Gefühl kam von Ihrem Gehirn, das Endorphine ausschüttete und Sie so auf natürliche Weise »high« machte. Im Prinzip waren Sie »stoned«. Wer Schwierigkeiten hat, das Leben von der heiteren Seite zu sehen, versucht oft mit Drogen, Alkohol oder Sex das gleiche Gefühl zu erreichen. Alkohol wirkt enthemmend, angeheitert lachen die Menschen mehr, und Endorphine werden ausgeschüttet. Die meisten angepassten Menschen lachen mehr, wenn sie Alkohol trinken, unglückliche Menschen werden dagegen noch trauriger oder sogar gewalttätig.

Der oberste Gerichtshof hat beschlossen, dass es in Washington kein Krippenspiel geben wird. Grund dafür sind nicht religiöse Bedenken. Man konnte bloß keine drei Weisen und keine Jungfrau auftreiben.
JAY LENO

Nach einem heftigen Lachanfall sagt man oft: »Ich habe gelacht, bis mir die Tränen kamen!« Tränen enthalten Enzephalin, ein weiteres körpereigenes Beruhigungsmittel, das den Schmerz lindert. Wir weinen, wenn wir Schmerz empfinden, und Endorphine und Enzephalin helfen, ihn zu betäuben.

Ein Witz basiert oft darauf, dass jemandem etwas Furchtbares oder Schmerzhaftes zugestoßen ist. Weil wir wissen, dass das Ereignis nicht real ist, lachen wir und setzen dabei zur Selbstbetäubung Endorphine frei. Wenn das Ereignis real wäre, würden wir weinen, und der Körper würde Enzephalin ausschütten. Daher lacht man manchmal, bis einem die Tränen kommen. Viele Menschen weinen in einer schweren emotionalen Krise wie zum Beispiel bei einem Todesfall, es kommt aber immer wieder vor, dass jemand lacht, weil er den Tod mental nicht akzeptieren kann. Wenn er dann das Unabänderliche begreift, wird aus dem Lachen Weinen.

Lachen betäubt den Schmerz, stärkt das Immunsystem, schützt vor Krankheit und Leiden, unterstützt das Gedächtnis, trägt zum effizienten Lernen bei und verlängert das Leben. Humor ist wirklich die beste Medizin. Forschungen in vielen Ländern belegen, wie die positiven Effekte des Lachens dank der Ausschüttung körpereigener Schmerzmittel das Immunsystem stärken. Nach dem Lachen beruhigt sich der Puls, die Atmung wird intensiver, die Arterien weiten sich und die Muskeln entspannen sich.

Vor allem Männer benutzen das Lachen, um mit Gefühlen und Schmerzen umzugehen. Je schwieriger es für einen Mann ist, über bestimmte Gefühle zu sprechen, desto herzhafter wird er lachen, wenn jemand einen Witz darüber reißt, so herz- und gefühllos er Frauen auch erscheinen mag. Männer reden mit anderen Männern selten über ihr Sexualleben, daher reißen sie Witze darüber und tauschen sich auf diese Weise aus. Frauen dagegen besprechen ihr

Sexualleben mit ihren Freundinnen bis ins kleinste Detail, ohne jemals Witze darüber zu machen.

Lassen Sie sich davon nicht Weihnachten verderben

Solange es Ostfriesen gibt, wird es auch Ostfriesenwitze geben. Oder Witze über Asiaten oder Australier oder Blondinen. Auch jede Tragödie wird unweigerlich Witze als Reaktion darauf hervorbringen.

Natürlich kann man gekränkt darauf reagieren. Aber: Andere können einen nicht kränken – Sie selbst entscheiden, ob Sie sich kränken lassen. Und eine gekränkte Miene zeigt den anderen, dass man mit dem Problem, das der Witz anspricht, nicht umgehen kann. Wir sind Australier und leben in England, und die Engländer erzählen uns ständig Witze über Australier: »Was ist der Unterschied zwischen Australien und Joghurt? Tja, in jedem Joghurt steckt zumindest ein bisschen Kultur!« »Warum sind Australier so ausgeglichen? Weil sie auf jeder Seite eine Macke haben.« Oder: »Woran kann man einen ausgeglichenen Australier erkennen? Er sabbert aus beiden Mundwinkeln.«

Von solchen Witzen lassen wir als Australier uns nicht kränken. Wenn der Witz gut ist, lachen wir so fröhlich wie die Engländer. Später verändern wir ihn vielleicht sogar, damit er auf Neuseeländer oder Amerikaner passt. Sich für die Kränkung zu entscheiden ist eine negative Entscheidung wie Scham, Verlegenheit oder Schmerz. Das kann anderen zeigen, dass man ein geringes Selbstwertgefühl hat, seine Gefühle nicht kontrollieren oder nicht spontan auf eine Situation reagieren kann.

Man kann verlegen auf einen Witz reagieren, in dem behauptet wird, jemand aus dem eigenen Land sei dumm. Doch das bedeutet nicht, dass die Leute dort tatsächlich dumm sind (und selbst wenn man der gleichen Ansicht ist, werden die Leute dort auch nicht klüger, wenn man den Erzähler des Witzes beschimpft). Man kann wütend werden, weil man im Stau steckt, doch davon löst sich der Stau nicht auf. Wenn man ruhig analysiert, warum der Verkehr ins Stocken geriet, kommt man vielleicht auf eine Lösung, die das Problem behebt. Wut führt zu nichts.

Wenn ein Mann ständig unpassende Witze zur falschen Zeit oder am falschen Ort erzählt, sagen Sie ihm einfach, dass Ihnen das nicht gefällt und er aufhören soll. Wenn er trotzdem weitermacht, gehen Sie einfach weg und machen Sie etwas anderes.

Bei einem Weihnachtsessen mit Ihren Eltern oder Großeltern ist das natürlich schwierig, vor allem, wenn Sie die Gastgeberin sind. Der Mann, dem Sie gesagt haben, er solle aufhören, solche Witze zu erzählen, fühlt sich dadurch vielleicht vor den anderen gedemütigt und erzählt noch grässlichere Zoten. In solchen Fällen sollten Sie besser auf die Taktik zurückgreifen, ein Gespräch über seine Witze in Gang zu bringen, beispielsweise mit der Bemerkung: »Kennst du auch Witze, die nicht so anzüglich sind, oder sind etwa alle Witze anzüglich?« So kann sich aus dem Tischgespräch eine allgemeine Diskussion über Humor entwickeln. Und Sie können Ihre Gäste natürlich mit Ihrem umfassenden Wissen beeindrucken, warum Männer und Frauen über unterschiedliche Witze lachen!

9. Warum schaffen es Frauen nie, die eine Sendung, die man Weihnachten wirklich gern sehen würde, aufzunehmen?

Diese Frage hören wir ziemlich häufig, denn Weihnachten gibt es viele Sendungen, die beide gern sehen möchten. Am ersten Weihnachtstag etwa ist ein Mann vielleicht damit einverstanden, mit seiner Partnerin das historische Drama anzuschauen, und bittet sie, den gleichzeitig laufenden Actionfilm aufzunehmen. Wenn er ihn dann am zweiten Weihnachtstag anschauen will, muss er feststellen, dass sie den falschen Sender einprogrammiert und zufällig drei

Stunden lang Tiersendungen aufgenommen hat. Warum passiert so etwas immer wieder?

Im Grunde geht es wieder einmal um die räumlich-visuellen Bereiche des Gehirns. Sie messen Geschwindigkeiten, Winkel, Entfernungen und räumliche Koordinaten, und den Männern helfen sie heutzutage vor allem beim Rückwärts-Einparken oder beim Einfädeln auf der Autobahn – und beim Programmieren des Videorecorders.

Wie schon gesagt, hat eine Studie der Yale University ergeben, dass nur 22 Prozent der Frauen derartige Aufgaben genauso gut bewältigen wie Männer. Die Studie zeigte weiter, dass 68 Prozent der Männer einen Videorecorder oder ein ähnliches Gerät allein unter Zuhilfenahme der Bedienungsanleitung beim ersten Versuch programmieren können, während es nur 16 Prozent der Frauen schaffen. Wenn Ihre Partnerin zu jenen 84 Prozent gehört, die Probleme mit dem Videorecorder haben, dann sollten Sie diesmal an Weihnachten alle Sendungen, die Sie sehen wollen, selbst aufnehmen oder einen zweiten Fernseher kaufen!

10. Warum beschweren sich manche Männer darüber, dass sie sich Weihnachten entsetzlich langweilen?

Es ist allgemein bekannt, dass die meisten Männer gern die ganze Zeit beschäftigt sind – sie füllen ihren Tagesablauf mit Arbeit, ihre Abende mit Fernsehen und Sport und ihre Wochenenden mit Hobbys. Weihnachten ist deshalb für manche Männer eine schwierige Zeit – eine ganze Woche lang, vielleicht sogar zwei, haben sie keine Arbeit und keine Hobbys. Kein Sport, keine Computerspiele, kein Heimwerken, einfach nur freie Zeit mit Angehörigen und Freunden. Von Frauen hören wir oft die Frage, warum die Vorstellung, zwei Wochen lang einfach nichts zu tun, Männer so nervös macht und warum sie deshalb oft launisch und unruhig werden. Um dies zu verstehen, muss man einmal mehr einen Blick auf die Evolution des Mannes werfen.

....

Manche Männer hassen Weihnachten,
weil sie es schrecklich finden, nicht zur
Arbeit gehen zu müssen, und nicht
wissen, wie sie ihre Zeit ausfüllen sollen.

....

Mindestens hunderttausend Jahre lang standen Männer morgens auf und zogen los, um Nahrung für ihre Angehörigen zu beschaffen. Der Beitrag des Mannes zum Überleben der Menschheit war klar und einfach – finde ein essbares Tier und erlege es. Und so hat sich in seinem Gehirn eine bestimmte Region ausgebildet, die es ihm ermöglichte, diese Aufgabe erfolgreich zu erfüllen.

Mehrere zehntausend Jahre also bestand die Aufgabe des Mannes in der Jagd. Frauen waren Nesthüterinnen, die das Überleben der nächsten Generation sicherstellten. Um dieser Aufgabe gerecht zu werden, bildeten sich in ihrem Gehirn andere Bereiche stärker aus. Aus 30 Meter Entfernung mit einem Speer ein Zebra zu treffen war nie ihre Aufgabe. Das ist eine Erklärung dafür, warum bei Frauen das räumliche Vorstellungsvermögen weniger ausgeprägt ist.

Am Ende des 18. Jahrhunderts machten fortschrittliche landwirtschaftliche Techniken die Jagd für die Ernährung überflüssig. Um damit fertig zu werden, nicht mehr jagen und ein Ziel treffen zu müssen, schufen die Männer sich zwei Arten von Ersatz: Arbeit und Sport. Beide enthalten alle Elemente des Jagens: sich anpirschen, hetzen, zielen und das Ziel treffen. 90 Prozent aller modernen Ballsportarten entwickelten sich zwischen 1800 und 1900 als Ersatz für das Jagen. Deswegen sind die meisten Männer im Unterschied zu den meisten Frauen von ihrer Arbeit und ihrem Sport besessen. Doch Weihnachten verlangt plötzlich niemand mehr, dass sie ein sich bewegendes Ziel treffen.

Und darin liegt in der heutigen Zeit das Problem für den Mann. Sein noch immer auf das Jagen programmiertes Gehirn ist buchstäblich arbeitslos. Der Mann ist zu Jagd und Kampf bereit, aber er hat kein Ziel.

Und warum graut es den Frauen dann nicht vor der freien Zeit um Weihnachten?

Verglichen mit Männern haben die meisten Frauen keine Probleme mit der »arbeitslosen« Zeit über Weihnachten. Männer definieren sich seit jeher über ihre Arbeit und über Leistungen, Frauen beurteilen gewöhnlich ihren Selbstwert nach der Qualität ihrer Beziehungen. Untersuchungen zu männlichen und weiblichen Werten zeigen, dass weltweit 70 bis 80 Prozent der Männer die Arbeit als den wichtigsten Teil ihres Lebens ansehen und 70 bis 80 Prozent der Frauen ihre Familie.

Die weibliche Identität hat viele Facetten. Eine Frau kann den Lebensunterhalt verdienen, für die Familie sorgen, sie kann jederzeit und oft gleichzeitig Mutter, Großmutter, Hausfrau, Kontaktperson, Gefährtin, Ehefrau und Geliebte sein. Weihnachten gibt Frauen die Gelegenheit, viele Rollen, die sie schätzen, auszufüllen, und vor allem erlaubt ihnen das Fest, Beziehungen zu pflegen.

Männer schätzen Leistung, Frauen schätzen Beziehungen. Deshalb kann Weihnachten für Männer eine Bedrohung sein, während Frauen das Fest als Chance sehen.

Deshalb ist auch der Ruhestand für Männer so viel schwerer zu verkraften als für Frauen. Der Identitätsverlust eines Mannes gleicht in vieler Hinsicht dem Tod eines geliebten Menschen und kann zu Depressionen führen.

Die freien Tage über Weihnachten können für Paare schwierig werden. Die meiste Zeit des Jahres sind einer oder beide Partner den ganzen Tag außer Haus, und man sieht sich nur abends und am Wochenende. In der Weihnachtszeit jedoch verbringt man plötzlich viel mehr Zeit miteinander. Vielleicht sieht eine Frau ihren Mann zum ersten Mal in ihrer Ehe beim Frühstück, Mittagessen und Abendbrot. Sie erlebt, dass er trotz seiner vielen freien Zeit nie anbietet, ihr im Haushalt zu helfen. Sie versteht nicht, warum er so rastlos ist. Ihr Ärger und ihre Wut wachsen.

Männer sind an einen geregelten Tagesablauf gewöhnt. Etwa 90 Prozent ihres Tages bestehen aus sich wiederholenden, strukturierten Aktivitäten. Wenn man arbeitet, braucht man nicht bewusst zu entscheiden, um 6.30 Uhr aufzustehen, zur Arbeit zu fahren und um 8.00 Uhr zu beginnen – man tut es einfach jeden Tag. Vielleicht hat man bei der Arbeit unterschiedliche Probleme zu lösen, aber die Herangehensweise selbst ist stets dieselbe. Im Großen und Ganzen läuft alles routinemäßig ab, und man fühlt sich sicher und hat das Leben unter Kontrolle. Wenn man aber nicht zur Arbeit geht, und sei es auch nur für die kurze Zeit über Weihnachten, haben die alten Gewohnheiten keine Gültigkeit mehr.

Es ist ganz normal, dass sich Männer auch über Weihnachten beschäftigen wollen. Deshalb nehmen viele in dieser Zeit Heimwerker-Projekte in Angriff. Alle Baumärkte sind in der Zeit zwischen den Jahren voll mit Männern, die etwas in den Händen halten und sich gleichzeitig nützlich machen wollen.

Kapitel 6

»Was hast du gesagt, wie lange wolltest du bleiben?«

Man möchte Weihnachten mit den Menschen verbringen, die man liebt und die einem etwas bedeuten, aber manchmal kann ein solches Familienfest in harte Arbeit ausarten. Einer Umfrage zufolge haben über zwei Millionen Erwachsene in Großbritannien an Weihnachten jeweils zehn oder mehr Verwandte zu Besuch. Blut mag ja dicker sein als Wasser, aber bei so vielen unterschiedlichen Persönlichkeiten unter einem Dach braucht man schon Nerven wie Drahtseile. In derselben Umfrage kam auch heraus, dass zwei Millionen Briten – vielleicht dieselben, die so viele Gäste beherbergen! – schon einen Monat vor Weihnachten mit Angst und Bangen an die unvermeidlichen Verwandtenbesuche denken.

*»Weihnachten bekommt man Heimweh
– selbst wenn man zu Hause ist.«*
CAROL NELSON

Gäste, die zu lange bleiben, alles durcheinanderbringen, lärmen und zu viel trinken, sind ein Hauptgrund dafür, dass Weihnachtsbesuche – ob im eigenen Heim oder bei anderen Angehörigen – anstrengend sein können, und viele Paare berichten, dass große Familienzusammenkünfte in Streit und Missmut enden. Und dann ist da noch die alljährliche Diskussion darüber, wer Weihnachten mit wem feiert – ein Problem, das heute durch die steigenden Scheidungs- und Trennungsraten immer komplizierter wird. Viele Familiengeschichten eignen sich hervorragend, um Weihnachten zum Schlachtfeld zu machen, und wenn man nicht aufpasst, werden alte Vorwürfe und längst vergessene Streitereien wieder aufgewärmt. Aber es muss nicht so sein.

In diesem Kapitel haben wir auf unsere jahrelangen Forschungen zu den Themen Territorium, persönlicher Raum und die Bedeutung von Sitzordnungen zurückgegriffen sowie auf unser umfassendes Wissen über Beziehungsgestaltung und Konfliktlösungsstrategien, um Ihnen bei den Planungen für ein fröhliches, friedvolles Weihnachtsfest zu helfen. Konzentrieren Sie sich auf das Hier und Jetzt, folgen Sie unseren Ratschlägen, und Sie werden ein aus den richtigen Gründen unvergessliches Weihnachten erleben.

....

»Zu den schönen Dingen an Weih-
nachten gehört, dass man die
Vergangenheit mit einem Geschenk
vergessen machen kann.«
ANONYMUS

....

Weihnachtsfreude

Egal, wo wir Weihnachten feiern und mit wem, eines haben wir gemeinsam – wir alle wollen die Feiertage genießen (selbst die missgelaunte Tante, die sich offenbar einen Spaß daraus macht, an allem herumzukritteln). Weihnachten wird für alle Beteiligten schön und angenehm, wenn Sie Ihren Gästen und Verwandten zeigen, dass Sie selbst das Fest genießen. Und wie machen Sie das? Ganz einfach: mit einem Lächeln.

Ein Lächeln zeigt anderen, dass man keine Bedrohung darstellt, und bittet sie, einen auf persönlicher Ebene zu akzeptieren. Das fehlende Lächeln erklärt, warum viele dominante Persönlichkeiten wie James Cagney, Clint Eastwood, Margaret Thatcher und Charles Bronson immer so mürrisch oder aggressiv aussehen. Sie lächeln selten, weil sie einfach nicht unterwürfig wirken wollen.

....

»Weihnachtsfreude« ist – anders als viele glauben – nicht das Gefühl, das man empfindet, wenn die Verwandten am zweiten Feiertag wieder abreisen.

....

Wenn man jemanden anlächelt, lächelt der andere auch meist zurück, und diese Reaktion ruft positive Gefühle bei beiden hervor.

Professor Ruth Campbell vom University College in London ist der Ansicht, dass es ein »Spiegelneuron« im Gehirn gibt, das den Bereich aktiviert, der für die Erkennung von Gesichtern und Gesichtsausdrücken zuständig ist, und damit eine sofortige spiegelbildliche Reaktion auslöst. Anders ausgedrückt: Ob es uns nun bewusst ist oder nicht, wir kopieren automatisch den Gesichtsausdruck, den wir sehen. Auch ein falsches Lächeln hat diese Wirkung – wir werden in Kapitel 9 näher darauf eingehen. Eines ist allerdings sicher: Wenn man will, dass die Menschen an den Weihnachtstagen entspannt sind und häufiger lächeln, sollte man vor allem selbst immer eine freundliche Miene aufsetzen.

Ein fröhliches Weihnachtsfest

Wie schon in Kapitel 5 kurz angesprochen, zieht das Lachen, wenn es fester Bestandteil unseres Wesens ist, andere Menschen an, es dient der Gesundheit und verlängert das Leben. Lachen wirkt sich auf jedes Organ des Körpers positiv aus. Unsere Atmung beschleunigt sich, was eine positive Wirkung auf Zwerchfell, Hals, Nase, Magen, Gesicht und Schultern hat. Lachen erhöht den Sauerstoffgehalt im Blut, was nicht nur Heilungsprozesse beschleunigt und die Blutzirkulation verbessert, sondern auch die Blutgefäße dicht unter der Haut erweitert. Deswegen wird man beim Lachen rot im Gesicht. Lachen kann auch den Herzschlag senken, die Arterien weiten, den Appetit anregen und Kalorien verbrennen – was ja gerade nach der Völlerei an Weihnachten überaus erfreulich ist.

Der Neurologe Henri Rubenstein fand heraus, dass eine Minute herzhaftes Lachen anschließend 45 Minuten Entspannung bringt. Professor William Fry von der Stanford University behauptet, dass 100 Lacher den gleichen Trainingseffekt haben wie 10 Minuten an einem Rudergerät. Medizinisch ausgedrückt heißt das: Ein richtig gutes Lachen ist auch richtig gut für Sie.

....

Je älter wir werden, desto ernster sehen
wir das Leben. Ein Erwachsener lacht
im Durchschnitt 15-mal am Tag,
ein Vorschulkind 400-mal.

....

Lachen Sie sich Weihnachten fröhlich

Selbst wenn das Fest nicht ganz so verläuft, wie Sie es geplant oder sich gewünscht haben, oder wenn die familiäre Situation, vielleicht sogar ein Trauerfall, Weihnachten mit negativen Assoziationen aufgeladen hat, haben Sie die Möglichkeit, sich mit Hilfe eines Lächelns besser zu fühlen. Forschungen zeigen, dass beim Lachen oder Lächeln, auch wenn man nicht besonders glücklich ist, ein Teil des »Glückszentrums« in der linken Gehirnhälfte elektrisch aufgeladen wird. In einer seiner zahlreichen Untersuchungen zum Lachen schloss John Davidson, Professor für Psychologie und Psychiatrie an der University of Wisconsin in Madison, Probanden an ein EEG-Gerät (Elektroenzephalogramm) an, das die Aktivität der Gehirnströme misst, und zeigte ihnen lustige Filme. Wenn sie lächelten, klickte das Glückszentrum wie wild. Davidson bewies, dass auch ein bewusst herbeigeführtes Lächeln das Gehirn in einen Glückszustand versetzen kann.

Das Geheimnis eines fröhlichen
Weihnachtsfestes besteht darin,
selbst fröhlich zu sein.

Arnie Cann, Professor für Psychologie an der University of North Carolina, entdeckte, dass Humor dazu beiträgt, Stress abzubauen. Cann führte ein Experiment mit Menschen durch, die frühe Anzeichen einer Depression zeigten. Über einen Zeitraum von drei Wochen sahen sich zwei Gruppen Videos an. Bei der Gruppe, die sich Komödien ansah, gingen die Symptome für Depressionen zurück, im Gegensatz zu der Kontrollgruppe, die sich Videos mit weniger lustigem Inhalt ansah. Versuchen Sie über Weihnachten so viel wie möglich zusammen mit Ihrer Familie zu lachen – schauen Sie sich gemeinsam eine Komödie an, organisieren Sie witzige Verkleidungen oder spielen Sie Brettspiele, bei denen es etwas zu lachen gibt. Das wird den Beziehungen zwischen Ihren Angehörigen guttun, Sie alle werden sich zufriedener fühlen, und nicht nur der Stress, auch die Kalorien schmelzen dahin. So kann sich über die Feiertage niemand einen Weihnachtsbauch anfuttern.

Warum man sich Weihnachten so eingeengt fühlt

Da lädt man sich Gäste zu Weihnachten ein, öffnet ihnen die Tür ganz weit, heißt sie herzlich willkommen – und hat ganz vergessen, wie anstrengend es doch ist, andere Menschen bei sich zu beherbergen. Plötzlich wirkt das eigene Heim ungemütlich, klein und überfüllt, und das Durcheinander, die vielen Menschen veranstalten, zerrt allmählich an den Nerven. Die Gäste benehmen sich wirklich vorzüglich, sie sind nett und hilfsbereit, und doch entsteht langsam eine gewisse Reizbarkeit. Woran liegt das eigentlich?

Geduld ist die einzige Tugend, die abnimmt, während man sie übt.
HENRY FIELDING

Zu den Problemen des Weihnachtsfestes gehört auch, dass man plötzlich mit Familienangehörigen zusammengepfercht wird, mit denen man sonst nicht allzu viel Zeit verbringt. Problematisch ist dabei nicht nur die Verschiedenheit der Gäste; vielmehr dringen diese Menschen in Ihren persönlichen Raum und Ihr Territorium ein, und genauso ist es auch umgekehrt. Wenn man Weihnachten viel Zeit mit Verwandten verbringt, führt das zu einem Gefühl der Platzangst – man registriert gereizt, dass sich die anderen »wie zu Hause fühlen«, oder fühlt sich bedrängt, wenn ein Verwandter allzu nahe an einen heranrückt.

Weihnachten ist mein Haus euer Haus – na ja, fast jedenfalls …

Selbst wenn Sie Verwandte in deren Haus besuchen, haben Sie vielleicht den Eindruck, dass diese in Ihren persönlichen Raum eindringen. Bis in unsere Intimzone (15 bis 45 Zentimeter im Umkreis) dürfen normalerweise nur enge Verwandte und Freunde vordringen. Menschen, die uns nicht so gut kennen, halten meist mehr Abstand. Wenn ein Verwandter mehrere Tage lang immer wieder so nahe bei uns steht, kann das irgendwann unbehaglich werden. Das ist eine ganz natürliche Reaktion. Versuchen Sie, Pausen einzulegen – gehen Sie spazieren oder machen Sie allein etwas. Das hilft, Spannungen schon im Vorfeld abzubauen.

»Du sitzt auf meinem Stuhl.«

Der Bereich um einen Menschen herum, den er als sein Eigentum betrachtet, als sei es eine Erweiterung seines Körpers, ist sein Territorium. Im Kino etwa kämpfen wir auf engstem Raum insgeheim mit unserem fremden Sitznachbarn um den Anspruch auf die Armlehne. Jeder Mensch hat sein persönliches Territorium, sein Haus, sein Büro und sein Auto, jeweils markiert durch klare Grenzen in Form von Mauern, Toren, Zäunen und Türen. Sie können jeweils verschiedene Subterritorien haben. In einem Haus zum Beispiel kann das private Territorium des einen die Küche sein, und er wehrt sich dann gegen jeden, der sie betritt, während er sich dort aufhält; ein anderer beansprucht den Gartenschuppen ganz für sich. Solche Bereiche werden meist markiert, indem man entweder persönliche Besitztümer dort aufbewahrt oder sich häufig dort aufhält. Zu Hause markiert ein Familienmitglied seinen Lieblingsstuhl, indem es auf dem Stuhl selbst oder ganz in der Nähe etwas Persönliches, etwa eine Handtasche oder eine Zeitschrift, zurücklässt, um seinen Anspruch darauf deutlich zu machen.

Wenn wir an Weihnachten andere zu uns nach Hause einladen, überschreiten diese oft solche nicht auf den ersten Blick erkennbaren Grenzen – die Schwiegermutter übernimmt das Kochen, der Onkel sitzt in »Ihrem« Sessel, der Bruder zappt ohne zu fragen von einem Fernsehkanal zum anderen.

....

»Der Weihnachtsmann ist weise, denn er kommt nur einmal im Jahr zu Besuch.«
VICTOR BORGE

....

Machen Sie den Tischtest

Die Bedeutung dieser Grenzen können Sie selbst ganz leicht austesten. Wenn Sie das nächste Mal mit jemandem essen, probieren Sie Folgendes aus: Unausgesprochene Territorialregeln besagen, dass ein Tisch in der Mitte zu gleichen Teilen geteilt wird und dass der Gastgeber Salz, Pfeffer, Zucker, Blumen und anderes Zubehör sorgfältig auf dieser Trennlinie platziert. Während des Essens schieben Sie jetzt ganz unauffällig das Salzfass zu ihrem Gegenüber hinüber, dann den Pfeffer, die Blumen und so weiter. Es wird nicht lange dauern, bis er auf diese Übergriffe auf sein Territorium reagiert. Entweder lehnt er sich auf dem Stuhl zurück, um wieder Raum zu gewinnen. Oder er schiebt alles wieder in die Mitte. Vorsicht ist allerdings geboten: Machen Sie diesen Test möglichst nicht beim Weihnachtsessen.

»Wo soll ich sitzen?«

Wenn jemand einen Raum oder Bereich unter Fremden für sich beansprucht, etwa einen Platz im Kino, einen Stuhl am Konferenztisch oder einen Handtuchhaken im Fitness-Studio, dann ist seine Wahl vorhersagbar. Normalerweise hält er nach dem größten Freiraum zwischen zwei besetzten Stühlen Ausschau und wählt dann einen Platz in der Mitte zwischen beiden.

Auch unter Bekannten – oder unter Verwandten beim Weihnachtsessen – gibt es gewisse Regeln, nach denen wir unsere Plätze wählen. Beim Festessen wäre es unhöflich und anmaßend, wenn ein Gast sich ungebeten an das Kopfende des Tisches setzen würde. Die Tischordnung und die Etikette sind uns sogar so wichtig, dass Gäste ihre Gastgeber oft fragen, wo sie denn Platz nehmen sollen.

Die Sitzordnung beim Weihnachtsessen
sagt einiges über interne Beziehungen
und Machtkämpfe aus.

Der Herr des Hauses – der Ehemann oder Vater – wird meist am Kopf der Weihnachtstafel sitzen. Der Partner, der für das Kochen verantwortlich ist, wird im Allgemeinen der Küche am nächsten sitzen. Das ist nicht nur sinnvoll, weil er oder sie dann schnell an den Herd kommt, sondern es zeigt auch, dass die Küche ihre oder seine Domäne ist. Damit wird die Botschaft übermittelt, wer für diesen Teil des Hauses verantwortlich ist. Wenn ein Sohn seine Eltern zum Festessen eingeladen hat, dann ist es durchaus üblich, dass er seinem Vater den Platz am Kopfende des Tisches anbietet und ihn bittet, den Truthahn zu tranchieren, um zu zeigen, dass er ihm immer noch Respekt entgegenbringt.

Mit einer einfachen Frage wie »Wer sitzt wo?« vermeidet man die negativen Folgen territorialer Übergriffe.

Der Umgang mit schwierigen Gästen

Auch wenn wir ihnen mit den allerbesten Absichten und einem enorm guten Willen begegnen, sind Verwandte, so scheint es, manchmal fest entschlossen, Spannungen zu provozieren oder uns die ganze Arbeit zu überlassen.

Friede auf Erden: Denken wir wenigstens einmal kurz
an jene 26 Prozent aller Befragten, die bei einer
Umfrage meinten: »Ganz sicher wird es bei uns
Weihnachten zu Streitereien kommen.«

Wir haben fast alle eine Verwandte oder einen Verwandten, den wir anstrengend finden. Das kann eine aufdringliche

Schwägerin sein, ein Onkel, der sich immer betrinkt und dann Streit anfängt, oder ein Neffe, der sich einfach nicht benehmen kann. Doch wer immer es auch ist, wir wollen Ihnen Strategien an die Hand geben, mit deren Hilfe Sie das festliche Familientreffen harmonischer und angenehmer gestalten können.

Der Gast, der sich unerträglich breitmacht

Wie schon gesagt, kann das Territorium an Weihnachten ein empfindliches Problem werden. Die meisten von uns kennen einen Gast, der sich in unserem Zuhause unerträglich ausbreitet. Er verteilt seine Sachen und geöffnete Weihnachtsgeschenke überall in der Wohnung und hat offenbar wenig Respekt vor unserem persönlichen Raum. Er oder sie walzt über alles und jeden hinweg, und wir als Gastgeber haben das Gefühl, ausgenutzt, ja sogar bedrängt zu werden.

Manche Menschen machen das sogar absichtlich. Wenn jemand ungefragt am Kopfende der Weihnachtstafel Platz nimmt, kann das durchaus seine Art sein, Dominanz durchzusetzen. Ähnlich drückt auch eine Schwiegermutter, die sich auf den Platz ihrer Schwiegertochter setzt, damit aus: »Ich bin die eigentliche Hausherrin.«

Auch wenn man sich gegen etwas lehnt oder etwas anfasst, kann dies als Dominanz oder Einschüchterung aufgefasst werden, wenn der Gegenstand jemand anderem gehört. Ein Gast, der sich am ersten Weihnachtstag sofort in Ihrem Lieblingssessel niederlässt, die Füße auf den Couchtisch legt und in Ihren Zeitschriften blättert, wirkt sicher ziemlich unverschämt, wenn nicht sogar bedrohlich.

Ein einfacher Weg, jemanden einzuschüchtern, besteht darin, sich ohne Erlaubnis auf seinen Platz zu setzen oder seine Sachen zu benutzen. An Weihnachten könnte zum Beispiel ein Verwandter die CD im CD-Spieler wechseln, oder ein Teenager könnte auf der Arbeitsplatte in der Küche sitzen, während er sich mit Ihnen unterhält. Wenn Sie den Gast sehr gut kennen und sich dabei wohl fühlen, ist das vielleicht einfach nur ein Zeichen dafür, dass er sich bei Ihnen wie zu Hause fühlt, doch wenn er Ihnen weniger vertraut ist und sein Verhalten unpassend erscheint, kann es sein, dass er Ihnen bewusst eine Botschaft senden will. Die Art, wie sich jemand Weihnachten in Ihrem Heim benimmt, kann eine Menge über dessen Beziehung zu Ihnen aussagen.

Wir nehmen die Dinge, die uns
unserer Meinung nach gehören,
auch körperlich in Besitz.

Der Gast, der keinen Finger rührt

Wir hören oft die Klage, dass manche Gäste Weihnachten zu wenig helfen. Sie erwarten, dass man sie pausenlos bedient, und scheinen es gar nicht zu merken, wenn man sie bittet, doch auch einmal mit anzupacken. Man bittet sie zum Beispiel, das Gemüse zu putzen, und sie hören es einfach nicht. Man regt an, dass sie doch den Abwasch übernehmen könnten, aber sie sind einfach zu sehr mit den Annehmlichkeiten des Festes beschäftigt.

Unsere Kindheit gibt vor, was wir von Weihnachten erwarten, und einige erwachsene Gäste scheinen offenbar während der Feiertage in ihre Kindheit zurückzufallen – sie erwarten, dass ihre Gastgeber alles Menschenmögliche tun, um Weihnachten zu einer ganz besonderen Erfahrung für sie zu machen, ohne auch nur einen Gedanken daran zu verschwenden, wie diese das Fest erleben.

Dies gilt oft für Geschwister oder erwachsene Kinder, die glauben, sie könnten in eine idyllisch verklärte Kindheit zurückkehren und es Ihnen überlassen, für alles zu sorgen.

Bis zu einem gewissen Punkt haben Sie ja womöglich gar nichts dagegen und engagieren sich gern, aber jeder Gast sollte auch ein bisschen zum Gelingen des Festes beitragen.

Wenn Sie wollen, dass man Ihnen zuhört, aber kein Stress aufkommt, gibt es eine einfache, aber wirkungsvolle Technik der Körpersprache, die man hier zum Einsatz bringen kann. Die Haltung der Hände gehört zu den unauffälligsten und dabei effektivsten Körpersignalen überhaupt, wenn man jemandem Befehle oder Anweisungen geben will. Die Hände geben demjenigen, der sie richtig einsetzt, die Macht der stillen Autorität.

Es gibt drei wichtige Kommandogesten der Hand: die nach oben zeigende Handfläche, die nach unten zeigende Handfläche und die geballte Faust mit ausgestrecktem Zeigefinger.

Da ja nun mal Weihnachten ist und Sie Ihren Gast zum Helfen auffordern wollen, ohne einen Streit vom Zaun zu brechen, spielt die angemessene Gestik eine wichtige Rolle. Hier ein Beispiel für die Unterschiede zwischen den drei Hand-Positionen: Es ist Heiligabend, und Ihr erwachsener jüngerer Bruder benimmt sich, als sei er in einem Hotel. Er hat Ihr Essen gegessen, Ihren Wein getrunken und selbst keinen Finger gerührt. Sie und Ihr Partner haben gekocht und für die ganze Familie gesorgt, Sie sind erschöpft und möchten, dass er beim Abwasch hilft. Wir gehen davon aus, dass Sie bei allen drei Varianten dieselben Worte im selben Tonfall und mit demselben Gesichtsausdruck einsetzen und nur die Handgesten ändern.

Die nach oben weisende Handfläche wird als nicht bedrohliche Unterwerfungsgeste gebraucht und erinnert an die bittende Geste eines Straßenbettlers. Aus entwicklungsgeschichtlicher Sicht zeigt sie, dass man keine Waffe in der Hand hält. Wenn Sie Ihren Bruder mit dieser Geste ansprechen, wird er nicht das Gefühl haben, zum Abwasch genötigt zu werden, und sich wohl kaum von Ihrer

Bitte bedroht sehen. Die Geste der nach oben weisenden Handfläche hat sich im Lauf der Jahrhunderte verändert. Verschiedene Varianten sind entstanden, zum Beispiel die nach vorn weisende einzelne Handfläche, die Hand auf dem Herzen und viele andere.

Wenn die Handfläche nach unten zeigt, strahlt man unmittelbare Autorität aus. Ihr Bruder spürt, dass Sie ihm den Befehl erteilt haben, abzuwaschen, und empfindet vielleicht sogar einen gewissen inneren Widerstand.

....

Beim Hitlergruß der Nationalsozialisten zeigte die Handfläche nach unten. Der Gruß war das Symbol für Macht und Tyrannei im Dritten Reich. Wenn Adolf Hitler mit der Handfläche nach oben gegrüßt hätte, wäre er von niemandem ernst genommen worden – alle hätten ihn ausgelacht.

....

Nun stellen Sie sich vor, sie hätten Ihren Bruder gebeten, den Abwasch zu erledigen, und dabei die Hand zur Faust geballt und den Zeigefinger ausgestreckt. Der gestreckte Zeigefinger wird wie ein symbolischer Stock verwendet, mit dem der Sprecher im übertragenen Sinn dem Angesprochenen Gehorsam einprügelt. Unbewusst löst der ausgestreckte Zeigefinger bei anderen negative Gefühle aus, weil er einem Schlag mit dem rechten Arm vorausgeht, einer ursprünglichen Bewegung, die die meisten Primaten bei einem körperlichen Angriff gebrauchen. Bei dieser Geste hätte Ihr Bruder ganz sicher sehr negativ auf Sie reagiert.

Der ausgestreckte Zeigefinger beim Sprechen irritiert und ärgert andere sehr, vor allem, wenn man mit ihm im Takt der Wörter klopft. In manchen Ländern wie Malaysia oder den Philippinen ist es eine Beleidigung, mit dem Finger auf jemanden zu zeigen, denn dort deutet man mit dem Zeigefinger nur auf Tiere. Malaysier nehmen den Daumen, wenn sie auf Menschen zeigen oder die Richtung weisen.

Wenn Sie wollen, dass Ihr Bruder Ihrer Bitte nachkommt, ohne ungehalten zu werden, sollten Sie auf nach oben zeigende Handflächen achten. Um die Wirkung zu zeigen, führten wir ein Experiment mit acht Vortragenden durch. Jeder sollte die drei vorgestellten Handgesten bei einer Reihe von zehnminütigen Vorträgen vor verschiedenen Zuhörern benutzen. Wir zeichneten später die Meinung der Zuhörer über alle Redner auf. Die Redner, die überwiegend die Geste mit der Handfläche nach oben verwendet hatten, erhielten 84 Prozent positive Bewertungen. Hielten sie genau den gleichen Vortrag vor einem anderen Publikum und gebrauchten hauptsächlich die Geste mit der Handfläche nach unten, sank die Zustimmung auf 52 Prozent. Mit dem gestreckten Zeigefinger erhielten die Vortragenden nur von 28 Prozent eine positive Bewertung, einige Zuhörer hatten während des Vortrags sogar den Raum verlassen.

....

Wenn Sie einen störrischen Weihnachtsgast bitten wollen, doch einmal mit anzufassen, dann versuchen Sie es mit den nach oben weisenden Handflächen – sie werden Ihnen eine unaufdringliche Autorität verleihen.

....

Die Geste der offenen Handflächen kann man an den Feiertagen auch einsetzen, um überdrehte oder ungezogene Kinder zu beruhigen. Benutzen Sie sie einfach immer, wenn Sie wollen, dass jemand etwas tut – sie zeigt, dass Sie Ihrem Gegenüber nicht zu nahe treten wollen, aber eine Bitte haben und an seine Hilfsbereitschaft appellieren.

Der kritische oder störende Gast

Wir haben wahrscheinlich alle Angehörige, die uns das Leben Weihnachten besonders schwermachen. Das mag der kritische oder überlegene Typ sein, der an allem, was man tut, etwas auszusetzen hat – zum Beispiel die Tante, die sich letztes Jahr beschwert hat, weil es kein Eis zum Nachtisch gab. Sie haben dieses Jahr extra Eis besorgt, nur um dann zu hören, dass sie kein Eis möchte, weil sie gerade eine Diät macht. Anschließend verputzt sie hemmungslos ihr kunstvolles Tiramisu. Oder es ist die Sorte Gast, die sich betrinkt, dann alle Hemmungen verliert und einen Streit vom Zaun bricht, der allen Gästen den Weihnachtsabend verdirbt.

Solche netten Freunde und Verwandten, die womöglich das Weihnachtsessen verderben, kann man mit Hilfe eines Größenunterschieds darauf hinweisen, dass sie immer noch *Gäste* in *Ihrem* Haus sind. Den eigenen Körper einem anderen gegenüber größer oder kleiner zu machen, gilt seit jeher als Mittel, um Überlegenheits- oder Unterlegenheitsverhältnisse zu schaffen. Angehörige eines Königshauses werden »Hoheit« genannt, während das Fußvolk als »niedrig« bezeichnet wird. Niemand möchte als »klein-mütig« beschrieben oder »von oben herab« behandelt werden. Wer eine Protestrede hält, stellt sich auf eine Kiste, um alle anderen zu überragen, der Richter sitzt höher als die übrigen im Gerichtssaal Anwesenden, der Gewinner der olympischen Goldmedaille steht höher als die Gewinner von Silber- und Bronzemedaille, die Bewohner eines Penthouse haben mehr Ansehen als die im Erdgeschoss Wohnenden und einige Kulturen teilen die Gesellschaft in »Oberschicht« und »Unterschicht«. Und jeder weiß, wie wichtig es ist, bei einem Vortrag zu stehen, wenn man die Zuhörer in seinen Bann ziehen will.

Machen Sie den Fußbodentest

Wenn Sie sich einmal selbst vom Zusammenhang zwischen Autorität und Körpergröße überzeugen wollen, sollten Sie mit einem Freund folgende Übung durchführen: Legen Sie sich auf den Boden und fordern Sie Ihren Freund auf, über Ihnen zu stehen, um den Größenunterschied zu maximieren. Bitten Sie ihn dann, Sie so laut und entschieden wie möglich zur Schnecke zu machen. Wechseln Sie dann die Position – Sie stehen auf, Ihr Freund legt sich hin – und bitten Sie ihn erneut, Ihnen Vorwürfe zu machen. Sie werden feststellen, dass er das nicht nur kaum fertigbringt, sondern dass auch seine Stimme anders klingt und es ihm eindeutig an Autorität mangelt.

Wie Sie Weihnachten Höhenunterschiede zu Ihren Gunsten nutzen können

Wir alle wissen, dass Kinder meist auf niedrigeren Stühlen am Tisch sitzen – obwohl sie doch an sich schon kleiner sind. Indem wir sie so platzieren (und manchmal auch an einem niedrigeren Tisch), trennen wir sie von den Erwachsenen. Die Macht, mit der ein störender oder kritischer Gast seine Tischgesellschaft zu dominieren versucht, kann man mit einer ähnlichen Strategie neutralisieren. Wenn Sie den Tisch für das Weihnachtsessen vorbereiten, gewinnen Sie die Kontrolle, indem Sie Stühle unterschiedlicher Höhe an den Tisch stellen und die »Problemtypen« bitten, auf den niedrigeren Stühlen Platz zu nehmen. Damit neutralisieren Sie die »Größe« der Menschen, und der gewaltige Riese verliert seine mächtige Ausstrahlung, wenn er in einem tiefen Sofa versinkt.

Wenn Sie einen Gast haben, bei dem Sie befürchten, dass er den anderen das Weihnachtsfest verderben könnte, setzen Sie ihn also einfach auf einen niedrigen Stuhl. Sofort verliert er seine Dominanz und ordnet sich besser ein.

Auch ein Platz möglichst weit weg vom Gastgeber kann helfen, ebenso eine dominante Position Ihrerseits, etwa wenn Sie stehen und sich gegen etwas lehnen – Ihr Territorium abstecken –, während der Gast sitzt.

Eine niedrige Sitzposition als dominantes Signal

In manchen Situationen kann das Kleinmachen des Körpers auch ein Signal für Dominanz sein, und zwar dann, wenn Sie sich im Haus eines anderen in einen Sessel fläzen, während der andere steht. Ein derart ungezogenes Verhalten auf fremdem Territorium vermittelt eine dominante oder aggressive Haltung.

Wenn Sie einen Weihnachtsbesuch machen, denken Sie daran: Ein Mensch ist in seinem eigenen Territorium, vor allem wenn es sich um die eigene Wohnung handelt, immer überlegen und wird darauf bedacht sein, es vor anderen zu schützen. Deswegen ist es dort besonders wirksam, sich unterwürfig zu geben, wenn man den anderen für sich gewinnen will.

Der streitbare Gast

Dieser Gast liebt Diskussionen, auch Weihnachten, und wird sich wegen allem und jedem streiten. Er sieht sein Verhalten vielleicht gar nicht als aggressiv – er nennt es vielleicht »eine gesunde Auseinandersetzung« –, aber wenn Sie nicht aufpassen, entwickelt sich das Weihnachtsessen zu einem Familienkrach. Aber wie sollen Sie Ihren aufsässigen Gast zähmen? Vielleicht hilft ein Blick auf die Sitzordnung, die durchaus eine Wirkung auf das Verhalten der Gäste haben kann.

Die Wahl des Sitzplatzes bietet eine gute Möglichkeit, die Kooperation der anderen Gäste zu erlangen. Zwischen 1970 und 2000 führten wir Untersuchungen dazu durch, welcher Sitzplatz an einem Tisch der beste sei, um bestimmte Standpunkte zu vermitteln. Hierzu schickten wir Leute in Seminare und verwendeten Fragebögen aus unserer Datenbank. Die erste größere Untersuchung zu Sitzpositionen stammt von dem Psychologen Robert Sommer von der University of California. Sommer analysierte eine repräsentative Auswahl von Studenten und Kindern in öffentlichen und sozialen Umfeldern wie Bars und Restaurants. Wir wandten Sommers Ergebnisse auf Sitzpositionen am Familienesstisch an. Den im Folgenden dargestellten Sitzpositionen werden Sie fast immer und in den meisten Situationen begegnen, auch wenn es kleine Unterschiede zwischen Kulturen sowie Beziehungen zwischen Menschen gibt. Bei den folgenden Beispielen sind wir von einem rechteckigen Tisch ausgegangen, wie man ihn in den meisten Esszimmern findet.

Die Eckposition

Der streitbare Gast sitzt an einer Seite der Tischecke und Sie – oder jemand anders, der einen beruhigenden Einfluss auf ihn hat – neben ihm auf der anderen Seite. Diese Anordnung wählt man normalerweise bei einem freundlichen, zwanglosen Gespräch. Sie ermöglicht guten Augenkontakt und bietet die Gelegenheit, zahlreiche Gesten auszuführen und die Gesten des anderen wahrzunehmen. Sollte einer der Beteiligten sich im Laufe des Gesprächs bedroht fühlen, bildet die Tischecke eine partielle Barriere. Außerdem verhindert diese Position eine territoriale Aufteilung des Tisches. So kann man eine gespannte Atmosphäre beruhigen – die Chancen auf einen positiven Verlauf des Abends steigen.

Die konkurrierende/defensive Position

Nehmen wir an, Sie haben zwei streitbare oder störende Gäste und setzen sie am Weihnachtstisch einander gegenüber wie zwei Revolverhelden im Western. Wenn man jemandem am Tisch gegenübersitzt, kommt leicht eine defensive, von Konkurrenz geprägte Atmosphäre auf, die dazu führen kann, dass beide Parteien auf ihrem Standpunkt beharren, weil der Tisch zu einer unüberbrückbaren Barriere zwischen ihnen wird. Bei dieser Sitzordnung müssen Sie damit rechnen, dass die Fetzen fliegen. In der Berufswelt nehmen diese Position jedoch Menschen ein, die entweder miteinander konkurrieren oder sich in einer Situation befinden, in der der eine den anderen maßregelt. Sie kann auch eingenommen werden, um im eigenen Territorium ein Über-/Unterordnungs-Verhältnis herzustellen.

Wir haben festgestellt, dass Menschen im Geschäftsleben in kürzeren Sätzen reden, sich schlechter an das Gesagte erinnern und eher die Konfrontation suchen, wenn sie die konkurrierende/defensive Position eingenommen haben.

Achten Sie darauf, dass sich die Streithähne an Ihrer Weihnachtstafel nicht direkt gegenübersitzen.

Wenn Sie sich oder jemand anderen, der den streitbaren Gast beruhigen kann, genau gegenüber setzen, um einen Streit möglichst zu vermeiden, dann kann die konkurrierende/defensive Position sich negativ auf diesen Versuch auswirken. Aus der Eckposition heraus ist die Kooperation entschieden besser. Die konkurrierende/defensive Position mit ihren kürzeren, pointierteren Gesprächen ist eindeutig eine schlechte Wahl für das Weihnachtsessen.

Perfektionieren Sie Ihre Weihnachts-Sitzordnung

Wie am Beispiel des streitbaren Gastes besonders deutlich wird, sollte man die Sitzordnung nicht dem Zufall überlassen: Sie kann entscheidend dazu beitragen, dass das Weihnachtsessen ein Erfolg wird. Ein guter Sitzplan kann nicht nur helfen, Streit zu vermeiden, sondern auch Beziehungen fördern und schüchterne Gäste ermutigen, sich am Gespräch zu beteiligen. Wenn Sie die Sitzordnung erstellen, überlegen Sie also zunächst: Wen wollen Sie vor allem kontrollieren oder beeinflussen (vielleicht wollen Sie die Beziehung zu Ihrer Schwiegermutter verbessern, oder Ihr jüngerer Bruder soll mit seinen schlüpfrigen Witzen Ihrer Großmutter nicht die Schamröte ins Gesicht treiben), und an welcher Position am Tisch erreichen Sie das am besten? Wer streitet besonders gern oder gibt Widerworte, wer ist die Friedfertigkeit in Person? Wenn es keinen anerkannten Gastgeber gibt – wenn Sie zum Beispiel mit Ihrer Schwester und Ihrem Schwager im Restaurant und nicht bei Ihnen zu Hause essen –, wer hat die Sitzposition eingenommen, die ihm die größte Macht verleiht? Die Antworten auf diese Fragen werden Ihnen helfen, den Weihnachtstag reibungslos über die Bühne zu bringen, und dominante oder schwierige Gäste davon abhalten, sich zu produzieren.

Zuallererst sollte man die Tischform bedenken. Wir haben die häufigsten Tischformen ausgewählt und bewertet, welche Wirkung sie auf den Erfolg Ihrer Weihnachtseinladung haben können.

Rechteckige Tische

Es scheint ein multikulturelles Phänomen zu sein, dass die Position am Kopfende eines rechteckigen Tisches immer die größte Macht verleiht. Beim Weihnachtsessen oder einer anderen formellen Einladung sitzt traditionell der »Hausherr« am Kopfende. Strodtbeck und Hook zeigten in Experimenten, dass der am Kopfende Sitzende bedeutend häufiger als Gesprächsleiter gewählt wurde. Von den beiden Personen, die an den Kopfenden sitzen – zum Beispiel der Mann und der Vater oder Schwiegervater –, ist derjenige, der gegenüber der Tür sitzt – nennen wir ihn Person A –, der einflussreichste, während Person B ihm gegenüber, mit dem Rücken zur Tür, in der Hierarchie an zweiter Stelle steht. Interessanterweise gilt die Person (oder die Personen), die direkt neben A sitzt – nennen wir sie Person C –, wegen ihrer direkten Beziehung zu A als dritte in der Hierarchie. Die Positionen A und B werden als aufgabenorientiert wahrgenommen, sie übernehmen zum Beispiel das Tranchieren und Vorlegen der Weihnachtsgans. In manchen Haushalten übernimmt eine Frau die Position B – sie spielt eine wichtige Rolle, ist aber noch immer weniger einflussreich als ihr Mann, weil er die Position A besetzt. Person D wird an einer Tischseite neben Person C gesetzt. Diese Position wird meist von einer emotional kompetenten Person eingenommen, oft einer Frau, der es um die Gruppenbeziehungen und die Einbeziehung der Beteiligten geht.

Esstische sind meist rechteckig – weil der Platz am besten ausgenutzt wird –, aber ein rechteckiger Tisch ist nicht unbedingt die beste Lösung. Machen Sie sich Gedanken darüber, wer am besten wo sitzt. Für ein stressfreies Weihnachten ist es nicht sinnvoll, Streithähne einander direkt gegenüber zu platzieren. Rechteckige Tische schaffen eine Atmosphäre der Konkurrenz oder Abwehr zwischen Menschen, weil jeder der Gesprächspartner ein gleich großes Territorium mit gleich langer Front und eigenen Ecken hat. Sie erlauben es den Gesprächspartnern, eine »Position« zu einem bestimmten Thema einzunehmen, und ermöglichen mehr direkten Augenkontakt.

Quadratische Tische

Manche Familien entscheiden sich für einen quadratischen Esstisch. Quadratische Tische eignen sich hervorragend für kurze, sachliche Gespräche und können im Büro nützlich sein, sind aber für ein harmonisches Weihnachtsfest nicht zu empfehlen.

Quadratische Tische gehören in eine Kantine, nicht in Ihr weihnachtlich geschmücktes Esszimmer.

Wenn Sie einen quadratischen Tisch benutzen müssen, denken Sie bitte daran, dass sich die neben Ihnen sitzende Person besonders kooperativ verhalten wird, wobei der Nachbar zur Rechten in der Regel kooperativer ist als der Nachbar zur Linken.

Historisch gesehen spielt dabei die Erfahrung mit, dass derjenige, der rechts sitzt, kaum imstande ist, seinen Tischnachbarn mit der linken Hand zu erstechen. Deswegen ziehen die meisten Leute ihren Sitznachbarn »zur Rechten« dem »zur Linken« vor und sprechen ihm unbewusst mehr Macht zu. Den meisten Widerstand haben Sie von der Person zu erwarten, die Ihnen direkt gegenüber in der »Revolverheld«-Position sitzt. Sitzen vier Leute am Tisch, hat jeder von ihnen ein Gegenüber.

Nehmen wir einmal an, Sie haben die Eltern Ihrer Frau zum Weihnachtsessen eingeladen. Sie haben einen quadratischen Tisch und sind unsicher, wie Sie Ihre Gäste setzen sollen. Mit Ihrem Schwiegervater kommen Sie gut zurecht, doch die Beziehung zu Ihrer Schwiegermutter könnte besser sein. Um sie zu verbessern, sollten Sie Ihre Schwiegermutter rechts neben sich setzen, weil dies der beste Platz ist, um eine enge Zusammenarbeit aufzubauen. Ihren Schwiegervater können Sie dagegen auf den Platz gegenüber setzen, weil mit ihm keine Auseinandersetzung zu befürchten ist.

Runde Tische

Ein runder Tisch ist eindeutig die beste Möglichkeit zur Gestaltung eines Weihnachtsessens, aber kann man ihn eben nicht überall unterbringen. König Artus versuchte mit seiner Tafelrunde, jedem seiner Ritter ein gleiches Maß an Autorität und Status zu verleihen. Ein runder Tisch erzeugt eine lockere, ungezwungene Atmosphäre und ist ideal für Diskussionen unter Gleichgestellten, da jeder von ihnen einen gleich großen Anteil am Territorium des Tisches für sich beanspruchen kann.

....

Eine Tafelrunde ist die ideale Form
für ein freundliches, entspanntes
Weihnachtsessen.

....

Den gleichen Effekt erzielt man, wenn man einfach ohne Tisch im Kreis sitzt. Der Kreis selbst ist zum weltweiten Symbol der Einheit und Stärke geworden. Leider war König Artus nicht bewusst, dass es den Status und das Ansehen aller anderen verändert, wenn einer in der Runde einen höheren Status hat. Der König war der Mächtigste von allen, was bedeutete, dass den beiden Rittern, die direkt neben ihm saßen, unausgesprochen das nächsthöhere Ansehen zuteilwurde, und zwar dem zur Rechten des Königs noch ein wenig mehr als dem zur Linken. Je weiter ein Ritter vom König entfernt saß, desto mehr nahm seine Macht ab.

Tatsächlich befand sich der Ritter direkt gegenüber von König Artus in der konkurrierenden/defensiven Position, so dass von seiner Seite die meisten Probleme zu erwarten waren. Bei unseren Untersuchungen sagten 86 Prozent der Befragten, dass sie von demjenigen, der ihnen an einem runden Tisch direkt gegenübersitzt, am ehesten einen Streit oder ein gewisses Konkurrenzverhalten erwarten würden. Wenn Sie oft mit Ihrem Vater streiten und selbst die Position von König Artus einnehmen, dann setzen Sie ihn Weihnachten nicht auf den Platz direkt gegenüber. Wenn man aber direkt nebeneinandersitzt, entwickelt sich laut 71 Prozent der Befragten eine harmonische Unterhaltung.

Der runde Tisch, oft ein Couchtisch, der ganz von bequemen Sitzgelegenheiten oder Sesseln umgeben ist, schafft eine zwanglose Atmosphäre. Man findet ihn oft auch in Familien, in denen es demokratisch zugeht oder in denen kein Elternteil dominiert. Eine Tafelrunde kann jedoch an Weihnachten in jeder Familie sehr positiv wirken.

Die Form des Esstischs kann einen Hinweis auf die
Machtverteilung in der Familie geben, vorausgesetzt, im
Esszimmer hätte auch jeder anders geformte Tisch Platz
gefunden und die Tischform wurde bewusst gewählt.
»Offene« Familien entscheiden sich für runde Tische,
»geschlossene Familien« für quadratische Tische und
»autoritäre« Familien für rechteckige Tische.

Der stille oder neue Gast

Wenn einer Ihrer Weihnachtsgäste eher schüchtern und
introvertiert ist oder wenn Sie jemanden einladen, den Sie
noch nicht so gut kennen – vielleicht einen Nachbarn oder
die neue Freundin Ihres Sohnes, die ein bisschen schüchtern wirkt –, dann bitten Sie ihn oder sie, am Kopfende
des Tisches Platz zu nehmen, am weitesten von der Tür
entfernt und mit dem Rücken zur Wand. Bei einem rechteckigen Tisch empfehlen wir Ihnen, das andere Kopfende
einzunehmen, damit sich Ihr Gast nicht als »Gastgeber«
unwohl fühlt. Sie können ihn auch direkt rechts von der
Person am Kopfende platzieren – das wären dann Sie oder
Ihr Partner als Gastgeber des Weihnachtsessens. Sie werden verblüfft sein vom Ergebnis dieser Sitzordnung: Die
mit Macht assoziierte Sitzposition ermutigt den Betreffenden, sich häufiger und mit mehr Autorität am Gespräch
zu beteiligen, und führt dazu, dass die anderen ihm mehr
Aufmerksamkeit schenken.

Ein Tipp zu Weihnachten: Um
einen schüchternen Gast zum Reden zu
bringen, sollte man ihn rechts neben die
Person am Kopfende des Tisches setzen.

Ein Lernexperiment

Es ist bekannt, dass wissbegierige Menschen gerne ganz weit vorne sitzen und diejenigen, deren Lerneifer sich in Grenzen hält, die Plätze in den hinteren Reihen oder an der Seite bevorzugen. Wenn Sie Weihnachten mit jemandem verbringen, der sehr schüchtern ist und sich nur schwer in eine Unterhaltung einbeziehen lässt, versuchen Sie, ihn neben die Menschen zu setzen, die viel reden, und beobachten Sie, welche Auswirkung dies auf Ihren schüchternen Gast hat. Bei Seminaren wählen einige Referenten und Ausbilder für kleinere Trainingsgruppen die »Hufeisenform« oder ein »offenes Quadrat«, da diese Sitzordnung nachweislich zu mehr Beteiligung anregt als der Frontalunterricht. Außerdem bleibt bei den Teilnehmern aufgrund des vermehrten Augenkontakts zwischen allen Anwesenden und dem Referenten mehr hängen. Ähnliches kann man auch am Esstisch beim Weihnachtsbraten beobachten.

Wie man zwei Menschen in ein Gespräch einbezieht
Wenn sich nur drei Menschen zum Weihnachtsessen treffen, kann es leicht passieren, dass einer sich ausgeschlossen fühlt. Vielleicht ist er ein eher stiller Typ, oder er fühlt sich in dieser Gesellschaft nicht richtig wohl. Vielleicht haben Sie und Ihr Partner einen älteren Verwandten oder einen Elternteil eingeladen, oder vielleicht verbringen Sie Weihnachten mit Ihren Eltern, die sich getrennt haben. In allen diesen Fällen gibt es eine einfache Strategie, mit der Sie den Dritten in der Runde in das Gespräch einbeziehen können. Angenommen, Sie (Person C) wollen mit Person A und B reden und sitzen mit ihnen so an einem runden Tisch, dass ein Dreieck gebildet wird. Angenommen, Person A ist gesprächig und stellt viele Fragen, während Person B keinen Ton von sich gibt. Wie können Sie in einem solchen Fall Person A, die Ihnen eine Frage stellt, antworten, ohne B das Gefühl zu geben, ausgeschlossen zu sein? Verwenden

Sie folgende einfache, aber wirkungsvolle Technik: Stellt A die Frage, sollten Sie ihn, wenn Sie mit Ihrer Antwort beginnen, ansehen und sich dann B zuwenden, dann wieder A, dann B usw., bis Sie bei Ihrem letzten Satz angelangt sind, bei dem Sie, bevor Sie ihn beenden, wieder A ansehen sollten. Diese Technik vermittelt B das Gefühl, am Gespräch am Weihnachtstisch beteiligt zu sein.

Wie Sie für eine entspannte Atmosphäre sorgen

Jeder Gastgeber möchte, dass seine Gäste sich Weihnachten wohl und entspannt fühlen. Wenn Sie befürchten, dass Ihre Besucher ein bisschen nervös sein könnten – was ja keine Seltenheit ist, wenn man zum Beispiel zwei Familien oder geschiedene Eltern unter einem Dach beherbergt –, und trotzdem eine entspannte und harmonische Atmosphäre möchten, dann hilft es vielleicht, sich noch einmal ein paar Fakten der Evolution vor Augen zu führen.

Vor hunderttausend Jahren kehrten unsere Vorfahren am Abend mit ihrer Jagdbeute zurück und teilten sie in einer gemeinsamen Höhle mit der Gruppe. Am Höhleneingang wurde ein Feuer entzündet, um Raubtiere abzuwehren und für Wärme zu sorgen. Die Höhlenmenschen saßen mit dem Rücken an der Höhlenwand, damit sie beim Essen nicht von hinten angegriffen werden konnten. Die einzigen Geräusche, die man hörte, waren das Nagen und Kauen sowie das Prasseln des Feuers. Dieses gemeinsame Mahl um ein offenes Feuer bei Einbruch der Dunkelheit war der Vorläufer eines gesellschaftlichen Ereignisses, das heute die Form von Grillpartys, Kochen am Lagerfeuer oder Dinnerpartys angenommen hat. Der moderne Mensch verhält sich bei solchen Gelegenheiten sehr ähnlich wie seine Ahnen vor mehr als hunderttausend Jahren.

Ausgehend von diesem historischen Hintergrund sollten Sie beim Weihnachtsessen ein paar einfache Regeln beachten. Ein besonders angespannter oder nervöser Gast sollte immer mit dem Rücken zu einer Wand oder einem Raumteiler sitzen. Untersuchungen haben gezeigt, dass Atmung, Herzfrequenz, Hirnströme und Blutdruck rapide zunehmen, wenn ein Mensch mit dem Rücken zu einem offenen Raum sitzt, vor allem wenn andere hinter ihm hin und her laufen – was sich ja Weihnachten, wenn man mit der Gans und den zahllosen Zutaten beschäftigt ist, kaum vermeiden lässt. Die Anspannung steigt noch, wenn der Betreffende mit dem Rücken zu einer offenen Tür oder zu einem Fenster sitzt, das bis zum Boden reicht. Das ist nur dann eine wirklich gute Position, wenn Sie jemanden nerven oder durcheinanderbringen wollen.

Ein Tipp zu Weihnachten:
Setzen Sie einen nervösen Gast
mit dem Rücken zur Wand – das
hilft ihm, sich zu entspannen.

Als Nächstes sollte das Licht gedimmt und gedämpfte Hintergrundmusik – vielleicht klassische Weihnachtsmusik – gespielt werden, um die Sinne zu entspannen. Viele Spitzenrestaurants haben in der Nähe des Eingangs einen offenen Kamin oder ein künstliches Kaminfeuer, das an das Feuer bei den Festgelagen der Höhlenmenschen erinnert. Zünden Sie auf dem Weihnachtstisch ein paar Kerzen an – vielleicht den Adventskranz. Die Wirkung ist ähnlich, und Ihr Gast wird sich sofort wohler und entspannter fühlen.

Wie man an Weihnachten jedem Streit aus dem Weg geht

Zwischen 15.00 und 18.00 Uhr am ersten Weihnachtstag kracht es bei den meisten Familientreffen, wenn man der Statistik glauben darf. Nach neuesten Forschungen ist es genau 16.17 Uhr, wenn in einem Drittel aller britischen Familien ein Streit ausbricht – zu viel Essen, Müdigkeit und zu viel Alkohol tragen sicher das Ihre dazu bei, dass die Situation eskaliert.

Wir sind zwar »gesellige Tiere«, aber wir alle haben Themen, bei denen wir anderer Meinung sind und auf die wir gereizt reagieren. Das Geheimnis liegt darin, ruhig zu bleiben und einfach zu akzeptieren, dass man nicht mit allen Menschen gleich gut auskommt. Das Beste gegen Streit an Weihnachten ist Vorbeugung – achten Sie darauf, wie viel Sie und andere trinken, meiden Sie Gesprächsthemen, die zu Auseinandersetzungen führen können, denken Sie an die richtige Sitzordnung und halten Sie die Gäste durch kleine Handreichungen (Gemüse putzen, Getränke nachschenken) und Spiele beschäftigt, denn Menschen, die etwas zu tun haben, müssen nicht streiten. Der alle Jahre wiederkehrende Kampf um die Fernbedienung – Großmama will die Weihnachtsansprache sehen, Ihr Sohn den Actionfilm, Ihre Schwester die Soap, Ihr Onkel sucht nach dem neuesten *James Bond* und Ihnen ist eigentlich alles egal, weil sowieso niemand etwas versteht, solange Ihr Vater im Sessel vor sich hin schnarcht – kann durch eine gute Planung vermieden werden. Beschließen Sie vorher, was alle sehen wollen, und nehmen Sie die Sendungen auf, die sich überschneiden.

....

Bei einer Umfrage von ICM/Guardian
gab im Jahr 2004 mehr als ein Viertel
aller Befragten an, dass bei ihnen zu
Hause an Weihnachten mit einem
häuslichen Streit zu rechnen sei.

....

Kinder an Weihnachten

An Weihnachten dreht sich alles um die Kinder – wir feiern es für sie und ihretwegen. Zum Fest will man seine Kinder verwöhnen und ihnen eine Freude machen. Allerdings sollten ein paar Regeln gelten, damit man nicht plötzlich mit einem überdrehten, übermüdeten Kind dasitzt, das bis oben hin mit Süßigkeiten vollgestopft ist. Wenn Sie Kinder zu Besuch haben, sagen Sie klar, was erlaubt ist und was nicht. Und was ist das Wichtigste, damit die Kinder Weihnachten zufrieden sind? Ein unerschöpflicher Vorrat an Batterien!

....

»Einmal habe ich meinen Kindern
einen Satz Batterien zu Weihnachten
geschenkt mit einem Zettel drauf:
›Spielzeug nicht enthalten‹.«
BERNARD MANNING

....

Kapitel 7

Die andere Frau – das Weihnachtsfest mit der Schwiegermutter

Das Schlimmste an Weihnachten ist für viele nicht das endlose Einkaufen, Kochen, Saubermachen, Kartenschreiben, Geschenke-Einpacken – es ist vielmehr die Tatsache, dass ihre Schwiegermutter zu Besuch kommt. Wie wir in Kapitel 6 gesehen haben, stehen auch andere Angehörige – Großmütter, Tanten und Brüder – oft ziemlich weit oben auf der Liste der unerwünschten Gäste, aber an diesem einen ganz besonderen Tag spielt die Schwiegermutter, oder das Schwiegermonster, in einer ganz eigenen Liga. Ihre Ankunft wird so gefürchtet, ihr Besuch ist eine solche Qual, dass wir ihr ein eigenes Kapitel gewidmet haben.

....

> *»An Weihnachten verspüre ich immer*
> *einen furchtbaren Schmerz, der etwa*
> *eine Woche lang anhält. Dann fährt*
> *meine Schwiegermutter wieder*
> *nach Hause.«*

....

Es gibt mehr Witze über Schwiegermütter als über jede andere Menschengruppe auf Erden. Sie sind das unerschöpfliche Thema von Komödianten und werden in Fernsehserien immer wieder als Hexen, Drachen oder Schreckschrauben parodiert. Schon Lenin antwortete auf die Frage, was die Höchststrafe für Bigamie sein solle: »Zwei Schwiegermütter.«

Meine Schwiegermutter stand heute Morgen
vor der Tür und fragte: »Kann ich ein paar Tage
hierbleiben?« »Selbstverständlich«,
antwortete ich – und schloss die Tür.

Ein besonders genervter Ehemann beschloss, seiner Schwiegermutter einen Platz auf dem Friedhof zu Weihnachten zu schenken.

Im nächsten Jahr schenkte er ihr überhaupt nichts.
Als sie ihn nach dem Grund fragte, antwortete er:
»Na ja, du hast ja dein Geschenk vom letzten Jahr
noch gar nicht benutzt!«

Tatsächlich erweisen sich Schwiegermütter für viele Ehepaare als Belastung, ein Drittel nennt bei einer Trennung sogar die Schwiegermutter als Grund. Allerdings ist es im Allgemeinen nicht die Mutter der Frau, die Probleme macht. Unsere Nachforschungen ergaben immer wieder, dass die eigentliche Gefahr von der Mutter des Mannes ausgeht. Über die Schwiegermutter des Mannes wird zwar in der Öffentlichkeit mehr gelästert, doch solche Bemerkungen sind eher ironisch gemeint und beziehen sich nicht auf ein wirkliches Problem.

»Ich bekam heute die Nachricht, dass meine
Schwiegermutter gestorben sei, und wurde gefragt,
ob man sie beerdigen, verbrennen oder einbalsamieren
solle. Ich antwortete: ›Gehen Sie auf Nummer sicher –
machen Sie alles.‹«

Die meisten Männer haben nichts gegen ihre Schwiegermütter. Selbst für den legendären Giovanni Vigliotti aus Arizona, der zwischen 1949 und 1981 104-mal unter seinem richtigen Namen und 50-mal unter falschem Namen

verheiratet war, waren seine zahlreichen Schwiegermütter
kein Problem – verglichen mit den 34 Jahren Gefängnis,
die er als Heiratsschwindler absitzen musste.

....

Ich weiß immer ganz genau, wann
meine Schwiegermutter zu Besuch
kommt; die Mäuse stürzen sich
dann freiwillig in die Fallen.
LES DAWSON

....

Die Schwiegermutter eines Mannes nervt ihn vielleicht,
nörgelt an ihm herum oder bringt ihn zur Verzweiflung.
Dennoch haben die meisten Männer nichts gegen ihre
Schwiegermütter. Der Konflikt mit der Schwiegermutter
dominiert nicht das Leben eines Mannes, und er verdirbt
ihm nicht das Weihnachtsfest.

Ein altes polnisches Sprichwort sagt: »Der Weg zum
Herzen einer Schwiegermutter führt über ihre Tochter.«
Die meisten Männer wissen das. Mütter wollen vor allem,
dass ihre Töchter glücklich sind. Und wenn der Schwieger-
sohn die Tochter glücklich macht, dann ist die Schwiegermutter auch zufrieden.

Wenn ein Mann – auch und gerade an Weihnachten – Schwierigkeiten mit den Schwiegereltern hat, liegt
das häufiger am Schwiegervater, der seine geliebte kleine
»Prinzessin« keinem anderen Mann gönnt. Dennoch gibt
es kaum Witze über Schwiegerväter, anscheinend findet sie
kein Mensch komisch.

Seine Mutter – ihr Problem

Die wahren Familiendramen spielen sich wegen der Mutter des Mannes ab, also der Schwiegermutter der Partnerin.
Untersuchungen der Utah State University ergaben, dass
in über 50 Prozent aller Ehen massive Probleme zwischen

der Schwiegertochter und der unruhestiftenden und aufsässigen Mutter des Mannes entstehen.

»Jedes Jahr steht nur eins zwischen mir
und einem fröhlichen Weihnachtsfest –
die Mutter meines Mannes.«

Obwohl nicht alle Schwiegermütter diesem schlechten Ruf
gerecht werden, tötet eine besitzergreifende, aufdringliche
Schwiegermutter, die sich in alles einmischt und nicht bereit ist, die Nabelschnur zwischen sich und ihrem Sohn zu
durchtrennen, einer Schwiegertochter den letzten Nerv.
Für die Schwiegertochter ist eine Krise mit der Schwiegermutter oft kaum zu bewältigen und bereitet ihr großen
Kummer, letzten Endes kann sie sogar zur Scheidung führen.

Ein Mann lernte eine wunderbare Frau kennen und
verlobte sich mit ihr. Er arrangierte ein Abendessen mit
seiner Mutter, um ihr seine Verlobte vorzustellen,
doch er brachte drei Frauen mit: eine blonde, eine
brünette und eine rothaarige. Seine Mutter fragte,
warum er nicht eine, sondern drei Frauen dabeihabe.
Er antwortete, seine Mutter solle erraten, welche Frau
ihre zukünftige Schwiegertochter sein werde. Sie sah
sich die drei Frauen genau an und sagte dann:
»Die Rothaarige.«
»Wie hast du das so schnell herausgefunden?«
»Ich kann sie nicht ausstehen.«

Viele Mütter haben ihre Söhne aus der Sicht der Freundinnen und Frauen verdorben. Sie bemuttern ihr Söhn-
chen, sie kochen, putzen, waschen und bügeln für ihn. Sie
glauben, dass sie dem Sohn damit ihre Liebe zeigen, doch
in Wirklichkeit sorgen sie dafür, dass er später Probleme
bei seinen Beziehungen zu anderen Frauen hat. Denn dem

Sohn fällt es dann schwer, all das selbst zu tun, was früher seine Mutter für ihn erledigt hat.

Eine Frau hat es mit so einem Mann nicht leicht. Doch anstatt seine Mutter zu kritisieren, ist es effektiver, ihn dazu zu bringen, das zu tun, was sie von ihm will. Er ist schließlich erwachsen und für sein Handeln verantwortlich.

Diese Probleme können sehr komplex sein, denn es geht um eine Beziehung zwischen drei Menschen, die stark variieren kann: Alle drei können emotional ausgeglichen, unabhängig, uneigennützig und einfühlsam sein. Oder einer von ihnen oder zwei oder alle drei werden in ihrem Verhalten von Eifersucht, Besitzansprüchen, Abhängigkeit, Unreife, Selbstsucht oder emotionaler Instabilität geprägt.

*»Wenn meine Schwiegermutter uns
Weihnachten besucht, verliere ich
den Lebenswillen.«*

Selbst wenn es einer Frau gelingt, eine starke Beziehung zu ihrem Partner wie auch zu ihrer Schwiegermutter zu entwickeln, können an Weihnachten alte Probleme wieder aufbrechen, wenn die Schwiegermutter zu Besuch kommt. Sie dringt in das Territorium der Schwiegertochter ein, und das kann zu einem Machtkampf führen. Wenn eine Frau Weihnachten mit ihrer Schwiegermutter klarkommt, dann wird sie nichts mehr umhauen.

*18 Prozent aller Briten – Männer wie
Frauen – hassen es, wenn die Mutter
ihres Partners Weihnachten bei
ihnen verbringt.*

Sie sind nicht alle böse

Natürlich sind nicht alle Schwiegermütter die Bosheit in Person. Die Untersuchung der Utah State University zeigt zwar, dass etwa 50 Prozent der Schwiegermütter als Unheilstifterinnen gelten, das heißt aber auch, dass die restlichen 50 Prozent zumindest neutrale, wenn nicht sogar beliebte, hilfsbereite und großzügige Angehörige sind. Oft wird Schwiegermüttern auch die Schuld an Versäumnissen oder emotionalen Problemen ihrer Söhne oder Schwiegertöchter in die Schuhe geschoben.

Wir sollten bedenken, dass die Position der Schwiegermutter nicht einfach ist, weil die Schwiegertochter meist ein enges Verhältnis zu ihrer Mutter hat und regelmäßig jede Kleinigkeit ausführlich mit ihr bespricht. Eine Mutter will am Leben ihrer Kinder teilhaben. Es ist normal, dass ein Mädchen seiner Mutter mehr vertraut als seiner Schwiegermutter, und womöglich ist die Mutter des Partners dann eifersüchtig. Das kann besonders Weihnachten zum Problem werden, wenn die Tochter ihre Mutter zusammen mit ihrer Schwiegermutter einlädt. Wenn diese sieht, wie gut Mutter und Tochter sich verstehen, ist sie vielleicht verletzt und fühlt sich als Außenseiterin.

Schwiegermütter denken ständig daran, was ihre Söhne gerade machen, vor allem, wenn sie nur ein Kind haben und ihr Leben langweilig ist. Isst der Junge auch ordentlich? Ist das Haus sauber genug usw. Doch Söhne sprechen nur selten mit ihren Müttern. Folglich erhält eine Schwiegermutter zu wenig Informationen und fühlt sich von der neuen Familie ihres Sohnes ausgeschlossen. Die einzige Möglichkeit, einbezogen zu werden, sieht sie dann vielleicht darin, sich aufzudrängen und beharrlich Präsenz zu zeigen. Beim Weihnachtsbesuch versucht sie dann, diese Präsenz zu betonen, indem sie ständig Ratschläge gibt, auch wenn niemand sie hören will, in der Küche das Kommando übernimmt und »überall ihre Nase hineinsteckt«, wie die Schwiegertochter es empfindet. Am Anfang einer Beziehung bemüht sich die Freundin eines Mannes oft sehr um dessen Mutter, um die Bindung zu ihm zu festigen. Wenn die Beziehung jedoch von Dauer ist und in eine Ehe mündet, ist es oft so, dass sich zwei Frauen um einen Mann streiten.

Aber für jedes Problem gibt es auch eine Lösung. Man muss nur dazu bereit sein. Sohn und Schwiegertochter müssen das Problem offen und vernünftig angehen, wenn sie ein friedvolles Weihnachtsfest in harmonischen Beziehungen genießen wollen.

Das erste Weihnachten im eigenen Heim

Das erste Weihnachten im eigenen Heim ist ein wichtiger Meilenstein für jedes Paar. Es signalisiert, dass beide erwachsen sind und in ihrem eigenen Umfeld zusammen sein wollen. Leider ist es oft ein besonders schwerer Schritt für ein Paar mit einer fordernden Schwiegermutter. Irgendwann einmal muss sich jeder Sohn von seinen Eltern lösen und beschließen, Weihnachten nicht mehr »zu Hause« zu feiern. Für manche Mütter ist das eine schwierige Zeit, denn ihr Sohn ist dann nicht mehr ihr kleiner Junge. Deshalb versuchen viele Mütter, die nicht loslassen können, im Heim ihres Sohnes und ihrer Schwiegertochter das Kommando zu übernehmen – vielleicht indem sie sich beim Weihnachtsessen auf den Platz ihrer Schwiegertochter setzen, den Weihnachtsschmuck ebenso kritisieren wie das Essen oder die Sauberkeit im Haus oder indem sie einfach so viel helfen, dass die Schwiegertochter das als Kritik auffassen muss. Es ist eine schwierige Phase für alle Beteiligten, und das Paar muss lernen, wichtige Grenzen zu ziehen.

Unser Leben wird immer hektischer und lässt immer weniger Zeit für die Familie, ganz zu schweigen von entfernteren Angehörigen. Die zwischenmenschlichen Kontakte bleiben oft auf der Strecke. Für unsere Generation kann es sehr schwierig werden, für unsere Eltern genug Zeit zu erübrigen. Wenn alle glücklich und zufrieden sein sollen, müssen beide Seiten Verständnis zeigen und Lösungen suchen. Die Eltern brauchen »Qualitätszeit«, und die Kinder benötigen Zeit für ihre neugegründete Familie. Früher lebte man in Großfamilien im gleichen Haus, heute dagegen wohnen wir oft in entfernt gelegenen Dörfern, in anderen Städten oder sogar in einem anderen Land. Sich umeinander zu bemühen gehört zum Familienleben.

Darum geht es doch Weihnachten vor allem, und wenn Sie die Regeln kennen, können Sie wirklich lernen, das glückliche, harmonische Weihnachtsfest zu feiern, das Sie sich wünschen.

....

»Ich muss lange im Voraus wissen,
wann meine Schwiegermutter ihren
Weihnachtsbesuch bei uns antritt,
damit ich meinen Urlaub für diese Zeit
planen kann.«

....

Die Schwiegermutter, die »doch nur helfen will«

Manchmal wirkt eine Schwiegermutter aufdringlich, weil sie Weihnachten zu viele Aufgaben an sich reißt – sie bedient die anderen beim Weihnachtsessen, bietet allzu begeistert die Sauce an, putzt hinter ihrem Sohn her und schlägt vor, dass die Kinder doch endlich ins Bett gehören. Das alles mag mit den besten Absichten verbunden sein, aber es kann schädliche Auswirkungen auf die ganze Familie haben. Wissenschaftler haben festgestellt, dass es häufig zu Streitereien darüber kommt, wer denn jetzt die »Mutter« in der Familie ist. Weihnachten geht es vor allem darum, wer das letzte Wort bei all den Entscheidungen hat, die auch heute noch meist die Frauen treffen: Was es zu essen gibt, wann das Weihnachtsessen beginnt und welche

Tischmanieren bei Kindern gerade noch hinzunehmen sind. Das kann zwei Folgen haben: Erstens bekommt die Schwiegertochter Schuldgefühle; sie hat den Eindruck, den Ansprüchen an eine Ehefrau und Mutter nicht zu genügen. Und zweitens wird sie wohl Schwierigkeiten haben, ihren Mann nach Weihnachten wieder zur Mithilfe im Haushalt zu bewegen und ihre Kinder in die übliche Routine des Alltags einzubinden, wenn ihre Schwiegermutter ihren Sohn »bemuttert« und die Kinder verwöhnt hat.

Fallstudie: Susan, John und Cassie

Susans Perspektive

Susan war Anfang vierzig, als ihr Ehemann sie verließ. »Gut, dass ich ihn los bin!«, erklärte sie ihren Freunden. Er trank zu viel und kümmerte sich kaum um seine Familie. Außerdem hatte sie noch ihren Sohn John. Er war 22 Jahre alt und ein anständiger Kerl, der für sie sorgen würde.

Susan dachte, John interessiere sich nicht für Mädchen. Sie hätschelte und umsorgte ihn und leistete emotionalen Beistand, was brauchte er da noch eine andere Frau? Sie hatte John großgezogen, ihn seit seiner Geburt umhegt und geliebt, nun, so dachte sie, sei er verpflichtet, für sie zu sorgen. Gerade an Weihnachten sollten sie zusammen sein und so viel Zeit wie möglich miteinander verbringen.

Cassies Perspektive

Cassie mochte John auf Anhieb. Allerdings erschien es ihr seltsam, dass er sie nicht mit zu sich nach Hause nahm und seiner Mutter vorstellte. Die beiden begegneten sich erst, nachdem sich John und Cassie verlobt hatten. Susan war nicht gerade liebenswürdig, aber Cassie dachte, sie brauche einfach Zeit, um sich an die neue Situation zu gewöhnen.

Doch nach ihrer Hochzeit musste Cassie erkennen, dass ihre Schwiegermutter der personifizierte Alptraum war.

Die Probleme begannen direkt nach der Hochzeitsreise. Susan kam fast jeden Tag unangekündigt zu Besuch.

Cassie und John wollten ihr erstes Weihnachtsfest als Ehepaar unbedingt in ihrem neuen Haus feiern. John wollte nicht, dass Susan über Weihnachten allein blieb – er hatte das Fest nie ohne sie verbracht –, und Cassie war damit einverstanden, Susan für ein paar Tage einzuladen. Die aber wollte länger bleiben und überredete John, dass sie zwei Wochen lang bei ihnen bleiben durfte. Cassie versuchte, freundlich zu sein, doch bald war sie es leid, dass Susan ihr sagte, was sie John zu Weihnachten kochen solle oder wie der Truthahn am saftigsten werde. Immer wieder betonte Susan, wie viel John doch arbeite. Sie hatte an fast allem, was Cassie tat, etwas auszusetzen, nie dankte sie ihr oder lobte sie für ihre Anstrengungen mit dem Weihnachtsschmuck des Hauses oder dem Festessen.

Während der Feiertage verschlechterte sich ihre Beziehung. Susan mäkelte an dem Geschenk herum, das Cassie ihr gekauft hatte, und schenkte Cassie ihrerseits Pralinen, obwohl sie doch wusste, dass sie gerade Diät hielt. Sie kritisierte ständig am Essen herum und machte sich in der Küche breit. Egal, was Cassie im Haushalt auch tat, Susan wusste immer eine »bessere« Art und Weise, es zu tun. Ein paarmal machte Susan Bemerkungen über die Sauberkeit im Hause und begann sogar selbst zu putzen. Und sie rauchte im Haus, obwohl sie wusste, dass Cassie das überhaupt nicht mochte. Cassie hatte das Gefühl, an ihrem ersten Weihnachtsfest aus dem eigenen Haus hinausgedrängt zu werden, und deutete Susans Einmischungen als persönliche Beleidigung. Sie hatte den Eindruck, Susan versuche sie als schlechte Ehefrau hinzustellen. Die Atmosphäre wurde immer gespannter.

Weihnachten hin oder her – Cassie ging ihrer Schwiegermutter möglichst aus dem Weg und schob Termine außer Haus vor. Susan nutzte diese Zeit, um mit ihrem Sohn zu reden, und schwelgte mit John immer wieder in

Erinnerungen an ihr »schönstes Weihnachten überhaupt«. Sie fragte, wann er »nach Hause« komme und das Haus streiche oder mit ihr einkaufen fahre. Ihre Ansprüche wuchsen ins Uferlose. Sie verabredete mit John sogar, dass sie das nächste Weihnachtsfest bei ihr zu Hause verbringen und ein »richtiges Familienweihnachten« feiern würden.

Susan hatte ihren Ehemann erfolgreich durch ihren Sohn ersetzt.

Cassie fühlte sich allmählich völlig ausgeschlossen. Sie hatte auf ein Weihnachten mit ihren Eltern verzichtet, um es mit Johns Mutter zu verbringen, und jetzt hatte sie das Gefühl, deren Ansprüchen nie gerecht werden zu können, wie sehr sie sich auch bemühte. Manchmal sah es so aus, als sei John mit seiner Mutter verheiratet, nicht mit ihr. Die Schwiegermutter hatte ihr Weihnachten zur Hölle gemacht.

Cassie versuchte immer wieder, das Problem mit John zu besprechen, aber er meinte, Cassie sei zu besitzergreifend, schließlich wolle seine Mutter doch nur helfen, indem sie in der Küche mit anfasse und gute Haushaltstipps gebe. Außerdem fühle er sich für seine Mutter verantwortlich. Schließlich war Cassie die Streitereien leid und fraß ihren Groll in sich hinein, aber sie weigerte sich, Susan je wieder zu Weihnachten einzuladen.

....

Eine Umfrage ergab, dass verblüffende 40 Prozent aller Briten so schlechte Erfahrungen mit längeren Familienbesuchen zur Weihnachtszeit gemacht haben, dass sie fest entschlossen sind, ihre Verwandten nie wieder in dieser Jahreszeit einzuladen.

....

Johns Perspektive

John fand, die Beziehung zu seiner Mutter sei großartig. Sie kritisierte ihn nie, sie hielt alles, was er tat, für absolut vollkommen. John hatte nur ein Problem. Wenn er eine

Freundin mit nach Hause brachte, kühlte die Beziehung nach der Begegnung mit seiner Mutter stets schnell ab. Aber als er Cassie kennenlernte, wusste er, dass es Liebe war. Er beschloss, Cassie möglichst lange von seiner Mutter fernzuhalten.

Nach der Hochzeit war Susan stets zur Stelle und half, wo sie nur konnte. Über Weihnachten war sie eine große Hilfe und gab wertvolle Ratschläge – in der Vorweihnachtszeit gibt es doch immer so viel zu organisieren, dass es in Stress ausarten kann, und so war er froh, dass seine Mutter da war und ihnen einiges abnehmen konnte. Doch Cassie schien überhaupt nicht bereit, Ratschläge anzunehmen. Sie stritt dauernd mit Susan und beklagte sich bei John über seine Mutter. Er liebte Cassie, aber sie machte ihn wahnsinnig mit ihren Szenen. In seiner typisch männlichen Art dachte John, dass er schließlich Weihnachtsurlaub habe und dass er den nicht damit verbringen müsse, die Streitereien zwischen seiner Frau und seiner Mutter zu schlichten. Er überlegte sogar, dass sein Leben als Single weniger kompliziert wäre.

✳

Dieses Drama zwischen Schwiegertochter und Schwiegermutter spielt sich häufig ab, und leider kommen Spannungen allzu oft gerade Weihnachten zum Ausbruch, wenn Schwiegermutter und Schwiegertochter einander den persönlichen Raum streitig machen. Diese Zeit der Liebe und Güte kann sich dann in ein Minenfeld verwandeln. Vor allem Schwiegermütter können sehr aggressiv auftreten, wenn sie sehen, dass ihre traditionelle Rolle – als Mutter, Gastgeberin, Köchin – von einer Jüngeren übernommen wird. Als Reaktion darauf versuchen sie, ihre Autorität um jeden Preis durchzusetzen. Im Grunde geht es also um Macht und Status innerhalb der Familie.

*Weihnachten kann zu einem Macht-
kampf zwischen der Schwiegermutter
und der Schwiegertochter ausarten, da
beide versuchen, ihren Status innerhalb
der Familie zu erhöhen.*

Solche Dramen spielen sich auf der ganzen Welt ab. In einigen Ländern gibt es größere Probleme als in anderen. In Russland, wo jungverheiratete Paare mit den Eltern zusammenleben, weil es nicht genug Wohnungen gibt, hat sich eine regelrechte Kultur des Schwiegermutter-Hasses entwickelt. In Spanien spricht man von einer Krankheit namens Suegritis, die von Schwiegermüttern verursacht wird *(suegra* = Schwiegermutter).

Schwiegermutter und Schwiegertochter müssen miteinander auskommen, wenn ihr Leben funktionieren soll. Als Höhlenmenschen arrangierten sich die Frauen schon allein, um zu überleben, und auch wir müssen uns arrangieren, um in der modernen Welt zurechtzukommen und ein Leben ohne Stress zu führen. Frauen müssen ihre Beziehungsprobleme unter sich ohne die Beteiligung ihrer Männer beziehungsweise Söhne ausmachen. Denn Männer genießen es, wenn zwei Frauen sich um sie streiten, das stärkt ihr Selbstbewusstsein. Die Ehefrau sollte so klug sein, die Kontrolle über die Situation zu übernehmen, und dafür sorgen, dass Probleme ausschließlich zwischen ihr und der Schwiegermutter besprochen werden. Wenn das funktioniert, profitieren beide Seiten davon. Das Letzte, was eine Frau will, ist eine Schwiegermutter, die sich bei ihrem Mann über sie beschwert; sie braucht eine Verbündete, keine Gegnerin.

Wie Sie nächste Weihnachten die Probleme mit Ihrer Schwiegermutter in den Griff bekommen

Natürlich befasst man sich mit solchen Problemen am besten schon lange vor Weihnachten, so dass beide Seiten genug Zeit haben, Änderungen umzusetzen, bevor die Situation unerträglich wird. Dann haben Schwiegermutter und Schwiegertochter bis Weihnachten hoffentlich einen Weg gefunden, freundlich miteinander umzugehen.

Wenn schon früh in einer Beziehung Probleme auftreten, sollte die Schwiegertochter guten Willen zeigen und Brücken bauen. Die Zeit vor der Heirat sollte unbedingt genutzt werden. Die Aufmerksamkeit der Frau richtet sich verständlicherweise in erster Linie auf den Mann, doch wenn sie keine Zeit in die Beziehung zu ihrer angehenden Schwiegermutter investiert, wird sich das später rächen. Die Schwiegertochter sollte versuchen, Zeit allein mit der Mutter ihres Zukünftigen zu verbringen, damit diese sie als Individuum und nicht nur als Anhängsel des Sohnes sieht. Die Stärkung dieser Beziehung im gegenseitigen Einvernehmen kann später, wenn weitere Familienmitglieder beteiligt sind, Probleme verhindern.

Sind die Probleme in der Ehe erst einmal etabliert, dann ist es sehr schwierig, ein tragfähiges Abkommen zwischen den drei Beteiligten mit ihren unterschiedlichen Vorstellungen und Prioritäten zu finden. Die eine Seite wird kaum mit einer Regelung einverstanden sein, hinter der sie eine Allianz zwischen den beiden anderen vermutet. Daher muss das Problem in dieser Phase von den beiden am stärksten betroffenen Parteien gelöst werden: vom Sohn und von der Schwiegertochter.

Dafür müssen die beiden zunächst einige Fragen beantworten:

❊ Erkennen beide, dass ein Problem existiert?
❊ Wollen beide glücklich, lange und in Liebe miteinander leben?
❊ Wollen sie das Problem lösen?

Wenn eine der Fragen mit »nein« beantwortet wird, ist eine Eheberatung empfehlenswert. Werden alle Fragen mit »ja« beantwortet, sollten sich die Eheleute zusammensetzen und ihre Sichtweise des Problems schriftlich festhalten.

In unserem Fallbeispiel aus der Weihnachtshölle könnte Cassie beispielsweise schreiben:

❊ Susan dehnt ihren Weihnachtsbesuch länger aus, als mir lieb ist. Ich habe sie für ein paar Tage eingeladen, und sie ist zwei Wochen geblieben.
❊ Susan hat an allem etwas auszusetzen und hält mich für unfähig. Sie hat das ganze Weihnachtsfest an sich gerissen und bestimmt alles.
❊ Susan fordert von John zu viel Aufmerksamkeit; deshalb hat er nicht genug Zeit für mich.
❊ Susan raucht im Haus und akzeptiert nicht, dass sie in Johns und meinem Heim nur Gast ist.

John könnte schreiben:

❊ Meine Mutter ist Weihnachten allein, und es ist unsere Pflicht, dass wir uns um sie kümmern, aber Cassie ist das gleichgültig.
❊ Meine Mutter versucht Cassie zu helfen und hat mehr Erfahrung in all den Dingen, die Weihnachten wichtig

sind, aber Cassie weigert sich, wertvolle Tipps anzunehmen.

❋ Ich verstehe nicht, warum alle dauernd sauer sind, ich
will doch nur mit allen gut auskommen und Weihnachten genießen.

Das Problem liegt damit eindeutig bei Cassie und John.
Susan hat kein Problem. Sie beherrscht John weiterhin,
und über ihn kontrolliert sie auch Cassie. Letztendlich bestimmt sie allein, wie Weihnachten abläuft. John hat sich
nie von seiner Mutter abgenabelt. Er hat sein »Zuhause«
noch nicht verlassen und ist immer noch nicht erwachsen.

....

Die beste Zeit, sich abzunabeln, ist die Geburt.

....

Auch Cassie ist unbewusst an der momentanen Situation
beteiligt. Sie hat ihr eigenes Unglück mitverschuldet, weil
sie Susan nicht in ihre Schranken wies, als sich die ersten
Probleme abzeichneten. Cassie ließ zu, dass sich Susan in
ihre Ehe drängte. Kein Wunder, dass es Weihnachten zum
Streit um das Territorium kam.

Wie zieht man Grenzen – auch und gerade an Weihnachten?

Grenzen zu ziehen bedeutet, Grundregeln festzulegen.
Man bittet andere, bestimmte Grenzen nicht zu überschreiten. John und Cassie legten bei ihrer Hochzeit keine
Grenzen fest. Viele junge Leute machen diesen Fehler. Sie
sind unerfahren und lebten meist mit Grenzen, die andere
Menschen gezogen hatten. Sie treten nicht bestimmt genug auf und glauben, dass andere Familienmitglieder mit
ihren Ratschlägen nur helfen wollen. Und deshalb konnte Susan bei diesem ersten Weihnachtsfest im Heim der
jungen Eheleute alles an sich reißen.

Die Festlegung von Grenzen und ein selbstbewusstes Auftreten sind zwei lebenswichtige Lektionen für junge Paare. Wenn man Grenzen gezogen hat, weiß jeder, wie weit er gehen kann. Jeder weiß auch, dass er Ärger bekommt, wenn er diese Grenzen überschreitet. In ihrer Ehe haben Cassie und John Grenzen gezogen, die der Partner nicht überschreiten darf, warum sollte es dann nicht auch Grenzen für Susan geben? Und für Weihnachten müssen diese Grenzen ebenso gelten wie für den Rest des Jahres.

Cassie moniert, dass Susan an Weihnachten die Küche voll und ganz übernommen hat, also braucht Susan hier Hinweise, welche Grenzen gelten. Man muss ihr sagen, dass Cassie ihre Hilfe durchaus schätzt, aber nicht will, dass ihre Schwiegermutter die Küche als ihr Reich betrachtet. Auch in Hinblick auf die Hausarbeit hat Susan eine unsichtbare Grenze überschritten. Hier muss Cassie bestimmt auftreten. Sie sollte Susan für ihre Bemühungen danken, aber deutlich machen, dass sie und John den Haushalt selbst führen möchten. Sie muss auch klarstellen, dass ihr Haus eben nicht das Haus ihrer Schwiegermutter ist. Sie ist dort zwar willkommen, aber beide möchten nicht, dass sie im Haus raucht. Zunächst wird Susan sich verständlicherweise zurückgewiesen fühlen und verletzt reagieren. John und Cassie müssen betonen, dass sie Susan sehr wohl lieben, es diese Grenzen jedoch geben muss. Nach einiger Zeit wird Susan das verstehen und sich anpassen.

Auch Susans Wunsch, dass John bei ihr vorbeikommt und im Haus etwas repariert, ist ein Problem der Grenzziehung. John ist natürlich verpflichtet, ihr zu helfen, aber er sollte vorher einen Zeitplan mit Cassie absprechen. Die drei sollten in einem günstigen Moment ruhig und vernünftig miteinander reden – am besten vor oder nach Weihnachten, nicht am Fest selbst, wenn die Atmosphäre so gefühlsgeladen ist. Sie könnten auch mit einem Handwerker in der Nähe eine Absprache treffen und Susan dessen Telefonnummer geben. John und Cassie könnten sogar anbieten,

die Handwerkerrechnung als gemeinsames Geburtstags-
und Weihnachtsgeschenk zu bezahlen. Cassie jedoch sollte
unbedingt auf Susan zugehen und ihr das Gefühl geben,
Teil der Familie zu sein.

*Dreißig Jahre lang habe ich Weih-
nachten genossen. Dann tauchte
meine Schwiegermutter auf.*

John muss auch darauf achten, wie lange seine Mutter ihren
Weihnachtsbesuch ausdehnt. Es mag ja sein, dass sie gern
zwei Wochen bleiben möchte, aber das setzt alle Beteiligten
stark unter Druck. John sollte seine Mutter für höchstens
eine Woche einladen – wenn es irgendwie geht, sogar noch
kürzer. Wenn sie fragt, ob sie länger bleiben darf, sollte er
erklären, dass es ihm wichtig ist, an Weihnachten mehr
Zeit mit Cassie allein zu verbringen, und dass sie als junges
Paar ihr eigenes Leben leben. Er kann seiner Mutter auch
helfen, eigenen Interessen außerhalb der Familie nachzu-
gehen. Dazu können sportliche Aktivitäten, ein Lesekreis,
Krankenbetreuung, die Mitgliedschaft in einem Senioren-
klub, ein Kurs an der Volkshochschule oder ehrenamtliche
Arbeit wie zum Beispiel für Essen auf Rädern gehören.
John und Cassie sollten auch bereit sein, echtes Interesse an
Susans »neuem« Leben zu zeigen, bis sie bei der Gestaltung
Eigeninitiative entwickelt.

*»Am ersten Weihnachtstag empfehle ich
meiner Schwiegermutter jedes Jahr
einen schönen, erfrischenden Spaziergang. Insgeheim hoffe ich, dass sie eines
Tages einfach immer weiter marschiert.«*

Jedes Problem von Cassie lässt sich lösen, wenn sie Grenzen zieht und darauf achtet, dass diese nicht überschritten werden. Das ist nicht einfach. Susan wird am Anfang

verärgert sein und vermutlich zurückschlagen, indem sie Schuldgefühle weckt und John und Cassie emotional erpresst, mit Aussagen wie: »Euch ist es doch egal, wenn ich Weihnachten allein bin.« Diese Taktik funktioniert aber nur, wenn man darauf eingeht. John und Cassie wissen, dass sie das Richtige tun, sie haben ausführlich darüber gesprochen, sind alle möglichen Reaktionen durchgegangen und bereit, sich ihnen zu stellen. Schuldgefühle zu wecken gelingt anderen nur, wenn man bereit ist, die Schuld auf sich zu nehmen.

Cassie muss immer daran denken, dass es auch ihr Weihnachtsfest ist. Sie muss die Verantwortung dafür übernehmen, dass sie selbst es genießen kann. Wie wir gesehen haben, bricht die Wut, die sie in sich hineingefressen hat, schließlich aus ihr heraus, und dann verdirbt sie allen die Feiertage.

Wenn sie Susan jedoch einfühlsam und liebevoll ihre Grenzen zeigt, wird sich letztendlich eine vernünftige und angenehme Beziehung entwickeln.

Und wenn diese Bemühungen alle nicht fruchten und Susan weiter jedes Weihnachtsfest verdirbt, dann müssen beide die Konsequenzen ziehen und sie nicht mehr zu Weihnachten einladen. Susan muss einsehen, dass sie ihren Sohn und ihre Schwiegertochter respektieren muss.

Kapitel 8

Mistelzweig und Weihnachtsstrümpfe:
Verführung, Partnersuche und Sex

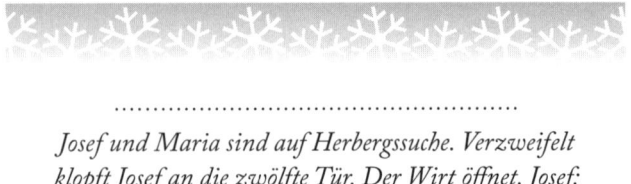

*Josef und Maria sind auf Herbergssuche. Verzweifelt
klopft Josef an die zwölfte Tür. Der Wirt öffnet. Josef:
»Haben Sie ein Quartier für mich und meine Frau?«
Wirt: »Nein, alles ausgebucht.«
Josef: »Aber Sie sehen doch, meine Frau ist
hochschwanger ...«
Wirt: »Dafür kann ich nichts ...«
Josef: »Ich doch auch nicht!«*

Für Singles bietet Weihnachten die beste Gelegenheit,
das Partnerpotential ringsum zu sondieren. Durch Weihnachtsfeiern, Familientreffen und andere gesellige Anlässe
werden der Advent und die Feiertage zu einer optimalen
Zeit, um neue Leute kennenzulernen und sich jene näher
anzuschauen, auf die man schon ein Auge geworfen hat.
Untersuchungen zeigen, dass besonders viele Paare im Januar zum ersten Mal gemeinsam ausgehen – sie haben sich
Weihnachten oder Silvester kennengelernt. Die Teilnahme
an Internet-Single-Chats steigt im Dezember deutlich,
und Partnervermittlungen berichten, dass ihre Veranstal-
tungen oft überlaufen sind, weil so viele Singles sich über
die Feiertage amüsieren und neue Menschen kennenlernen
wollen. Bei einer Umfrage antworteten fast drei Viertel der
befragten Londoner Singles, dass eine neue Liebe ganz

oben auf ihrer Weihnachtswunschliste stehe, und auch bei den guten Vorsätzen zu Silvester ist die Suche nach einem neuen Partner für Singles sehr wichtig.

....

Laut einer Umfrage für Trebor Mints »tauschen die Briten an jedem Weihnachtstag etwa 600 Millionen Küsse aus – das sind 25 Millionen pro Stunde, 417 000 pro Minute und 6940 pro Sekunde«.

....

Während Weihnachten für Singles und frisch verliebte Paare ein echtes Fest der Liebe sein kann, sind langjährige Partner an Weihnachten weniger in der Stimmung für Romantik und Sex als zu anderen Zeiten im Jahr.

In diesem Kapitel wollen wir uns intensiver mit dem Thema Verführung und Sex in der Weihnachtszeit beschäftigen. Wir haben unsere Studien zu Anziehungskraft und Verführung sowie unsere eigenen Erfahrungen herangezogen, um Ihnen zu zeigen, wie Sie auf jemanden, den (oder die) Sie auf der Weihnachtsfeier oder bei ähnlichen Anlässen kennenlernen, interessant und attraktiv wirken und wie Sie jemanden finden, mit dem Sie nicht nur dieses, sondern alle Weihnachten verbringen wollen. Außerdem wollen wir den Fragen nachgehen, warum Verheiratete und Partner in langfristigen Beziehungen Sex in der Weihnachtszeit meiden und was man tun kann, damit es Weihnachten wieder so richtig prickelt.

Warum Frauen in puncto Verführung alles besser im Griff haben

Wenn es darum geht, ihr Gegenüber zu verführen – sei es zu Weihnachten oder zu jeder anderen Zeit im Jahr –, haben Frauen enorme Vorteile gegenüber Männern.

Dr. Simon Baron-Cohen von der Cambridge University hat Tests durchgeführt, bei denen den Probanden Fotos mit einem schmalen Streifen eines Gesichts vorgelegt wurden, auf dem nur die Augenpartie zu sehen war. Die Testpersonen sollten den Fotos verschiedene Gemütslagen zuordnen, wie etwa »freundlich«, »entspannt«, »feindlich« oder »besorgt«, außerdem Haltungen wie »Sehnsucht nach dir«, »Sehnsucht nach jemand anderem«.

Statistisch waren bei reinem Raten die Hälfte der Antworten richtig, doch die Männer schafften im Durchschnitt 19 von 25 Treffern, die Frauen 22 von 25. Dieser Test zeigt, dass beide Geschlechter Augensignale besser lesen können als Körpersignale und dass Frauen darin besser sind als Männer.

Der Erfolg von Frauen bei intimen Begegnungen hängt direkt von ihrer Fähigkeit ab, Werbungssignale auszusenden und die von den Männern zurückgesandten zu entschlüsseln. Will ein Mann bei Frauen erfolgreich sein, dann muss er vor allem die an ihn gesendeten Signale richtig deuten, anstatt selbst die Initiative zu ergreifen. Die meisten Frauen erkennen Werbungssignale, doch Männer sind da etwas begriffsstutzig, ja oft sogar völlig blind. Deswegen haben so viele von ihnen Schwierigkeiten, eine Partnerin zu finden. Bei Frauen besteht das Problem bei der Partnersuche nicht darin, dass sie die Signale nicht deuten können. Doch ihnen fällt es schwer, jemanden zu finden, der ihren Ansprüchen genügt.

Fragt man Männer, wer beim Werben gewöhnlich den ersten Schritt macht, werden sie ausnahmslos sagen, dass sie diejenigen sind. Sämtliche Untersuchungen zu diesem Thema zeigen jedoch, dass in 90 Prozent der Fälle die Initiative von den Frauen ausgeht. Frauen senden einem anvisierten Mann mit Hilfe von Augen, Körper und Mimik eine Reihe subtiler Signale, auf die er dann reagiert – vorausgesetzt natürlich, er ist feinfühlig genug, sie wahrzunehmen.

*Wenn es um Verführung geht, sind es die
Frauen, die Weihnachten so ein gewisses
Funkeln in den Augen haben.*

Manche Männer sprechen eine Frau in einem Club oder
einer Bar an, ohne dass sie ihnen grünes Licht gegeben hat.
Zwar mag es einigen von ihnen regelmäßig gelingen, auf
diese Weise eine Partnerin zu finden, doch insgesamt ist die
Erfolgsrate gering, weil sie zu diesem Schritt nicht eingeladen wurden – sie versuchen halt mal ihr Glück!

*Die übelste Weihnachtsanmache
überhaupt: »Darf ich ein Foto von
dir machen, damit ich dem Nikolaus
zeigen kann, was ich mir zu
Weihnachten wünsche?«*

Wenn Sie als alleinstehender Mann auf eine Weihnachtsfeier gehen und die Frau fürs Leben suchen, sollten Sie
vor allem auf die Blicke und die Körpersprache der Frauen
achten.

Wie man einen Mann bei einer Weihnachtsfeier auf sich aufmerksam macht

Sie sind auf der Weihnachtsfeier einer Freundin und haben
einen attraktiven Mann am anderen Ende des Zimmers
entdeckt. Aber wie machen Sie ihn auf sich aufmerksam?
Der Trick dabei sind die Augen: Wenn eine Frau die Aufmerksamkeit eines Mannes in der anderen Ecke des Raumes auf sich lenken will, begegnet sie seinem Blick, hält ihn
zwei oder drei Sekunden lang fest und schaut dann nach
unten. Dieser Blick genügt, um ihm Interesse und poten-
tielle Unterwürfigkeit zu signalisieren.

Ein Tipp zu Weihnachten: Wenn Sie
einen Mann auf einer Weihnachtsfeier
auf sich aufmerksam machen wollen,
begegnen Sie seinem Blick und halten
Sie ihn fest.

Ein Experiment von Dr. Monica Moore von der Websters University hat gezeigt, dass die meisten Männer nicht in der Lage sind, das erste Blicksignal einer Frau zu entschlüsseln, so dass sie es normalerweise dreimal wiederholen muss, bevor der Durchschnittsmann es wahrnimmt, womöglich viermal bei ziemlich schlaffen Typen und fünfmal oder noch häufiger bei echten Schnarchzapfen. Wenn sie schließlich die Aufmerksamkeit des Mannes auf sich gelenkt hat, setzt sie oft eine kleine Version der hochgezogenen Augenbrauen ein, also eine kleine, subtile Geste des Augenaufreißens, die ihm sagt, dass das Signal für ihn bestimmt war. Mit dem Heben der Augenbrauen für einen Sekundenbruchteil und dem darauffolgenden schnellen Fallenlassen signalisieren Menschen unbewusst, dass sie die Anwesenheit des anderen wahrgenommen haben und ausdrücken wollen: »Ich habe dich gesehen und bin friedfertig.«

Ehrlich gesagt, manchmal ist eine unverblümte verbale Annäherung wie der Satz »Hey, du gefällst mir!« bei begriffsstutzigen Männern wirkungsvoller.

Männer entflammen ...

Die Lider zu senken, gleichzeitig die Brauen zu heben, nach oben zu schauen und die Lippen leicht zu öffnen ist eine Gestenkombination, die Frauen seit Jahrhunderten einsetzen, um sexuelle Bereitschaft anzudeuten. Sie ist ein Markenzeichen von Sexbomben wie Marilyn Monroe,

Deborah Harry und Sharon Stone, und auch Weihnachten bewährt sie sich als ausgesprochen verführerisch.

Diese Geste vergrößert nicht nur die Entfernung zwischen Lidern und Brauen auf ein Maximum, sondern gibt der Betreffenden auch ein geheimnisvolles Aussehen. Neuere Untersuchungen zeigen, dass viele Frauen diesen Gesichtsausdruck direkt vor dem Orgasmus zeigen.

....

Der Zauber des Mistelzweigs: Einer Umfrage
zufolge steht Weihnachten ganz oben auf der Liste
der »Küss-Anlässe«: 73 Prozent von uns werden
unter dem Mistelzweig jemanden küssen;
am Valentinstag sind es nur 15 Prozent.

....

Sorgt der Alkohol dafür, dass Weihnachten alle attraktiver aussehen?

Neben dem Mistelzweig, der einen willkommenen Anlass bietet, trägt auch der erhöhte Alkoholkonsum seinen Teil dazu bei, dass Singles an Weihnachten leichter mit dem anderen Geschlecht in Kontakt kommen, aber das gilt wohl nur für Männer. Aus der Sicht einer Frau kann man Ähnliches nicht behaupten. Dies zeigte sich bei einigen interessanten Studien in Single-Kneipen. Forscher fanden heraus, dass, je weiter die Stunde vorgerückt war, die verfügbaren Frauen den einsamen Männern immer attraktiver erschienen. Eine Frau, der Männer um 19.00 Uhr auf einer Skala von 0 bis 10 die Note 5 gegeben hatten, erhielt um 22.30 Uhr bereits die Note 7 und um Mitternacht die Note 8,5, wobei der steigende Alkoholspiegel im Blut der Männer die Bewertung eindeutig verbesserte. Frauen jedoch, die einem Mann um 19.00 Uhr die Note 5 gegeben hatten, bewerteten ihn auch um Mitternacht mit einer 5.

....

*Eine Frau, die einem Mann um 19.00 Uhr die Note 5
gegeben hat, bewertet ihn auch um Mitternacht so, und
zwar unabhängig von ihrem Alkoholkonsum.*
....

Alkohol trägt nicht dazu bei, die Attraktivität eines Mannes zu steigern, im Gegenteil: In einigen Fällen sank seine
Attraktivität sogar mit zunehmendem Alkoholkonsum der
Frau. Seien Sie also gewarnt: Wenn Sie ein Rentiergeweih
und eine dieser schrillen Weihnachtskrawatten tragen, wird
sich keine Frau zu Ihnen hingezogen fühlen, egal wie viel
sie getrunken hat.

Frauen bewerten die Tauglichkeit eines Mannes als
Partner immer noch vorrangig anhand seiner persönlichen
Charaktereigenschaften und nicht anhand seiner äußeren
Erscheinung – daran ändert auch die vorgerückte Stunde
oder der höhere Alkoholpegel nichts. Bei Männern steigt
die Attraktivität einer Frau entsprechend der Wahrscheinlichkeit, dass sie ihn als eifrigen Spermienspender akzeptieren wird.

Das erste Rendezvous an Weihnachten –
ein paar todsichere Romantik-Tipps für Männer

In Anbetracht der Tatsache, dass sich so viele Paare an
Weihnachten kennengelernt haben, können ein paar Tipps
zur Kunst der Verführung fürs Fest sicher nicht schaden.
Frauen verbinden gern Liebe und Romantik, doch die meisten Männer verstehen das nicht. Sie sind einfach jederzeit
und überall für die Liebe bereit. Die romantischen Fähigkeiten eines Mannes (bzw. der Mangel daran) spielen eine
wesentliche Rolle dabei, ob eine Frau mit ihm Sex haben
will oder nicht. Wir haben sechs erprobte und bewährte
Taktiken aufgeführt, die sowohl heutzutage als auch vor
5000 Jahren schon die besten Resultate gebracht haben.

1. Achten Sie auf die Umgebung. Wenn man einmal bedenkt, wie sensibel eine Frau auf ihre Umgebung reagiert und wie stark ihre Sinne äußere Reize aufnehmen, ist es durchaus sinnvoll, dass ein Mann sich Gedanken über die Umgebung macht, in der er sich mit einer Frau treffen will. Das weibliche Geschlechtshormon Östrogen lässt eine Frau sehr empfindlich auf die Art der Beleuchtung reagieren: Schummriges Licht weitet die Pupillen, was auf Menschen beiderlei Geschlechts anziehend wirkt, und Hautunebenheiten und Falten fallen weniger auf. Die Hörnerven einer Frau sind empfindlicher als die eines Mannes, deshalb ist auch die richtige Musik sehr wichtig. Außerdem ist eine saubere, sichere »Höhle« besser als eine, zu der Kinder und andere Leute jederzeit Zugang haben. Frauen bestehen in der Regel darauf, Sex in einem abgeschlossenen Raum zu haben, was auch die heimliche Phantasie vieler Frauen erklärt, es an öffentlichen Orten zu treiben, während die beliebteste Männerphantasie Sex mit einer Unbekannten ist.

2. Bieten Sie ihr Nahrung an. Wenn man an die Vergangenheit des Mannes als Beutejäger denkt, könnte man meinen, dass es den Männern in den Sinn kommen sollte, weibliche Urinstinkte wachzurütteln, indem sie eine Frau mit Nahrung versorgen. Hier liegt auch der Grund, warum es für eine Frau ein so bedeutendes Ereignis ist, wenn er sie zum Essen ausführt, obwohl sie eigentlich gar keinen Hunger hat. Für sie bedeutet sein Angebot, sie mit Nahrung zu versorgen, dass sie ihm wichtig ist und ihm an ihrem Wohlbefinden und Überleben gelegen ist. Einer Frau ein Essen zu kochen spricht gewisse primitive Gefühle sowohl in der Frau als auch im Mann an.

3. Zünden Sie ein Feuer an. Männer haben über Jahrtausende hinweg für Frauen Holz gesammelt und Feuer gemacht, und das spricht auch heutzutage noch die romantische Seite einer Frau an. Auch wenn es sich bei dem Feuer nur um ein Feuer im Gaskamin handelt, das

die Frau problemlos selbst hätte entfachen können, ist es wichtig, dass er es tut, um die erwünschte romantische Stimmung heraufzubeschwören. Das Feuer an sich ist dabei nicht das Wichtigste, sondern die Tatsache, dass er sich um ihre Bedürfnisse kümmert.

4. Schenken Sie ihr Blumen. Viele Männer verstehen nicht, welch durchschlagende Wirkung ein Strauß frischer Blumen bei einer Frau haben kann. Der Gedanke der Männer dabei ist: »Warum soll man so viel Geld für etwas ausgeben, was nach ein paar Tagen welk ist und im Müll landet?« Ein Mann mit seinem logischen Denken kann es noch sinnvoll finden, einer Frau eine Topfpflanze zu schenken, denn mit ein bisschen Pflege und Aufmerksamkeit hat man länger Freude daran. Eine Frau sieht das anders. Sie will einen Strauß frischer Blumen. Nach ein paar Tagen sind die Blumen welk und landen auf dem Kompost, und das gibt ihm die Gelegenheit, einen neuen Strauß zu kaufen und so erneut die romantische Saite in ihr zum Klingen zu bringen, weil er sich wieder einmal um ihre Bedürfnisse kümmert.

5. Gehen Sie mit ihr tanzen. Es ist ja nicht so, dass Männer nicht tanzen wollten; die meisten haben einfach keinen eigenen Bereich für das Tanzen in ihrer rechten Gehirnhälfte, um den Rhythmus zu fühlen. In jeder beliebigen Aerobic-Stunde kann man beobachten, wie sich die männlichen Teilnehmer (sofern überhaupt welche auftauchen) abmühen, um nicht aus dem Takt zu kommen. Wenn ein Mann einen Anfänger-Tanzkurs macht und ein paar grundlegende Schritte für Rock'n'Roll und Walzer lernt, kann er sicher sein, dass er auf jeder Party bei den Frauen der Hit sein wird. Man hat Tanzen auch als die vertikale Ausführung eines horizontalen Verlangens beschrieben, und genau das ist die Entstehungsgeschichte des Tanzes: Der Tanz ist ein Ritual, das sich entwickelt hat, um Frauen und Männern die Gelegenheit zu Körperkontakt zu geben, der dann als Vorstufe zu

anderen Werbungsritualen gesehen wird, was ja auch bei vielen Tierarten der Fall ist.

6. Kaufen Sie ihr Schokolade und Champagner. Beides verbindet man seit langem mit Romantik, obwohl die wenigsten wissen, warum. Champagner enthält eine chemische Substanz, die sich in keinem anderen alkoholischen Getränk findet und die den Testosteronspiegel hebt. Schokolade enthält Phenylethylamin, eine Substanz, die das Liebeszentrum im Gehirn einer Frau anregt. Danielle Piomella vom Neurosciences Institute in San Diego entdeckte kürzlich drei neue chemische Substanzen – N-Acylethanolamine –, die an die Cannabis-Rezeptoren im Gehirn einer Frau andocken und in ihr der Wirkung von Marihuana vergleichbare Empfindungen auslösen. Diese chemischen Substanzen finden sich in brauner Schokolade und in Kakao, nicht aber in weißer Schokolade oder Kaffee.

Wie man einen Partner fürs Leben, nicht nur für die Weihnachtstage findet

Es ist Heiligabend, und Sie haben diesen einen, ganz besonderen Menschen kennengelernt. Liebe beginnt mit Lust, und Lust kann ein paar Stunden, ein paar Tage oder ein paar Wochen dauern. Am Valentinstag ist man schon in der nächsten Phase – große Verliebtheit –, die im Durchschnitt drei bis zwölf Monate währt, bevor sich daran, etwa gegen Ende des Sommers, die Bindungsphase anschließt. Etwa ein Jahr später, in der nächsten Weihnachtszeit, hat die berauschende Wirkung des starken Hormoncocktails nachgelassen, wir sehen unseren Partner zum ersten Mal im nüchternen Tageslicht, und all die kleinen Eigenheiten, die wir anfangs noch so liebenswert fanden, gehen uns langsam, aber sicher auf die Nerven. Letztes Jahr fanden Sie das Rentiergeweih noch lustig; jetzt wollen Sie es ihm vom

Kopf reißen und ihn auffordern, doch endlich erwachsen zu werden. Letztes Jahr hörte er gern zu, wenn Sie von Ihren Weihnachtsplänen erzählten (was Sie machen wollen, wem Sie was schenken, welche guten Vorsätze für das neue Jahr Sie haben), doch inzwischen steigen immer häufiger Mordgelüste in ihm hoch, sobald Sie auch nur den Mund aufmachen. Heimlich fragen Sie sich immer öfter: »Soll ich so den Rest meines Lebens verbringen? Was haben wir gemeinsam?«

....

Die Blume der Liebe ist die Rose. Nach drei Tagen verliert sie ihre Blütenblätter, und alles, was zurückbleibt, ist ein hässlicher Stängel voller Dornen.

....

In der Tat ist der Gedanke nicht abwegig, dass Männer und Frauen wenig bis gar nichts gemeinsam haben und dass es kaum ein Thema gibt, über das beide gerne reden würden. Aus biologischer Sicht ist das einzige Ziel der Natur, eine Frau und einen Mann durch eine Überdosis Hormone so weit zu benebeln, dass sie eben nicht denken können, sondern lange genug zusammenbleiben, um Nachwuchs zu zeugen. Wenn Sie auf der Suche nach dem richtigen Partner sind, müssen Sie sich darüber im Klaren sein, auf welche Gemeinsamkeiten Sie bei einer Beziehung Wert legen, die auch das nächste und alle kommenden Weihnachten halten soll, und zwar bevor die Natur Ihre Denkfähigkeit durch Hormone ausgeschaltet hat.

Die Frage ist, ob Sie in der Lage sind, eine dauerhafte Beziehung, die auf Freundschaft und gemeinsamen Interessen aufbaut, auch nach der ersten großen Verliebtheit – und dass diese vergeht, ist so sicher wie das Amen in der Kirche – aufrechtzuerhalten. Notieren Sie die Charakterzüge und Interessen, die Sie sich bei einem Partner wünschen, mit dem Sie sich eine langfristige Beziehung vorstellen könnten, dann werden Sie erkennen, wonach Sie suchen.

Ein Mann hat sicherlich eine ganze Liste mit Eigenschaften, die seine ideale Partnerin haben sollte, doch wenn er auf eine Party geht, vor allem auf eine Weihnachtsparty, auf der er besonders kontaktfreudig und gut gelaunt ist, wird sein Gehirn durch massive Testosteronausschüttungen umnebelt. Es wird ihn dann dazu treiben, sich eine »ideale« Frau entsprechend seiner hormonellen Motivation zu suchen – klasse Beine, flacher Bauch, runder Hintern, attraktive Oberweite usw., alles Kriterien, die wichtig sind, wenn das Ziel der schnellen Fortpflanzung im Vordergrund steht.

Frauen wünschen sich einen einfühlsamen und liebevollen Mann, der einen V-förmigen Oberkörper und einen guten Charakter hat – alles Eigenschaften, die für das Zeugen und Großziehen von Kindern, die Nahrungsbeschaffung und den Schutz der Familie wichtig sind. Dabei handelt es sich ebenfalls nur um kurzfristige biologische Bedürfnisse, die kaum etwas mit dem Erfolg einer modernen Beziehung zu tun haben. Wenn Sie eine Liste mit all den Eigenschaften, die Sie sich bei einem langfristigen Partner wünschen, griffbereit haben, wird sie Ihnen beim nächsten Kennenlernen eines potentiellen Partners nützlich sein. Obwohl Ihre Hormone Ihre Triebe ein- und Ihren Verstand ausschalten, hilft Ihnen diese Liste, objektiv zu bleiben.

Es ist relativ einfach, jemanden zu finden, mit dem man dieses Jahr die Feiertage verbringen kann; das Geheimnis liegt darin, jemanden zu finden, mit dem man *alle* Feiertage verbringen will. Ihr biologisches Ziel ist es, sich so oft wie möglich fortzupflanzen, und die Natur greift zu wirkungsvollen Mitteln, um das zu erreichen. Wenn Ihnen diese Zusammenhänge klar sind und Sie sich mit einer Beschreibung Ihres idealen langfristigen Partners gewappnet haben, werden Sie weniger leicht auf die Tricks von Mutter Natur hereinfallen. Ihre Chancen, den einen so schwer aufzutreibenden perfekten Partner zu finden, mit dem Sie »glücklich und zufrieden bis an Ihr Lebensende« leben können, steigen dadurch beträchtlich.

Weihnachtspartys – wie man als Paar dorthin geht (und als Paar wieder zurückkommt)

Und wenn man diesen einen, ganz besonderen Menschen endlich gefunden hat, fängt die Arbeit erst richtig an ...

Allan und Barbara waren zu einer Cocktailparty eingeladen. Barbara hatte sich ein neues Kleid gekauft und wollte todschick auf der Party erscheinen. Sie hielt zwei Paar Schuhe hoch, ein Paar blaue und ein Paar goldene. Dann stellte sie Allan die gefürchtete Frage: »Liebling, welche Schuhe passen am besten zu meinem Kleid?«

Allan lief es eiskalt über den Rücken. Er wusste, dass er gleich in ziemlichen Schwierigkeiten stecken würde. »Äh ... hmm ... die dir am besten gefallen, Liebling«, stammelte er.

»Also, nun sag schon, Allan«, forderte sie ihn ungeduldig auf, »welche Schuhe sehen besser zu meinem Kleid aus – die blauen oder die goldenen?«

»Die goldenen!«, antwortete er nervös.

»Und was stört dich an den blauen Schuhen?«, fragte sie. »Sie haben dir noch nie gefallen! Ich habe ein Vermögen dafür ausgegeben, und du findest sie fürchterlich, stimmt's?«

Allans Schultern sackten nach vorne. »Wenn dich meine Meinung nicht interessiert, dann frag mich nicht, Barbara!«

Er war der Meinung, dass er ein Problem lösen sollte, aber nachdem er es gelöst hatte, war sie alles andere als dankbar. Barbara hingegen hatte nichts anderes getan, als eine typisch weibliche Ausdrucksweise einzusetzen – die indirekte. Sie hatte sich bereits für ein bestimmtes Paar Schuhe entschieden und wollte keine andere Meinung dazu hören, sondern einfach nur die Bestätigung, dass sie gut aussah.

Wenn Sie der Ehemann sind und sich auf eine Weihnachtsfeier vorbereiten, dann lassen Sie sich eines gesagt sein: Wenn sich eine Frau für eines von zwei Paar Schuhen entscheiden muss und fragt: »Blau oder golden?«, ist es wichtig, dass man als Mann keine Antwort gibt. Stattdessen sollte man es lieber mit einer Gegenfrage probieren: »Weißt du schon, welche du tragen willst, Liebling?«

Die meisten Frauen sind dann erst einmal verblüfft über diese Reaktion, weil die meisten Männer, die sie kennen, sofort ihre Vorlieben anmelden.

»Na ja … ich dachte, ich ziehe vielleicht die goldenen an …«, wird sie dann, leicht verunsichert, sagen.

In Wirklichkeit hat sie sich bereits für die goldenen Schuhe entschieden.

»Warum die goldenen?«, sollte er dann fragen.

»Weil ich goldene Accessoires trage und mein Kleid ein goldenes Muster hat«, lautet ihre Antwort dann vielleicht.

Ein cleverer Mann wird sagen: »Wow! Eine gute Entscheidung! Du wirst einfach fabelhaft aussehen!«

Und er kann sich darauf verlassen, dass ihn eine angenehme Weihnachtsfeier erwartet.

Weihnachtspartys – wie man einer Frau ein ehrlich gemeintes Kompliment macht

....

Es ist kurz vor Heiligabend, und die Eheleute ziehen sich für eine Weihnachtsparty um. Die Frau steht vor einem großen Spiegel und mustert sich kritisch.
»Ach, Liebling«, sagt sie, »ich schaue in den Spiegel und sehe eine alte Frau. Mein Gesicht ist faltig, mein Haar grau, die Schultern sind gebeugt, an den Beinen habe ich Speck angesetzt, und die Haut an meinen Armen ist ganz schlaff.«
Sie dreht sich zu ihrem Mann um und bittet: »Sag mir etwas Nettes, damit ich mich besser fühle.«
Er mustert sie einen Moment lang genau und denkt nach. Um jeden Preis will er ihr etwas Nettes sagen, und so antwortet er mit zärtlicher, fürsorglicher Stimme: »Also, du hast wirklich schöne Augen.«

....

Genau so sollte man es nicht machen! Wenn Sie in der Weihnachtszeit auf eine Party gehen und der Frau in Ihrem Leben vermitteln wollen, dass sie etwas ganz Besonderes ist, dann müssen Sie als Mann lernen, ehrliche Komplimente zu machen.

Wenn eine Frau ein neues Kleid anprobiert und einen Mann fragt: »Wie steht mir das?«, wird sie in den meisten Fällen eine Antwort wie »Gut« oder »Hm« erhalten. Dafür bekommt er mit Sicherheit keine Bonuspunkte bei ihr. Wenn ein Mann sich einschmeicheln möchte, muss er auf eine derartige Frage reagieren, wie eine Frau es täte, nämlich indem er über Details redet.

Einige Männer zucken schon bei dem Gedanken zusammen, eine detaillierte Antwort geben zu müssen. Wenn sie sich aber endlich dazu aufraffen, wird das bei den meisten Frauen irrsinnig gut ankommen.

Wenn er zum Beispiel antwortet: »Wow! Eine tolle Wahl! Dreh dich mal um – lass es mich von hinten sehen – also, die Farbe steht dir wirklich unheimlich gut – deine Figur kommt bei dem Schnitt toll zur Geltung – diese Ohrringe passen einfach super zu deinem Kleid – du siehst wundervoll aus!«, schmilzt seine Frau bestimmt dahin, und Weihnachten ist gerettet.

....

Wenn Sie einer Frau an Weihnachten vermitteln wollen,
dass sie etwas ganz Besonderes ist, sagen Sie ihr nicht
einfach, dass sie gut aussieht – sagen Sie ihr,
weshalb sie gut aussieht.

....

Paare und Sex an Weihnachten

Die Geschenke sind ausgepackt, man ist angenehm müde vom Essen und Trinken, die Kinder schlafen in ihren Betten, und Weihnachten ist schon beinahe wieder vorbei. Zum ersten Mal seit langem haben die Partner mal wieder die Gelegenheit, sich zu entspannen und Zeit miteinander zu verbringen, und doch zeigen Untersuchungen, dass Paare Weihnachten alles Mögliche im Kopf haben, nur nicht Sex.

Warum ist das so? Welche Auswirkungen hat Stress auf den Geschlechtstrieb? Sind diese Auswirkungen bei Männern und Frauen gleich? Und warum kaufen Männer so gern Dessous als Weihnachtsgeschenke?

....

Bei einer Umfrage gaben 70 Prozent der Männer an,
dass sie im Dezember weniger Sex hätten als
in jedem anderen Monat.

....

Bevor wir diese Fragen beantworten, müssen wir uns ein wenig mit der wissenschaftlichen Seite der Sexualität beschäftigen. Das Sexzentrum ist der Hypothalamus, also der Teil des Gehirns, der auch die Gefühle, die Herzfrequenz und den Blutdruck steuert. Der Hypothalamus ist etwa kirschkerngroß und wiegt um die 4,5 Gramm. Bei heterosexuellen Männern ist er größer als bei Frauen, Homosexuellen und Transsexuellen.

Der Hypothalamus ist der Bereich, in dem das Verlangen nach Sex durch Hormone – besonders durch Testosteron – stimuliert wird. Wenn man bedenkt, dass Männer einen etwa zehn- bis zwanzigmal höheren Testosteronspiegel als Frauen und außerdem einen größeren Hypothalamus haben, wird klar, warum der männliche Geschlechtstrieb so stark ausgeprägt ist. Das erklärt auch, warum Männer praktisch überall und zu jeder Zeit Sex wollen – auch um 3.00 Uhr morgens am ersten Weihnachtsfeiertag. Erschwerend kommt hinzu, dass die Gesellschaft Generationen von Männern dazu ermutigt hat, sich »die Hörner abzustoßen«, während sie gleichzeitig sexuell aktive Frauen verdammte. Eigentlich ist es kein Wunder, dass das unterschiedliche Sexualverhalten von Männern und Frauen seit jeher zu Spannungen in den Beziehungen geführt hat.

Sex und Weihnachtsstress

Oft werden wir mit der Frage konfrontiert, welche Auswirkungen die ganzen Vorbereitungen und der Stress zu
Weihnachten auf den Geschlechtstrieb eines Paares haben.
Zunächst muss man festhalten, dass der Geschlechtstrieb
bei Männern und Frauen unterschiedlich ist und dass die
meisten Paare unterschiedlich hohe Niveaus und Schwan-
kungen zu verschiedenen Zeiten innerhalb einer Woche,
eines Monats und eines Jahres durchleben. Es mag gerade
politisch korrekt sein, davon auszugehen, dass moderne
Männer und Frauen in gleichem Maße an Sex interessiert
sind oder dass normale Paare sexuell völlig im Einklang
sind, aber es stimmt eben nicht.

Im Großen und Ganzen kann man sagen, dass die
meisten Männer einen starken Geschlechtstrieb besitzen,
die meisten Frauen einen weniger starken. Eine Studie des
Kinsey Institute hat ergeben, dass 37 Prozent der Männer
alle 30 Minuten an Sex denken, während das bei nur 11
Prozent der Frauen der Fall ist. Bei einem Mann ist der
Testosteronspiegel stets so hoch, dass sein Geschlechtstrieb
ständig aktiviert ist. Darum ist ein Mann auch, sobald es
um Sex geht, allzeit bereit.

....

Wenn auf einem amerikanischen Universitätscampus
eine attraktive Frau einen Mann anspricht und ihn
fragt, ob er mit ihr schlafen will, dann antworten
75 Prozent aller gefragten Männer mit »Ja«.
Im Gegensatz dazu sagt keine Frau »Ja«, wenn sie
das ein attraktiver Mann fragt.

....

Testosteron ist die Hauptursache für den Geschlechtstrieb,
und Liebe ist eine Mischung aus chemischen und elektrischen Reaktionen. All diejenigen, die der Auffassung sind,
dass sich Liebe ausschließlich im Kopf abspiele, haben in
gewisser Weise recht. Bei Frauen tragen psychologische

Faktoren wie Vertrauen, Nähe und allgemeines Wohlbefinden dazu bei, die Bedingungen zu erfüllen, unter denen der entsprechende Hormoncocktail vom Gehirn ausgeschüttet wird. Bei Männern kann dieser Cocktail zu jeder Zeit und an jedem Ort ausgeschüttet werden.

Wenn es um Sex geht, brauchen
Frauen einen Grund. Männer
brauchen einen Ort.

Man könnte vermuten, dass Weihnachten eine gute Zeit für Sex sei – schließlich müssen all diese Mistelzweige ja für etwas gut sein. Aber einer neueren Umfrage zufolge machen uns die Feiertage keine Lust auf Sex, ganz im Gegenteil. Wir alle wissen, dass Weihnachten eine anstrengende Zeit sein kann, und leider wird der Geschlechtstrieb einer Frau ganz entscheidend von den Ereignissen in ihrem Umfeld bestimmt. Wenn sie nach einem langen Arbeitstag am Heiligabend nicht früh genug nach Hause kommt, dann aber 17 Gäste zum Weihnachtsessen hat, die Kinder krank sind und sie immer noch das Barbie-Puppenhaus zusammenbauen muss, das ihre Tochter unterm Weihnachtsbaum finden soll, dann wird Sex das Allerletzte sein, wofür sie sich interessiert. Sie sehnt sich nur danach, Weihnachten mit Anstand über die Bühne zu bringen, und wenn sie sich schließlich ins Bett schleppt, will sie dort nur noch schlafen.

»Ihr Ehemann ist das Letzte,
was eine Frau am Weihnachtsmorgen
in ihren Strümpfen finden will.«
JOAN RIVERS

Passiert das Gleiche einem Mann, ist Sex für ihn wie eine Beruhigungstablette: eine Methode, die tagsüber aufgestauten Spannungen abzubauen. Am Ende eines Tages passiert dann Folgendes: Er macht sie an, und sie heißt ihn einen gefühllosen Schwachkopf; er bezeichnet sie als frigide, und prompt darf er die Heilige Nacht auf der Wohnzimmercouch verbringen. Kommt Ihnen das bekannt vor?

Interessanterweise beurteilen Männer den Zustand ihrer Beziehung nach den persönlichen Diensten, die ihnen ihre Partnerin am Tage der Befragung hat angedeihen lassen, also ob sie ihnen das Frühstück gemacht oder ihnen ein schönes Geschenk ausgesucht hat. Frauen dagegen beurteilen den Zustand ihrer Beziehung nach den Ereignissen, die sich in der näheren Vergangenheit zugetragen haben, also, wie aufmerksam er ihr gegenüber in den letzten Monaten war, wie nützlich er sich im Haus gemacht und wie häufig er sich in der letzten Zeit mit ihr unterhalten hat. Die wenigsten Männer verstehen diesen Unterschied. Er kann den ganzen Tag über der perfekte Gentleman gewesen sein, alle Weihnachtsarbeiten erledigt und ihr ein phantastisches Geschenk überreicht haben, und doch stößt sie ihn, wenn er Sex will, zurück, weil sie immer noch unglücklich darüber ist, dass er ihre Mutter vor zwei Wochen gekränkt hat.

Eine bemerkenswerte Studie hat gezeigt, dass das Niveau an Kritik und Verachtung, das Partner einander entgegenbringen, in direkter Beziehung steht zur Zahl der ansteckenden Krankheiten, an denen sie in den nächsten fünf Jahren leiden werden, vor allem die Frauen. Je schärfer die Kritik, desto heftiger und bösartiger waren die Infektionen. Grund dafür sind die höheren Stresswerte, die durch die Streitereien entstehen und das Immunsystem schwächen. Dadurch werden die Abwehrkräfte des Körpers nachweislich geschwächt.

Andere Faktoren, die den Sex
an Weihnachten beeinflussen

Eine neue Umfrage von Ann Summers hat gezeigt, dass
etwa sechs von zehn Männern und Frauen in dieser Zeit
des Jahres wohl keinen Sex haben werden, weil sie zu viel
gegessen oder getrunken haben.

Die drei Entwicklungsstufen des Mannes:
Er glaubt an den Weihnachtsmann.
Er glaubt nicht an den Weihnachtsmann.
Er ist der Weihnachtsmann.

Neben Stress spielen Zankereien und Erschöpfung eine
wichtige Rolle. Sieben von zehn Männern sagten, dass ihr
Liebesleben alljährlich im Dezember seinen Tiefpunkt er-
reiche, und 90 Prozent der Frauen sagten, dass ihr Appetit
auf Sex vor den Feiertagen ins Bodenlose sinke, weil sie sich
Gedanken über die Weihnachtseinkäufe machten.

Auch der Besuch von Verwandten oder bei Verwandten
kann den Geschlechtstrieb von Paaren einschränken – 66
Prozent aller Paare gaben an, dass sie Weihnachten keinen
Sex hatten, weil sie Angst hatten, dass jemand sie hört.
Trotz der Tradition des Küssens unter dem Mistelzweig
scheinen Sex und Romantik auf der Agenda von Paaren an
Weihnachten keineswegs an erster Stelle zu stehen.

Bei einer Umfrage von Ann Summers gaben 72 Prozent
der Befragten an, sie hätten mit ihrem Partner
mindestens einmal an Weihnachten wegen der
Schwiegereltern gestritten. Wichtiger ist aber,
dass 63 Prozent den Eindruck hatten, dass
dieser Streit sie davon abgehalten habe,
miteinander zu schlafen.

Warum Männer ihren Frauen sexy Dessous zu Weihnachten schenken

Wir haben vielleicht weniger Sex an Weihnachten, aber die Männer zumindest denken offenbar trotzdem daran – viele Frauen fragen uns, warum ihre Ehemänner ihnen sexy Unterwäsche oder erotische Dessous zu Weihnachten schenken. Um diese Frage zu beantworten, müssen wir Ihnen den »Gockeleffekt« erklären.

Ein Hahn ist ein ziemlich lüsterner männlicher Vogel, der fast pausenlos mit Hennen kopulieren kann – über 60-mal während einer Paarungssession. Er kann sich jedoch nicht öfter als fünfmal am Tag mit derselben Henne paaren. Beim sechsten Mal verliert er komplett das Interesse und »kriegt ihn nicht mehr hoch«. Wenn man ihm dann eine andere Henne vorsetzt, tritt er sie mit der gleichen Begeisterung, mit der er die erste Henne getreten hatte. Das bezeichnen wir als den »Gockeleffekt«.

Ein Bulle verliert das Interesse, nachdem er siebenmal mit derselben Kuh kopuliert hat, doch sobald ihm eine neue Kuh zugeführt wird, erholt auch er sich recht schnell. Bei der zehnten neuen Kuh angelangt, bietet er immer noch eine recht eindrucksvolle Vorstellung.

Ein Schafbock besteigt ein Mutterschaf nicht öfter als fünfmal, kann jedoch mit beachtlichem Eifer fortfahren, immer neue Schafe zu besteigen. Selbst wenn man die vom Bock bereits bestiegenen Schafe mit Parfüm besprüht und ihnen einen Sack über den Kopf stülpt, macht er bei ihnen schlapp. Er lässt sich einfach nicht hinters Licht führen! Die Natur sorgt auf diese Art und Weise dafür, dass der Samen des Männchens möglichst gut verteilt wird, um die höchste Anzahl an Begattungen zu erzielen und damit den Bestand der Spezies zu garantieren.

Männer geben ihrem Penis einen Namen, weil sie
nicht wollen, dass ein völlig Fremder 99 Prozent
ihrer Entscheidungen für sie trifft.

Bei gesunden jungen Männern liegt die Zahl ebenfalls um die fünfmal. An einem guten Tag kann ein Mann fünfmal hintereinander mit derselben Frau schlafen, doch in der Regel wird er beim sechsten Mal schlappmachen. Wie bei Gockeln, Hammeln und Bullen jedoch kann sein Interesse (gemeinsam mit gewissen Teilen seiner Anatomie) rapide steigen, sobald eine neue Frau erscheint.

Das männliche Gehirn braucht Abwechslung. Wie die meisten anderen männlichen Säugetiere auch ist ein Mann darauf programmiert, so viele gesunde Weibchen zu suchen und zu begatten wie nur irgend möglich. Darum lieben Männer auch Neuheiten in einer monogamen Beziehung wie sexy Unterwäsche. Im Gegensatz zu anderen Säugetieren kann ein Mann sich selbst glauben machen, er hätte einen ganzen Harem an unterschiedlichen Frauen, indem er seine Partnerin in immer andere Reizwäsche steckt. Man könnte sagen, dass das seine Art ist, ihr einen Sack über den Kopf zu stülpen, um ihr immer wieder ein anderes Äußeres zu verleihen. Den meisten Frauen ist zwar die Wirkung von Dessous auf Männer bewusst, doch nur wenige wissen, warum sie so stark wirken.

Alle Jahre wieder um die Weihnachtszeit herum sieht man ganze Heerscharen von Männern, die sich durch die Dessousabteilungen der Kaufhäuser stehlen auf der Suche nach einem aufregenden Geschenk für ihre Partnerin. Im Januar kann man diese Frauen im gleichen Kaufhaus beim Umtauschen Schlange stehen sehen. »Das ist einfach nicht mein Stil«, klagen sie. »Er will, dass ich mich wie eine Hure anziehe!« Eine Hure ist jedoch schlicht eine professionelle Sex-Verkäuferin, die sich auf die Nachfrage auf dem Markt eingestellt hat und sich so kleidet, dass sie ihre Ware optimal an den Mann bringt. Eine amerikanische Studie hat ergeben, dass Frauen, die immer wieder neue aufreizende Dessous tragen, im Allgemeinen viel treuere Männer haben als Frauen, die züchtige Unterwäsche bevorzugen. Dies ist nur eine der vielen Möglichkeiten, wie der Wunsch eines Mannes nach Vielfalt in einer monogamen Beziehung befriedigt werden kann.

....

MSN Shopping hat 2002 bei einer Umfrage festgestellt, dass etwa eine von sechs Frauen von ihrem Partner »sexy« Unterwäsche zu Weihnachten bekommen hat, die sie überhaupt nicht anmacht, weil sie zu kitschig oder zu nuttig ist.

....

Alles, was er sich zu Weihnachten wünscht – warum Männer einfach nicht anders können

Der überbordende und impulsive Geschlechtstrieb der Männer dient einer klar definierten Aufgabe, nämlich sicherzustellen, dass die Spezies Mensch nicht ausstirbt. Wie bei den meisten männlichen Säugetieren mussten sich auch beim Mann mehrere Elemente herausbilden, um seinen Erfolg zu garantieren. Zum einen musste sein Geschlechtstrieb zielstrebig und direkt sein und sich nicht so leicht ablenken lassen. Das sollte es ihm ermöglichen, unter praktisch allen Bedingungen Sex zu haben, also auch in Anwesenheit von potentiell bedrohlichen Feinden und an jedem Ort, an dem sich eine Gelegenheit bot.

....

Ein Mann musste in der Lage sein, in den kürzesten Zeitabständen so viele Orgasmen wie möglich zu haben, um nicht Gefahr zu laufen, beim Sex von Raubtieren angefallen oder von Feinden überwältigt zu werden.

....

Er muss seinen Samen auch so weit wie möglich und so oft wie möglich streuen. Das Kinsey Institute in den USA, das mit seiner Erforschung der menschlichen Sexualität weltweit führend ist, gelangte zu dem Ergebnis, dass nahezu alle Männer – gäbe es keine gesellschaftlichen Regeln – Promiskuität vorziehen, wie es auch achtzig Prozent aller menschlichen Gesellschaftsformen seit Anbeginn der Menschheit taten. Dann jedoch wurde die Monogamie eingeführt, und seither richtete der biologische Trieb der Männer ziemliches Unheil an und ist heute einer der Hauptgründe für Probleme in Beziehungen.

Der männliche Geschlechtstrieb ist extrem stark. Dr. Patrick Carnes vom Sexual Recovery Institute in Los Angeles schätzt, dass bis zu acht Prozent der Männer sexsüchtig sind – im Unterschied zu weniger als drei Prozent der Frauen.

Alles, was sie sich zu Weihnachten wünscht – warum Frauen treu sind

Wie wir schon gesagt haben, ist der Hypothalamus einer Frau sehr viel kleiner als der eines Mannes, und in ihrem Blut fließen nur geringe Mengen Testosteron, um ihn zu aktivieren. Darum haben Frauen im Allgemeinen einen wesentlich schwächeren Geschlechtstrieb als Männer und sind auch weniger aggressiv. Die Frage ist, warum die Natur Frauen nicht als rasende Nymphomaninnen geschaffen hat, um das Überleben der menschlichen Spezies zu gewährleisten. Die Antwort liegt in der langen Zeitspanne, die erforderlich ist, um ein Kind auszutragen und aufzuziehen, bis es für sich selbst sorgen kann.

*Eine Frau will viel Sex mit dem Mann,
den sie liebt. Ein Mann will viel Sex.*

Es gibt einen kleinen Prozentsatz an Frauen, die sexuell ebenso aktiv sind wie Männer, doch haben sie in der Regel ganz andere Beweggründe. Um sexuell erregt zu werden, reagiert die Gehirnverkabelung des nesthütenden menschlichen Weibchens auf eine Reihe von Kriterien, die über die simple Verheißung eines aufregenden Sexspiels hinausgehen. Die meisten Frauen wünschen sich eine Beziehung oder doch zumindest die Möglichkeit einer emotionalen Bindung, bevor sie das Verlangen nach Sex verspüren. Den wenigsten Männern ist klar, dass eine Frau, die das Gefühl hat, dass eine emotionale Brücke geschlagen wurde, nur allzu bereitwillig mit dem Betreffenden für die nächsten drei bis sechs Monate ausdauernde Bettgymnastik betreiben würde. Mit Ausnahme der sehr seltenen Fälle von Nymphomanie verspüren die meisten Frauen den stärksten Drang nach Sex während der Zeit des Eisprungs, die sich über mehrere Stunden oder Tage hinziehen kann.

Der männliche Geschlechtstrieb ist wie ein Gasherd: Er brennt sofort und läuft innerhalb von Sekunden auf Hochtouren, kann aber genauso schnell wieder abgedreht werden, wenn das Essen fertig ist. Der weibliche Geschlechtstrieb ist wie ein Elektroherd: Er erwärmt sich nur langsam, bis er dann schließlich richtig heiß ist, und es dauert lange, bis er wieder abkühlt.

Vorsicht vor der Weihnachtsfeier

Wie passen Hochzeit und Ehe zum Lebensstil einer Tierart, bei der das Männchen polygam ist?

Die Promiskuität ist fest im Gehirn des Mannes verankert und bildet ein Erbe seiner Evolutionsgeschichte. In der

Geschichte der Menschheit wurde die Anzahl der Männer immer wieder durch Kriege stark dezimiert, und deswegen war es durchaus sinnvoll, den Stamm so weit wie möglich zu vergrößern. Die Anzahl der Männer, die aus den Schlachten nach Hause zurückkehrten, war immer niedriger als zur Zeit des Auszugs. Folglich waren Männer Mangelware. Es war also eine sehr wirkungsvolle Überlebensstrategie für den gesamten Stamm, die zahlreichen Witwen für die zurückkehrenden Krieger in Harems zusammenzuführen.

Die Geburt eines Jungen wurde immer freudig begrüßt, weil man zum Schutz der Gemeinschaft stets zusätzliche Männer brauchte. Die Geburt eines Mädchens dagegen war eine Enttäuschung, weil es in einem Stamm oft zu viele Frauen gab. So war es über Jahrtausende hinweg. Außerdem ist der moderne Mann immer noch mit einem großen Hypothalamus und einem Überschuss an Testosteron ausgestattet, um seinem evolutionsgeschichtlich bedingten Trieb nach Fortpflanzung ausleben zu können. Die Wirklichkeit sieht so aus, dass Männer, wie auch die meisten anderen Primaten und Säugetiere, biologisch gesehen keineswegs auf Monogamie ausgerichtet sind.

Wir möchten an diesem Punkt jedoch betonen, dass wir mit unserer Abhandlung über den natürlichen männlichen Drang zur Promiskuität die biologische Tendenz meinen. Wir wollen damit keineswegs Männern einen Freibrief für Seitensprünge ausstellen. Wir leben heute in einer Welt, die vollkommen anders ist als die unserer Vorfahren, und unsere Natur steht nur allzu häufig mit unseren Erwartungen und Anforderungen im Konflikt.

....

Die menschliche Natur hat ihr
Verfallsdatum gefährlich überschritten.

....

Leider kann gerade Weihnachten verheiratete Männer gefährlich in Versuchung führen. Es ist eine traurige Tatsache, dass ein Mann, der seine Frau betrügt, dies am ehesten mit einer Arbeitskollegin tut. Untersuchungen zeigen, dass neben dem Internet der Arbeitsplatz der wichtigste Schauplatz außerehelicher Affären ist. Und es gibt Belege dafür, dass die Weihnachtsfeier im Betrieb *die* Gelegenheit ist, bei der Männer, ermutigt durch Alkohol und getragen von der Feiertagslaune, am ehesten mit jenen Kolleginnen Kontakte knüpfen, auf die sie im Laufe des vergangenen Jahres Appetit bekommen haben.

Bei einer unabhängigen Umfrage unter 1000 männlichen Büroangestellten antworteten zwei Drittel, dass sie schon einmal eine Kollegin auf der Weihnachtsfeier geküsst hätten.

Die Zeitschrift *Men's Health* befragte 1000 männliche Büroangestellte und fand heraus, dass 44 Prozent der Befragten schon einmal eine Affäre mit einer Kollegin auf einer Weihnachtsfeier ihres Betriebs begonnen hatten. Bei derselben Umfrage, die aus dem Jahr 1999 stammt, sagten 40 Prozent der jungen Männer (unter 35), dass sie auf der nächsten Weihnachtsfeier ein »Abenteuer« suchen würden, und 57 Prozent aller verheirateten Männer gaben zu, einmal eine Affäre mit einer Kollegin gehabt zu haben. Das sind beunruhigende Werte.

Drei neuere Umfragen haben gezeigt, dass betriebliche Weihnachtsfeiern richtige Brunftplätze sind.

Eine Möglichkeit, das zu verhindern, wäre es, die Ehefrauen mit einzuladen. Aber eigentlich müssen die Männer die Verantwortung für ihr Verhalten übernehmen. Die Tatsache, dass etwas instinktiv oder natürlich ist, heißt keineswegs, dass es auch gut ist. Ihre Gehirnverkabelung programmiert eine Motte auf die unwiderstehliche Anziehungskraft von hellem Licht. Dadurch kann sie sich nachts an Mond und Sternen orientieren. Unglücklicherweise lebt die moderne Motte in einer Welt, die sich grundsätzlich von der unterscheidet, in der sie sich ursprünglich entwickelt hat. Heute gibt es Lichtfallen für Mücken und Motten. Die moderne Motte fliegt in ihrem natürlichen Instinktverhalten geradewegs in diese Lichtfalle hinein und verbrennt augenblicklich. Der moderne Mann kann eine Selbstverbrennung vermeiden, indem er seine biologischen Triebe verstehen lernt und sich nicht mehr von seinen Instinkten beherrschen lässt.

Warum starren Männer auf Weihnachtspartys andere Frauen an?

Robert und Sue waren sehr glücklich verheiratet. Kurz vor Weihnachten besuchten sie eine Party. Sie holten sich gerade etwas zu trinken, als Robert eine attraktive Frau in einem sexy Weihnachtsfrau-Kostüm auffiel und er ihr einen Blick zuwarf. Sue drehte sich sofort zu Robert um, schaute ihm ins Gesicht und zischte, ohne auch nur die Lippen zu bewegen: »Wenn du nicht sofort aufhörst, sie anzuglotzen, gehe ich.« Robert konnte einfach nicht glauben, dass Sue seinen Blick gesehen hatte. Er war fest davon überzeugt, dass er so kurz und so diskret geschaut hatte – hatte Sue etwa Augen im Hinterkopf? Sue dagegen konnte einfach nicht fassen, dass er so offen und dreist eine andere Frau anstarrte.

Frauen erwischen ihre Männer oft, wenn diese andere Frauen ansehen, weil sie ein größeres peripheres Sehvermögen haben. Wie wir in Kapitel 5 beschrieben haben, besitzen Frauen als Nesthüterinnen eine Gehirn-Software, mit der sie ein Blickfeld von mindestens 45 Grad rechts und links von ihrem Kopf sowie oberhalb und unterhalb ihrer Nase einsehen können, während die größeren Augen des Mannes durch einen Tunnelblick auf Fernsicht eingestellt sind.

....

Wenn Sie Ihren Mann dabei erwischen,
wie er auf einer Weihnachtsparty eine
andere Frau anglotzt, dann denken
Sie daran, dass Frauen ein größeres
peripheres Blickfeld und Männer
einen Tunnelblick haben.

....

Weil ihm diese periphere Sicht fehlte, musste Robert sich der attraktiven Frau in ihrem knappen roten Kostüm zuwenden, um sie anzuschauen. Sue dagegen sah die Frau problemlos – und auch, dass Robert sie anstarrte.

Neben ihrem größeren peripheren Blickfeld besitzen Frauen auch ein besseres Sehvermögen im Nahbereich, und so wird die Frau eine attraktive Kollegin ihres Mannes noch vor ihrem Mann erspähen. Sie wird sich schnell mit der möglichen Rivalin vergleichen und dabei in der Regel selbst eher schlecht abschneiden. Wenn der Mann endlich auf die andere Frau aufmerksam geworden ist, reagiert seine Frau auf sein »Glotzen« ungehalten. In dieser Situation hat eine Frau im Allgemeinen zwei negative Gedanken: Zum einen denkt sie fälschlicherweise, dass der Mann die andere Frau ihr vorziehen würde, zum anderen, dass sie nicht so attraktiv sei wie die andere. Männer werden visuell von Rundungen, langen Beinen und einer aufregenden Figur angezogen. Jede beliebige Frau mit der richtigen Figur und den richtigen Proportionen weckt die Aufmerksamkeit des Mannes.

Das bedeutet jedoch nicht, dass der Mann sofort zu der anderen Frau rüberlaufen und sie ins Bett schleifen will. Ihr Anblick erinnert ihn lediglich daran, dass er ein Mann ist und dass es seine evolutionsbiologisch bedingte Aufgabe ist, nach Gelegenheiten Ausschau zu halten, um zur Vergrößerung seines Stammes beizutragen. Schließlich kennt er die Frau gar nicht und kann deshalb auch nicht ernsthaft daran denken, eine langfristige Beziehung mit ihr einzugehen.

Das Gleiche trifft auf einen Mann zu, der Bilder in einem Männermagazin betrachtet. Wenn er sich die Abbildung einer nackten Frau ansieht, überlegt er sich nicht, ob sie vielleicht ein nettes Wesen hat, kochen oder Klavier spielen kann. Er betrachtet ausschließlich ihre Formen, ihre Rundungen und ihre anatomische Ausstattung. Für ihn ist das, als ob er in einem Schaufenster einen von der Decke hängenden Räucherschinken bewunderte. Wir wollen hier nicht das unhöfliche, unverhohlene Anglotzen von anderen Frauen rechtfertigen, das einige Männer auch auf Weihnachtspartys nicht lassen können. Wir versuchen nur zu erklären, dass ein Mann, den man beim Betrachten einer anderen Frau erwischt, nicht notgedrungen seine Partnerin nicht mehr liebt – hier ist einfach die Natur am Werk. Studien haben interessanterweise auch gezeigt, dass an einem öffentlichen Platz wie dem Strand oder dem Schwimmbad Frauen viel mehr »spannen« als Männer. Weil sie aber mit einem besseren peripheren Blickfeld ausgestattet sind, ertappt man die Frauen selten dabei.

Männer werden durch das stimuliert, was sie sehen, Frauen durch das, was sie hören. Das männliche Gehirn reagiert auf weibliche Formen – deshalb haben erotische Bilder auf Männer eine so starke Wirkung. Frauen mit ihrem größeren Arsenal an Rezeptoren zur Sinneswahrnehmung wollen eher zärtliche Worte hören. Sie sind so empfänglich für Komplimente, dass viele sogar die Augen schließen, während ihr Liebhaber ihnen süße Nichtigkeiten ins Ohr flüstert.

Wie Männer sich verhalten sollten

Eines der schönsten Komplimente, das ein Mann seiner Frau machen kann, ist, einer anderen Frau nicht unverhohlen lüstern hinterherzuschauen, schon gar nicht in aller Öffentlichkeit, sondern seiner Frau beim Anblick einer attraktiven Frau ein Kompliment zu machen wie zum Beispiel: »Na ja, sie hat zwar tolle Beine, aber dir kann sie nicht das Wasser reichen!« Wenn ein Mann im Beisein anderer, insbesondere ihrer Freundinnen, den Mut findet, ihr ein derartiges Kompliment zu machen, kann er sicher sein, dass sich das eines Tages auszahlen wird. Frauen müssen lernen, dass ihm seine Natur keine andere Wahl lässt, als auf bestimmte weibliche Formen und Rundungen zu reagieren, dass sie sich dadurch allerdings nicht bedroht zu fühlen brauchen. Eine Frau kann ganz leicht die Situation entschärfen, indem sie die andere Frau zuerst bemerkt und als Erste einen Kommentar abgibt. Und ein Mann muss verstehen, dass keine Frau es schätzt, wenn sie sieht, wie er andere Frauen anglotzt.

Wie man sein Liebesleben an Weihnachten verbessert

Wer den Ausspruch »Liebe geht durch den Magen« geprägt hat, hat bei Männern ein wenig zu hoch angesetzt. Wenn ein Mann lustvollen Sex gehabt hat, kommt seine weichere, weiblichere Seite zum Vorschein. Plötzlich hört er die Vögel singen, die prächtigen Farben der Bäume fallen ihm auf, er nimmt den Duft der Blumen wahr und wird gefühlsduselig, wenn er einen romantischen Song hört. Bevor er Sex hatte, hat er die Vögel höchstwahrscheinlich nur deshalb bemerkt, weil sie auf sein Auto gekackt haben. Einem Mann sollte jedoch bewusst sein, dass eine Frau eben diese Nach-dem-Sex-Seite an ihm besonders liebt und unsagbar verführerisch findet. Mit ein bisschen Übung darin, diese gefühlvolle Seite schon vor dem Sex herauszulassen, wird es einem Mann gelingen, eine Frau anzumachen, noch bevor sie gemeinsam zur Sache selbst schreiten. Auf der anderen Seite muss eine Frau aber auch verstehen, wie wichtig es ist, einem Mann guten Sex zu bieten, damit sie diese weichere Seite seiner Persönlichkeit überhaupt kennenlernen und ihm erklären kann, wie bezaubernd sie diesen Wesenszug findet.

Am Anfang jeder neuen Beziehung läuft es im Bett gut, und auch an Liebe mangelt es nicht. Sie hat viel Sex mit ihm, er gibt ihr viel Liebe, und das eine führt zum anderen. Nach ein paar Jahren kreist die Hauptsorge des Mannes immer mehr um das Beutemachen und die der Frau um das Nesthüten, was auch der Grund dafür ist, dass es so aussieht, als ob Liebe und Sex darniederlägen. Männer und Frauen sind gleichermaßen für ein gutes oder schlechtes Sexualleben verantwortlich. In den meisten Fällen ist es jedoch so, dass einer dem anderen die Schuld zuschiebt, wenn die Dinge einmal nicht so laufen wie gewünscht. Männer müssen wissen, dass eine Frau Aufmerksamkeit, Anerkennung, Zärtlichkeiten und viel Zeit braucht, um ihren Elektroherd aufzuheizen. Und Frauen müssen bedenken, dass Männer diese Gefühle viel eher nach einer Runde gutem Sex ausdrücken können als davor. Ein Mann sollte daran denken, wie er sich nach dem Sex fühlt, und diese Gefühle zusammen mit der Frau heraufbeschwören, wenn er wieder Sex haben will. Und die Frau sollte bereit sein, ihm dabei zu helfen.

Das Schlüsselwort lautet hier Sex. Denn wenn es im Bett stimmt, verbessert sich automatisch auch die ganze Beziehung. Wenn Sie sich also vorgenommen haben, an diesem Weihnachtsfest an Ihrer Beziehung zu arbeiten, sollten Sie auch an Ihr Liebesleben denken.

Warum Sex an Weihnachten so wichtig ist

Es gibt stichhaltige Beweise dafür, dass Sex gut für die Gesundheit ist. Bei einer amourösen Stunde durchschnittlich dreimal die Woche verbrennt man 35 000 Kilojoules pro Jahr, was in etwa einer Jogging-Strecke von 130 Kilometern entspricht. Und gerade in der Weihnachtszeit, wo viele von uns sich mit süßen Lebkuchen und Gänsebraten vollstopfen, ist das doch ein ganz willkommener Bonus. Eine durchschnittliche 100-Gramm-Portion Weihnachtspudding enthält sage und schreibe 330 Kilokalorien und 11,8 Gramm Fett. Und das ganz ohne Vanillesauce oder Sahne. Zusammen mit ein paar Gläsern Wein und einem Gläschen Sherry schafft man da leicht die Kalorienmenge eines ganzen Tages allein beim Dessert. Das mag noch nicht allzu bedrohlich erscheinen, aber denken Sie außerdem an die Weihnachtsplätzchen, den Stollen und das Sektfrühstück, dazu noch die Tatsache, dass wir es uns ja nicht nur an Weihnachten selbst, sondern in der ganzen Vor- und Nachweihnachtszeit zu gut gehen lassen, und schon wird klar, wie leicht wir in dieser Zeit ordentlich zulegen können. Sex ist, wie wir alle wissen, sehr gut, um Kalorien abzubauen. Durchschnittlich verbrennt man 120 bis 180 Kilokalorien in einer halben Stunde unter der Bettdecke.

....

Ein dickes Stück Christstollen wird
in einer Stunde Liebesspiel wieder
verbrannt.

....

Sex hebt den Testosteronspiegel, dadurch werden Knochen und Muskeln gestärkt und die Versorgung mit nützlichem Cholesterin sichergestellt. Die Sexforscherin Dr. Beverley Whipple sagt: »Während des Geschlechtsverkehrs werden Endorphine, die ja die natürlichen Schmerzmittel des Körpers sind, ausgeschüttet und wirken wohltuend bei Kopfschmerz, Schleudertrauma und Arthritis.«

*Sex hilft nachgewiesenermaßen gegen
Kopfschmerzen. Wenn Sie also einen
Weihnachtskater haben, könnte Sex
die optimale Therapie sein.*

Kurz vor dem Orgasmus wird das Hormon DHEA (Dehy-droepiandrosteron) ausgeschüttet, das die Wahrnehmung verbessert, das Immunsystem stärkt, das Entstehen von Tumoren verhindert und knochenbildend wirkt. Bei einer Frau werden während des Geschlechtsverkehrs große Mengen an Oxytozin freigesetzt, also von dem Hormon, welches den Wunsch nach Berührung und Nähe auslöst. Außerdem steigt der Östrogenspiegel einer Frau beim Sex. Dr. Harold Bloomfield beschreibt in seinem Buch *The Power of Five,* wie wichtig Östrogen für feste Knochen und ein solides Herz-Kreislauf-System ist. Die Hormone schützen das Herz und wirken lebensverlängernd, deswegen ist mehr Sex gleichbedeutend mit längerem Leben und weniger Stress, von dem es, wie wir alle wissen, Weihnachten mehr als genug gibt.

Sex ist also eine wunderbare Möglichkeit, mit dem Weihnachtsstress fertig zu werden, die zusätzlichen Kalorien der Weihnachtszeit zu verbrennen und die Gesundheit für das nächste Jahr zu stärken. Die Liste der Vorzüge eines aktiven Liebeslebens wird immer länger!

*Etwa 68 Prozent aller Paare sagten bei einer Umfrage
von Ann Summers, dass sie die weihnachtliche Enthalt-
samkeit durch Sex an Silvester kompensieren wollten.*

Kapitel 9

Die Weihnachtsfeier im Büro

Wir alle haben genug Geschichten gehört über Leute, die sich bei der Weihnachtsfeier bis auf die Knochen blamiert haben. Meist sind diese Geschichten amüsant und witzig, aber sie zeigen auch, dass sich der Wunsch, nach einem anstrengenden Arbeitsjahr mit seinen Kollegen mal so richtig die Sau rauszulassen, zusammen mit ein bisschen zu viel Alkohol verhängnisvoll auf unser Ansehen am Arbeitsplatz und damit auf unsere Karriere auswirken kann. Unpassende Witze, Flirts mit Kollegen und die Fehlzeit am nächsten Tag wegen eines »Weihnachtskaters« – all das kann das Bild, das unsere Kollegen von uns haben, negativ beeinflussen.

···

Zwei Drittel aller Canon-Techniker, die für die Reparatur von Fotokopierern zuständig sind, berichten von 25 Prozent mehr Reparaturanfragen über Weihnachten in Großbritannien. Bei unglaublichen 32 Prozent der Anfragen in dieser Jahreszeit geht es darum, »die Glasscheibe zu ersetzen, auf der jemand gesessen hat«, oder »Papierstau zu beseitigen, bei dem pornographische Bilder zum Vorschein kommen«.

···

Mehr noch: Bei einer Umfrage unter 1200 britischen Büroangestellten stellte sich heraus, dass mehr als die Hälfte sich an ziemlich freizügige Tänze erinnerte, ein Drittel eine Kollegin oder einen Kollegen geküsst hatte (mit oder ohne Mistelzweig) und ein Viertel sich zu Ausschweifungen

246

bis hin zum Exhibitionismus bekannte. Unglaubliche 20 Prozent gaben an, dass sie ihrem Chef die Meinung gesagt hätten. Besorgniserregend ist vor allem, dass in den letzten Jahren die Zahl der Beschwerden wegen Diskriminierung und Belästigung auf Weihnachtsfeiern deutlich gestiegen ist, und viele Arbeitgeber haben diese Feiern abgeschafft, weil sie Gerichtsverfahren fürchten. Einer Umfrage zufolge erklärten drei von vier Chefs, dass schon einmal ein Mitarbeiter gedroht habe, wegen demütigender Behandlung auf einer Weihnachtsfeier vor das Arbeitsgericht zu gehen.

....

»Weihnachten ist eine Zeit, in der jeder seine
Vergangenheit vergessen will und alles dafür tut, dass
man sein gegenwärtiges Verhalten in Erinnerung behält.
Weniger schön ist es, wenn man sich am Tag nach der
Weihnachtsfeier einen neuen Job suchen muss.«
PHYLLIS DILLER

....

Natürlich kann sich unser Verhalten bei einem geselligen Beisammensein mit unseren Arbeitskollegen sehr deutlich auf unseren beruflichen Erfolg und unsere Karriere auswirken. Wir gelten eher als »Team-Spieler«, als kontaktfreudig und aufgeschlossen, wenn wir mit unseren Kollegen gut auskommen. Das wissen wir alle, aber nur wenige von uns machen sich klar, welche Folgen die Weihnachtsfeier im Büro haben kann.

Eine Weihnachtsfeier ist nicht schon dann gut gelaufen, wenn wir Alkoholexzesse vermeiden und aufpassen, was wir wem sagen – so ein Fest ist die beste Gelegenheit, Kontakte zu knüpfen und das Ansehen der eigenen Person am Arbeitsplatz zu heben. Es kann sogar eine Gelegenheit sein, Kollegen zu beurteilen und ihre Körpersprache zu studieren. Bei der richtigen Herangehensweise kann die Weihnachtsfeier im Büro Ihre Karriere fördern, statt sie zu bremsen. Aber das soll nicht heißen, dass Sie sich nicht amüsieren dürfen. Schließlich ist ja Weihnachten! In diesem

Kapitel umreißen wir die vier wichtigsten Bestandteile der Körpersprache, mit denen man Menschen beeinflussen und das Ansehen bei Kollegen heben kann. Diese vier Punkte sind:

1. Der Handschlag – ein erster guter Eindruck
2. Die Körperhaltung – Aufgeschlossenheit vermitteln
3. Die Spiegelung – Übereinstimmung herstellen
4. Das Lächeln – den anderen für sich einnehmen

1. Der Handschlag – ein erster guter Eindruck

Bei einer Weihnachtsfeier im Betrieb oder bei anderen beruflichen Anlässen wird man oft vielen Menschen vorgestellt und gibt ihnen die Hand. Die Art, wie Sie die anderen Festgäste begrüßen, beeinflusst den Eindruck stark, den Sie erwecken. Hände sind die wichtigsten Werkzeuge in der menschlichen Entwicklungsgeschichte. Es gibt mehr Verbindungen zwischen Gehirn und Hand als zu jedem anderen Körperteil. Die wenigsten Menschen achten auf die Gesten ihrer Hände oder die Art ihres Händedrucks. Und doch entscheidet der Händedruck oder Handschlag über das Verhältnis zum Gegenüber, über Dominanz und Unterwerfung.

Der Händedruck ist ein Relikt aus unserer Vergangenheit. Wenn sich Steinzeitmenschen begegneten, hielten sie die Arme hoch und zeigten mit den offenen Handflächen, dass sie keine Waffen trugen oder versteckten. In der römischen Antike war es üblich, einen Dolch im Ärmel zu verstecken, daher entwickelten die Römer zum Schutz den Griff an den Unterarm als übliche Begrüßungsform.

Die moderne Form dieses antiken Begrüßungsrituals besteht darin, dass man die Hände ineinanderlegt und schüttelt. Sie entstand im 19. Jahrhundert und wurde ursprünglich dazu benutzt, zwischen Männern von gleichem Stand einen

Handel zu besiegeln. Der Handschlag hat sich erst in den letzten hundert Jahren verbreitet und blieb bis vor kurzem Männern vorbehalten. In den meisten westlichen und europäischen Ländern gibt man sich zur Begrüßung und zum Abschied bei geschäftlichen Treffen die Hand, aber auch bei Partys und anderen gesellschaftlichen Anlässen.

....

Mit dem Handschlag besiegelten
Männer ursprünglich Geschäfte.

....

Wie Dominanz und Kontrolle vermittelt werden

In römischer Zeit begrüßten sich zwei Bürger in einer Weise, die wir heute als moderne Version des Armdrückens im Stehen bezeichnen würden. Wenn der eine stärker war als der andere, blieb seine Hand über der des anderen, eine Position, die Oberhand genannt wird.

Nehmen wir einmal an, dass Sie auf der Weihnachtsfeier einem Kollegen vorgestellt werden, den sie noch nicht kennen. Sie begrüßen ihn mit Handschlag. Dabei wird eine der folgenden Grundhaltungen unbewusst vermittelt:

1. Dominanz: »Er versucht, mich zu dominieren. Ich bin lieber vorsichtig.«
2. Unterwerfung: »Ich kann diesen Menschen dominieren. Er wird tun, was ich will.«
3. Gleichstellung: »Bei diesem Menschen fühle ich mich wohl.«

Diese Haltungen werden von uns übermittelt und empfangen, ohne dass es uns bewusst ist. Sie können sich direkt auf den Verlauf jeder Begegnung auswirken.

Der dominante Händedruck

Dominanz wird vermittelt, wenn man die Hand so dreht, dass die Handfläche beim Handschlag nach unten zeigt. Ihre Hand muss nicht direkt auf den Boden weisen, sollte aber auf jeden Fall die obere Hand sein. Daran erkennt Ihr Gegenüber, dass Sie bei der Begegnung die Kontrolle übernehmen wollen.

Unsere Untersuchung bei 350 erfolgreichen Managern (von denen 89 Prozent Männer waren) zeigten, dass fast alle die Initiative zum Handschlag ergriffen. 88 Prozent der männlichen und 31 Prozent der weiblichen Manager verwendeten die dominante Variante des Handschlags. Macht und Dominanz bedeuten Frauen im Allgemeinen weniger als Männern. Das erklärt wahrscheinlich, warum nur eine von drei Frauen den dominanten Händedruck gebrauchte. Wir beobachteten auch, dass manche Frauen in einem bestimmten gesellschaftlichen Kontext Männer mit einem schwachen Händedruck begrüßen und so Unterwerfung andeuten. Damit betonen sie ihre Weiblichkeit oder deuten an, dass sie zur Unterordnung bereit sind. Die Weihnachtsfeier ist ein geselliger Anlass, sollte aber doch in einem beruflichen Zusammenhang gesehen werden: Eine Frau sollte ihre Kollegen nicht mit einem schwachen Händedruck begrüßen, weil diese dann ihre weiblichen Qualitäten begutachten und sie nicht als Kollegin oder Geschäftspartnerin ernst nehmen. Frauen, die bei geschäftlichen Anlässen ihre Weiblichkeit betonen, werden weder von anderen Geschäftsfrauen noch von Männern ernst genommen, auch wenn es heute in Mode gekommen ist und als politisch korrekt gilt, die Gleichheit aller zu betonen. Wir empfehlen damit nicht, dass eine Frau in der Geschäftswelt maskulin auftreten sollte, sie sollte nur Signale ihrer Weiblichkeit wie einen schwachen Händedruck, kurze Röcke und hohe Absätze vermeiden, wenn sie glaubwürdig wirken und als gleichgestellte Partnerin akzeptiert werden will.

....

Die Weihnachtsfeier im Büro ist auf den ersten Blick ein geselliger Anlass, aber wenn Sie aufsteigen wollen, sollten Sie auch dort einen guten Eindruck machen.

....

William Chaplin von der University of Alabama führte 2001 eine Untersuchung über die Begrüßung per Handschlag durch. Chaplin stellte fest, dass extrovertierte Menschen einen festen Händedruck haben, schüchterne und neurotische Menschen dagegen nicht. Chaplin fand auch heraus, dass Frauen, die offen für neue Ideen sind, einen festen Händedruck haben. Männer haben den gleichen Händedruck, egal, ob sie offen für Neues sind oder nicht. Frauen sollten also im Geschäftsleben einen festen Händedruck praktizieren, vor allem gegenüber Männern.

Der nachgiebige Händedruck

Der nachgiebige Handschlag ist das Gegenteil des dominanten Händedrucks. Dabei streckt man die Hand dem anderen so entgegen, dass die Handfläche nach oben weist. Man überlässt also dem anderen symbolisch die Oberhand, wie ein Hund dem dominanten Artgenossen die Kehle darbietet. Das kann von Nutzen sein, wenn man dem anderen die Kontrolle überlassen oder ihm das Gefühl geben will, dass er Herr der Lage ist.

Der Händedruck mit der Handfläche nach oben kann zwar Ausdruck einer unterwürfigen Haltung sein, man sollte jedoch stets die Umstände und die Situation berücksichtigen. Menschen mit Arthritis in den Händen sind zum Beispiel zu einem schlaffen Händedruck gezwungen, und dabei kann man leicht ihre Handfläche in die »unterwürfige« Position drehen. Wer beruflich mit seinen Händen Feinarbeit leisten muss, wie etwa Chirurgen, Künstler oder Musiker, hat zum Schutz seiner Hände vielleicht auch einen schwachen Händedruck. Die Gesten in ihrer Gesamtheit betrachtet geben Ihnen Hinweise, wie Sie jemanden einschätzen sollten – ein nachgiebiger Mensch verwendet Gesten der Unterwerfung, ein dominanter Mensch tritt insgesamt bestimmter auf.

Wie schafft man Gleichstand?

Wenn zwei dominante Personen sich die Hand geben, kommt es zu einem symbolischen Machtkampf, weil beide versuchen, die Hand des anderen in die Unterlegenheitsposition zu bringen. Daraus entwickelt sich dann ein schraubstockartiger Griff, bei dem beide Handflächen in senkrechter Position bleiben. So entsteht ein Gefühl der Gleichstellung und des gegenseitigen Respekts, weil keiner nachgeben will. Das kann Ihnen auf der Weihnachtsfeier passieren, wenn Sie jemandem die Hand geben, der beruflich auf derselben Ebene steht wie Sie.

Wie schafft man Harmonie?

Mit dem Händedruck Harmonie und Verbindlichkeit zu schaffen ist besonders auf einer Weihnachtsfeier sinnvoll, denn immerhin ist sie auch ein gesellschaftlicher Anlass – eine Gelegenheit, Verbindungen zu knüpfen. Damit ein Händedruck Harmonie erzeugt, sollte man vor allem zwei Dinge beachten. Erstens sollten Sie sicherstellen, dass Ihre eigene und die Handfläche Ihres Gegenübers senkrecht zueinander stehen, damit keiner dominiert oder dem anderen unterlegen ist. Zweitens sollten Sie den Druck ihrer Hand dem ihres Gegenübers angleichen. Das heißt, wenn die Festigkeit Ihres Händedrucks auf einer Skala von 1 bis 10 eine 7 hat, der Händedruck Ihres Gegenübers aber nur eine 5, müssen Sie sich um 20 Prozent zurücknehmen. Hat der Händedruck Ihres Gegenübers eine 9 und Ihrer eine 7, müssen Sie Ihren Händedruck um 20 Prozent verstärken. Wenn Sie zehn Personen treffen, müssen Sie Winkel und Intensität vermutlich mehrmals anpassen, um bei allen ein Gefühl der Harmonie zu erzeugen und jedem gleichberechtigt gegenüberzustehen – wenn Sie also bei einer Weihnachtsfeier vielen verschiedenen Menschen vorgestellt werden, achten Sie darauf, dass Sie Ihren Händedruck jeweils anpassen. Beachten Sie auch, dass eine männliche Hand im Durchschnitt doppelt so viel Kraft hat wie eine weibliche und dass der Händedruck immer warm, freundlich und positiv sein sollte.

Wenn Frauen und Männer sich die Hand geben

Obwohl Frauen seit mehreren Jahrzehnten voll im Berufsleben stehen, haben immer noch viele Männer und Frauen Schwierigkeiten bei der Begrüßung und fummeln abwartend herum. Bei der Weihnachtsfeier im Büro kann das passieren, wenn Sie oder Ihr Gegenüber unsicher sind, ob Sie sich mit Handschlag oder weniger formell begrüßen sollten. Die meisten Männer erzählen, dass ihr Vater ihnen die Grundregeln des Händedrucks beibrachte, bei Frauen kommt das dagegen nur selten vor. Im Erwachsenenleben kann das dann zu unangenehmen Situationen führen, zum Beispiel, wenn ein Mann als Erster die Hand ausstreckt und die der Frau ergreifen will, sie die Hand aber gar nicht sieht – Frauen schauen bei Begegnungen zuerst ins Gesicht. Peinlich berührt verharrt der Mann mit der Hand in der Luft und zieht sie schließlich in der Hoffnung zurück, dass sie es nicht bemerkt hat. Aber gerade in dem Moment streckt auch sie die Hand aus und hält sie unverrichteter Dinge ins Leere. Er greift also noch einmal nach ihrer Hand, und heraus kommt ein »Handgemenge« aus miteinander verhakten Fingern, bei dem die beiden aussehen wie zwei lüsterne Kraken in zärtlicher Umarmung.

Falls es Ihnen einmal auf einer Weihnachtsfeier so geht, sollten Sie bewusst mit Ihrer linken Hand die rechte des anderen nehmen, Sie richtig in Ihre rechte Hand legen und mit einem Lächeln sagen: »Versuchen wir es noch einmal!« Das kann Ihnen beim anderen einen ungeheuren Glaubwürdigkeitsschub geben, denn Ihr Verhalten zeigt, dass Ihnen die Begegnung wichtig ist. Wenn Sie als Frau im Geschäftsleben stehen, ist es klug, die Hand so früh wie möglich auszustrecken, damit Ihre Absicht eindeutig ist. Dadurch können Sie peinliches Herumfummeln vermeiden.

Der kalte, feuchte Händedruck

Neben dem allzu festen Händedruck zählt der kalte, feuchte zu den schlimmsten Dingen, die einem bei der Begrüßung auf einer Weihnachtsfeier passieren können. Wenn wir bei einer Begegnung mit Fremden nervös sind, zieht sich in den Händen das Blut aus den Zellen unterhalb der Haut, der sogenannten Lederhaut, zurück und fließt in die Arm- und Beinmuskeln als Vorbereitung einer »Flucht- oder Kampf-Reaktion«. Dadurch sinkt die Temperatur in unseren Händen, und es bildet sich Schweiß, so dass sich die Hände kalt und feucht anfühlen. Ein Händedruck mit dieser Hand erinnert an einen toten Fisch. Die Handflächen haben mehr Schweißdrüsen als jeder andere Körperteil, daher werden schwitzende Hände stets wahrgenommen. Wenn möglich, sollten Sie schnell mal in den Waschraum gehen oder Ihre Hände diskret und schnell mit einer Serviette trocknen, bevor Sie einer wichtigen Person die Hand geben.

....

Perfektionieren Sie Ihren Händedruck auf der Weihnachtsfeier: Halten Sie die Handfläche vertikal und passen Sie den Druck dem Ihres Gegenübers an. So gelingt ein 10-zu-10-Händedruck.

....

2. Die Körperhaltung – Aufgeschlossenheit vermitteln

Ihre Körperhaltung bei der Weihnachtsfeier beeinflusst die Wahrnehmung Ihrer Person durch andere stark – wirken Sie locker, aber immer noch kontrolliert, oder wirken Sie nervös und unnahbar?

Armbarrieren

Egal, wie nervös Sie auf einer solchen Feier sind, wie ungern Sie so viele neue Menschen treffen und Small Talk machen – vor der Brust verschränkte oder gekreuzte Arme müssen Sie auf jeden Fall vermeiden. Zu unserem Schutz lernen wir schon sehr früh, uns hinter einer Barriere zu verstecken. Als Kinder verbergen wir uns in bedrohlichen Situationen hinter Tischen, Stühlen und anderen Möbeln oder hinter dem Rock der Mutter. Mit zunehmendem Alter wird die Geste der verschränkten Arme weiterentwickelt, bis sie für andere kaum mehr erkennbar ist. Wenn wir einen oder beide Arme über die Brust legen, bilden wir eine Barriere, in dem unbewussten Versuch, drohende Gefahren oder unangenehme Situationen abzublocken. Die Arme werden vor Herz und Lunge verschränkt und schützen so lebenswichtige Organe. Wahrscheinlich ist diese Geste angeboren. Auf jeden Fall verschränkt ein Mensch, der nervös ist, sich angegriffen fühlt oder schlechte Laune hat, die Arme oft fest vor der Brust. So zeigt er, dass er sich bedroht fühlt.

Anstatt die Arme ganz zu verschränken und anderen damit zu verraten, dass sie Angst haben, benutzen Frauen oft eine subtilere Version: die teilweise verschränkten Arme, bei denen ein Arm vor den Körper gelegt wird und den anderen Arm berührt oder greift und so eine Barriere schafft. Das sieht ein bisschen so aus, als würden sie sich selbst umarmen.

Männer verwenden eine Teilarmbarriere, die auch *Händchenhalten mit sich selbst* genannt wird: Die Haltung ist auch als *Kaputter-Reißverschluss-Position* bekannt und gibt einem Mann Sicherheit, weil er sein »bestes Stück« schützen und einen gemeinen Tiefschlag oder Tritt abwehren kann.

Eine häufige Variante für eine unauffällige Barriere bei geselligen Anlässen ist ein Glas oder eine Tasse, die man mit beiden Händen hält. Man braucht nur eine Hand, um ein Glas zu halten. Mit beiden Händen kann man bei Unsicherheit eine kaum wahrnehmbare Armbarriere aufbauen. Wenn Sie zeigen wollen, dass Sie sich wohl fühlen, halten Sie Ihr Glas mit nur einer Hand.

Um einen guten Eindruck bei der Weihnachtsfeier zu machen, sollten Sie die Arme *nicht* verschränken – Sie finden das vielleicht »bequem«, aber Studien haben gezeigt, dass andere negativ auf solche Gesten reagieren. Die anderen Gästen nehmen an, dass Sie unnahbar sind oder sich nicht am Gespräch beteiligen wollen.

Chef gegen Mitarbeiter

Bei der Weihnachtsfeier im Büro kommen meist Mitarbeiter aller Ebenen zusammen. Der Status eines Menschen kann seine Armhaltung beeinflussen. Ein selbstbewusster Mensch lässt andere seine Überlegenheit vielleicht spüren, indem er die Arme *gerade nicht* verschränkt. Damit sagt er im Grunde: »Ich habe keine Angst, deswegen lasse ich meinen Körper ungeschützt.« Stellen wir uns beispielsweise vor, dass dem Direktor bei der Weihnachtsfeier des Unternehmens neue Mitarbeiter vorgestellt werden. Er begrüßt sie mit dominantem Handschlag und hält dann etwa einen Meter Abstand. Die Hände hängen an der Seite herunter oder sind hinter dem Rücken in der *Prinz-Philip-Hand-in-Hand-Position* verschränkt (Überlegenheit), oder aber er hat eine oder beide Hände in der Hosentasche (unbeteiligt). Er verschränkt selten die Arme vor der Brust, weil er auf keinen Fall nervös wirken will.

Die Angestellten dagegen verschränken die Arme ganz oder teilweise, nachdem sie dem Chef die Hand gegeben haben. In Gegenwart ihres Chefs sind sie angespannt. Vielleicht halten sie sich auch mit beiden Händen an ihrem Glas fest. Der Direktor wie auch die neuen Mitarbeiter fühlen sich in ihrer jeweiligen Haltung mit den entsprechenden Gesten wohl, weil sie den eigenen Status in Beziehung zu den anderen ausdrücken. Aber was passiert, wenn der Direktor auf einen jungen, aufstrebenden Mann trifft, der selbstbewusst ist und vielleicht sogar zeigt, dass er sich dem Direktor ebenbürtig fühlt? Sie begrüßen einander mit einem dominanten Handschlag, und dann wird der junge

Mann wahrscheinlich die Arme verschränken, dabei aber mit den Daumen nach oben zeigen.

Mit dieser Daumen-nach-oben-Geste deutet man an, dass man Selbstvertrauen hat, während die verschränkten Arme gleichzeitig Schutz geben. Man sollte sich diese Körperhaltung merken, falls man einmal eine positive, zuversichtliche Einstellung ausdrücken will.

Die wichtigsten Haltungen im Stehen

Auch wie wir unsere Beine stellen, spielt für den Eindruck, den wir auf andere machen, eine große Rolle. Bei der nächsten Weihnachtsfeier können Sie mühelos feststellen, dass manche Leute mit gekreuzten Armen und Beinen in Kleingruppen beieinanderstehen. Wenn Sie genauer hinsehen, fällt Ihnen sicher auf, dass auch die Distanz zwischen ihnen größer ist als normalerweise bei gesellschaftlichen Anlässen üblich.

Wenn sie Mäntel oder Jacketts tragen, sind diese meist geschlossen. So stehen Menschen zusammen, die sich nicht sonderlich gut kennen. Wenn Sie sich mit ihnen unterhalten, werden Sie feststellen, dass sich alle oder zumindest einige aus der Gruppe fremd sind.

Geöffnete Beine können auf Offenheit oder Dominanz hindeuten, gekreuzte Beine verweisen auf eine verschlossene, unterwürfige oder defensive Haltung, da sie symbolisch den Zugang zu den Genitalien blockieren.

Sie werden auf der Feier aber vielleicht auch andere Gruppen sehen, in denen alle mit offenen Armen, sichtbaren Handflächen, geöffneten Mänteln, entspannter Haltung und mit auf einen Fuß verlagertem Gewicht dastehen, während der andere Fuß auf einen Gesprächspartner weist. Alle gestikulieren mit den Händen und bewegen sich in den persönlichen Raum der anderen hinein und wieder hinaus. Bei genauerem Hinsehen werden Sie feststellen, dass diese Menschen Freunde sind oder sich zumindest gut kennen. In der Gruppe mit den geschlossenen Armen und Beinen sehen Sie vielleicht auch entspannte Gesichter und hören eine lockere Unterhaltung, doch die gekreuzten Arme und Beine sagen Ihnen, dass die Betreffenden nicht so entspannt und selbstbewusst sind, wie sie tun.

Stellen Sie sich einmal mit fest gekreuzten Armen und Beinen und einem ernsten Gesichtsausdruck zu einer Gruppe, in der Sie niemanden kennen. Einer nach dem anderen werden die Mitglieder der Gruppe ebenfalls ihre Arme und Beine kreuzen und in dieser Position verharren, bis Sie, der Fremde, sich wieder entfernen. Gehen Sie weg und beobachten Sie, wie alle in der Gruppe nacheinander wieder ihre ursprüngliche offene Haltung einnehmen.

Das Überkreuzen der Beine offenbart nicht nur negative oder defensive Gefühle, jeder wirkt in dieser Haltung insgesamt unsicher, was dazu führt, dass andere sich entsprechend verhalten.

Wie man entspannt wirkt

Wenn die Menschen in einer Gruppe einander kennenlernen und sich allmählich entspannen, dann durchlaufen sie eine Bewegungsabfolge hin zu einer lockeren und offenen Haltung. Dieser »Öffnungsprozess« folgt überall dem gleichen Schema.

Er beginnt mit der geschlossenen Haltung, also gekreuzten Armen und Beinen. Wenn die Gruppenmitglieder sich allmählich sicherer im Umgang miteinander fühlen und eine gewisse Sympathie füreinander entwickeln, öffnen sie zunächst ihre Beine und ihre Füße stehen zusammen in der Hab-Acht-Stellung. Dann wird der oben liegende der verschränkten Arme angehoben, die Handfläche ist beim Sprechen manchmal zu sehen. Der andere Arm wird nicht mehr als feste Barriere benutzt, sondern greift vielleicht nach der Außenseite des anderen Arms. Dann öffnen sich beide Arme, und einer gestikuliert, ruht auf der Hüfte oder steckt in der Tasche. Schließlich nimmt jemand die Position mit dem Fuß nach vorn ein und zeigt so seine Akzeptanz des Gegenübers.

Um zu zeigen, dass Sie sich auf der Weihnachtsfeier wohl fühlen, nehmen Sie eine offene Haltung ein. Wenn Sie entspannt und locker stehen, werden andere dasselbe tun.

··

Perfektionieren Sie Ihre Haltung auf der Weihnachts-feier: Nehmen Sie eine offene Haltung ein, um Kontaktbereitschaft und Selbstbewusstsein zu demonstrieren. Verschränken Sie nicht die Arme, halten Sie Ihr Glas nicht mit beiden Händen. Wenn Sie entspannt und locker stehen, werden andere sich Ihnen anpassen.

··

3. Die Spiegelung – Übereinstimmung herstellen

Indem man die Körpersprache seines Gegenübers auf der Weihnachtsfeier spiegelt, kann man eine positive Beziehung zu ihm aufzubauen – vorausgesetzt, das Spiegeln geschieht unauffällig genug.

Wenn wir jemanden kennenlernen, müssen wir vor allem rasch abschätzen, ob er uns freundlich oder feindlich gegenübersteht. Die meisten Tiere tun das ebenfalls, für sie ist es quasi überlebenswichtig. Dazu mustern wir den Körper unseres Gegenübers, um zu sehen, ob er sich ähnlich wie wir bewegt und gestikuliert, etwas, das wir als »Spiegeln« bezeichnen. Wir spiegeln die Körpersprache des anderen als eine Form der Kontaktaufnahme, um Akzeptanz und Übereinstimmung zu erzielen, aber meist tun wir es völlig unbewusst. Früher war die Spiegelung auch ein soziales Mittel, mit dessen Hilfe sich unsere Vorfahren in größere Gruppen einfügten; und sie ist ein Überbleibsel einer simplen Lernmethode, des Lernens durch Nachahmen.

Nonverbal sagt die Spiegelung: »Schau mich an; ich bin wie du. Ich fühle ähnlich und teile deine Ansichten.« Deshalb springen Menschen bei einem Rockkonzert alle gleichzeitig auf und klatschen oder formen eine »Welle«. Die Synchronizität der Menge gibt den Teilnehmern ein Gefühl der Sicherheit. Spiegeln sorgt dafür, dass sich der andere »wohl fühlt«. Es ist ein überaus wirkungsvolles Instrument, um eine positive Beziehung herzustellen. Beim Betrachten von Zeitlupen stellt man fest, dass es sich sogar auf zeitgleiches Blinzeln, Blähen der Nasenflügel, Hochziehen der Augenbrauen und selbst auf die Weitung der Pupillen erstreckt, obwohl man diese winzigen Gesten gar nicht bewusst nachahmen kann.

Unterschiede zwischen Männern und Frauen

Um eine Beziehung zu einer Frau auf einer Weihnachtsfeier aufzubauen, sollte ein Mann vor allem ganz unauffällig den Gesichtsausdruck der Frau spiegeln, während er ihr zuhört.

Geoffrey Beattie von der University of Manchester hat festgestellt, dass Frauen andere Frauen instinktiv viermal so oft imitieren wie Männer andere Männer. Außerdem ahmen Frauen auch die Körpersprache von Männern nach, Männer dagegen selten die Gesten und Haltungen von Frauen – außer beim Werben um das andere Geschlecht.

....
Männer können das Spiegeln sehr gut einsetzen, um bei Weihnachtsfeiern gute Kontakte zu Kolleginnen aufzubauen.
....

Wenn eine Frau sagt, sie »sehe«, dass jemand nicht mit der Meinung der Gruppe übereinstimmt, dann sieht sie diese Diskrepanz tatsächlich. Sie hat gemerkt, dass die Körpersprache eines Beteiligten nicht mit der Körpersprache der anderen harmoniert und er so seine abweichende Meinung ausdrückt. Männerhirne sind schlicht und einfach nicht dafür ausgestattet, die kleinen Einzelheiten der Körpersprache bei anderen zu lesen, und nehmen Diskrepanzen bei der Spiegelung nicht bewusst wahr.

Eine Frau kann im Schnitt sechs verschiedene Gesichter in einer Zuhörzeit von zehn Sekunden machen, um ihre Gefühle für ihr Gegenüber auszudrücken und ihm ein Feedback zu geben. Ihr Gesicht spiegelt zugleich die Gefühle der Sprecherin wider. Für den Beobachter sieht es so aus, als sei das, worüber sie sprechen, beiden Frauen widerfahren.

Männer andererseits beherrschen noch nicht einmal ein Drittel der mimischen Ausdrucksmittel, die Frauen zur Verfügung stehen. Vor allem in der Öffentlichkeit unterdrücken sie alle Regungen, weil sie im Laufe der Evolution Gefühle zurückhalten mussten, um nicht zu einer leichten Beute für Angreifer zu werden und um Selbstbeherrschung zu demonstrieren.

Eine Frau erkennt die Bedeutung des Gesagten anhand der Stimmlage des Sprechenden und seine Stimmung anhand seiner Körpersprache. Und genau das muss auch ein Mann tun, wenn er die Aufmerksamkeit einer Frau wecken und sich ihr Interesse erhalten will. Die Vorstellung, mit Hilfe von Gesichtsmuskeln Feedback zu erzeugen, entmutigt die meisten Männer, aber es zahlt sich unglaublich aus, diese Muskeln zu trainieren.

Was kann man als Frau tun?

Man kann das Verhalten eines Mannes spiegeln, wenn man weiß, dass man seine Meinungen nicht am Gesicht ablesen kann – er benutzt dazu seinen Körper. Die meisten Frauen haben Schwierigkeiten, einen emotionslosen Mann zu spiegeln, dabei ist das bei Männern gar nicht nötig. Als Frau muss man das Tempo in der Mimik reduzieren, damit man nicht als Nervensäge wahrgenommen wird. Vor allem: Spiegeln Sie nicht das, was er *Ihrer Meinung nach* wohl fühlen *muss*. Das kann in eine Katastrophe führen, wenn Sie sich irren, und Sie können sich so das Etikett »dumm wie Bohnenstroh« oder »wirr im Kopf« einhandeln. Geschäftsfrauen, die mit ernster Miene zuhören, gelten bei Männern als besonders intelligent, clever und vernünftig.

Übereinstimmung schaffen

Spiegelung ist eine der wichtigsten Lektionen der Körpersprache überhaupt. Wenn Sie sich mit dieser Technik befassen, können Sie erkennen, ob jemand Ihrer Meinung ist oder Sie mag. Und Sie können anderen vermitteln, dass Sie sie mögen, einfach indem Sie ihre Körpersprache spiegeln.

Wenn ein Vorgesetzter auf der Weihnachtsfeier eine Beziehung zu einem nervösen Mitarbeiter aufbauen und eine entspannte Atmosphäre schaffen will, könnte er zu diesem Zweck die Haltung des Untergebenen spiegeln. Ein aufstrebender Mitarbeiter dagegen spiegelt vielleicht die Gesten seines Chefs in einem Versuch, Übereinstimmung zu signalisieren, wenn der Chef seine Meinung darlegt. Mit diesem Wissen kann man andere beeinflussen, indem man ihre positiven Gesten und Haltungen spiegelt. Man versetzt seinen Gesprächspartner in einen aufnahmebereiten und entspannten Zustand, weil er »sehen« kann, dass man seine Meinung teilt.

Forschungen zeigen, dass bestimmte Gesten und Haltungen des Leiters einer Gruppe von seinen Mitarbeitern kopiert werden, üblicherweise wie in einer Hackordnung von oben nach unten. Bei einer Weihnachtsfeier geben Chefs oft den Ton an – sie eröffnen zum Beispiel das Buffet und bedienen sich als Erste, oder sie sitzen eher am Kopfende eines Tisches, selten mittendrin an einer langen Tafel, auf einem Sofa oder einer Bank.

Bevor Sie allerdings die Körpersprache eines anderen nachahmen, sollten Sie über Ihre Beziehung zu dieser Person nachdenken. Wenn ein Chef bei der Weihnachtsfeier auf dem Schreibtisch sitzt und gegenüber seinem Mitarbeiter eine überlegene, dominante Haltung einnimmt, dann wäre es für einen Untergebenen überaus unpassend, diese Gesten zu spiegeln. Der Chef könnte sich durch diese Körpersprache angegriffen fühlen.

Die Spiegelung ist ein wirkungsvolles Mittel, um »überlegene«Typen, die versuchen, die Kontrolle zu übernehmen, einzuschüchtern oder zu entwaffnen. Durch Spiegelung ihres Verhaltens kann man sie aus dem Konzept bringen und zu einer Veränderung ihrer Haltung zwingen. Bei Ihrem Chef aber versuchen Sie das besser nicht, und vor allem: Äffen Sie nie irgendwelche unpassenden Ticks auf der Weihnachtsfeier nach!

....

Perfektionieren Sie das Spiegeln auf der Weihnachtsfeier: Ahmen Sie doch einmal Sitzposition, Haltung, Körperwinkel, Gesten, Mimik und Tonfall eines Menschen nach, den Sie gerade kennengelernt haben. Es dauert sicher nicht lange, bis Ihr Gegenüber den Eindruck gewinnt, dass Sie etwas Liebenswertes an sich haben – er beschreibt Sie als »angenehm im Umgang«, weil er sich selbst in Ihnen wiederfindet. Aber dazu eine Warnung: Übertreiben Sie nicht und machen Sie es nicht zu offensichtlich.

....

4. Das Lächeln – den anderen für sich einnehmen

Kinder wurden von ihren Großmüttern früher oft aufgefordert, »ein freundliches Gesicht zu machen«, »schön zu lächeln« oder »die Zähnchen zu zeigen«, wenn sie jemanden trafen, weil die Oma intuitiv erkannt hatte, dass man damit eine positive Reaktion bei anderen hervorruft. Lächeln ist ein gutes Mittel, um auf der Weihnachtsfeier Menschen zu beeinflussen und für sich zu gewinnen. In Kapitel 6 haben wir einiges darüber gehört, wie ansteckend Lächeln ist. Jetzt beschäftigen wir uns damit, wie ein Lächeln helfen kann, Kollegen zu beeinflussen.

Warum man über die Witze seines Chefs lachen sollte

Professor Ulf Dimberg von der Universität Uppsala in Schweden hat mit einem Experiment gezeigt, wie das Unterbewusstsein die Gesichtsmuskeln direkt kontrolliert. Er zeichnete die elektrischen Signale von Muskelfasern auf und maß damit die Aktivität der Gesichtsmuskeln von 120 Versuchspersonen, denen Fotos von fröhlichen und wütenden Gesichtern gezeigt wurden. Die Probanden sollten auf das Gesehene reagieren und fröhliche, ärgerliche oder ausdruckslose Gesichter machen. Manchmal war der Ausdruck, den sie annehmen sollten, auch das Gegenteil dessen, was sie sahen – sie mussten also bei einem Lächeln wütend blicken oder lächelnd auf ein wütendes Gesicht reagieren. Das Experiment zeigte, dass die Versuchspersonen ihre Gesichtsmuskeln nicht völlig kontrollieren konnten. Es war einfach, beim Bild eines wütenden Mannes ärgerlich zu blicken, viel schwieriger war es hingegen, bei diesem Anblick zu lächeln. Obwohl die Probanden versuchten, bewusst ihre natürlichen Reaktionen zu kontrollieren, zeigte das Zucken ihrer Gesichtsmuskeln etwas ganz anderes – sie spiegelten den Gesichtsausdruck, den sie sahen, selbst wenn sie es nicht wollten.

Deswegen ist Lächeln ein wichtiger Bestandteil Ihres Körpersprachrepertoires, selbst wenn Ihnen nicht danach zumute ist – etwa, wenn Ihr Chef Ihnen einen furchtbar anzüglichen Witz erzählt. Lächeln beeinflusst direkt die Einstellung anderer und deren Reaktion auf Sie.

Es ist wissenschaftlich erwiesen, dass andere umso positiver auf Sie reagieren, je mehr Sie lächeln. Es lohnt sich also wirklich, auf der Weihnachtsfeier über die Witze seines Chefs zu lachen!

Lächeln und Lachen hilft, Kontakte zu knüpfen

Robert Provine stellte fest, dass 30-mal häufiger im geselligen Rahmen als im stillen Kämmerlein gelacht wird. Lachen hat demnach weniger mit Witzen und lustigen Geschichten zu tun als vielmehr mit dem Aufbau von Beziehungen. Er stellte fest, dass nur 15 Prozent unseres Lachens auf Witzen basieren. In Provines Untersuchungen neigten die Teilnehmer, wenn sie allein waren, eher dazu, mit sich selbst zu sprechen, als zu lachen. Die Probanden wurden gefilmt, während sie sich ein witziges Video in drei Konstellationen ansahen: allein, zusammen mit einem Fremden gleichen Geschlechts und mit einem Freund gleichen Geschlechts.

....

Lachen hat nur zu 15 Prozent etwas mit Witzen zu tun,
viel mehr hingegen damit, Beziehungen zu knüpfen.

....

Obwohl die Teilnehmer die Videos alle als gleich witzig einstuften, lachten diejenigen, die die Videos allein sahen, deutlich weniger als die, die das Video zusammen mit einem anderen anschauten, egal, ob es ein Freund oder ein Fremder war. Das Lachen war in den Situationen, in denen noch eine zweite Person beteiligt war, deutlich häufiger und dauerte länger, als wenn der Proband allein war. Bei sozialer Interaktion wurde deutlich häufiger gelacht. Die Ergebnisse zeigen, dass man umso häufiger und länger lacht, je geselliger die Runde ist, in der man sich befindet.

Lächeltipps für Frauen

Und hier noch ein paar Ratschläge für Frauen auf der Weihnachtsfeier: Untersuchungen von Marvin Hecht und Marianne La France von der Boston University zeigen, dass rangniedere Menschen in der Gegenwart von dominanten oder überlegenen Menschen häufiger lächeln, in freundlicher wie unfreundlicher Atmosphäre. Überlegene Menschen lächeln rangniedere dagegen nur in freundlichen Situationen an.

Hecht und La France fanden auch heraus, dass Frauen sowohl bei gesellschaftlichen wie geschäftlichen Anlässen häufiger lächeln als Männer, weswegen eine Frau beim Zusammentreffen mit nichtlächelnden Männern untergeordnet oder schwach wirken kann. Eine Erklärung dafür, dass Frauen so oft lächeln, liegt wohl darin, dass das Lächeln gut zur evolutionsgeschichtlichen Rolle der Frau als Schlichterin und Ernährerin passt. Das heißt nicht, dass eine Frau nicht so autoritär wie ein Mann sein kann, aber durch häufiges Lächeln wirkt sie weniger herrisch.

Die Sozialwissenschaftlerin Dr. Nancy Henley von der University of California in Los Angeles beschrieb das Lächeln der Frau als »ihr Signal der Beschwichtigung«. Es wird oft benutzt, um einen stärkeren Mann zu besänftigen. Henleys Untersuchungen ergaben, dass Frauen bei gesellschaftlichen Anlässen 87 Prozent der Zeit lächeln, Männer dagegen nur 67 Prozent. Die Wahrscheinlichkeit, ein Lächeln vom anderen Geschlecht zu erwidern, liegt bei Frauen um 26 Prozent höher als bei Männern. Bilder von Frauen mit traurigem Gesichtsausdruck wurden als am wenigsten attraktiv eingestuft. Das fehlende Lächeln wurde als Zeichen der Unzufriedenheit interpretiert, bei Männern dagegen als Zeichen der Dominanz. Daraus kann man ableiten, dass Frauen beim geschäftlichen Umgang mit dominanten Männern – auch auf der Weihnachtsfeier – weniger lächeln oder nur so oft lächeln sollten wie die Männer. Wenn Männer bei Frauen besser ankommen wollen, müssen sie in jeder Situation mehr lächeln.

....

Perfektionieren Sie Ihr Lächeln auf der Weihnachtsfeier:
Lachen und Lächeln sind sehr wichtig, um Beziehungen
aufzubauen. Männer sollten versuchen, mehr zu lächeln,
wenn sie wollen, dass andere positiv auf sie reagieren;
Frauen sollten allzu häufiges Lächeln vermeiden, wenn
sie stark und beherrscht wirken wollen.

....

Zusammenfassung: Wie man auf der Weihnachtsfeier gut ankommt

Die erste Regel lautet: Trinken Sie nicht zu viel. Sie sagen und tun sonst vielleicht Dinge, die sie nachher bedauern, und ein Kater könnte hinzukommen. Denken Sie immer daran, dass die Party irgendwann vorbei ist und Sie dann wieder zur Arbeit gehen müssen. Alkohol hat enthemmende Wirkung und kann leicht dazu führen, dass Sie zu viel reden, Persönliches von sich preisgeben, das eigentlich doch nicht jeder wissen soll, oder etwas über einen Kollegen sagen, was Sie lieber für sich behalten hätten. Wenn Sie eine Entschuldigung dafür brauchen, dass Sie nichts trinken, sagen Sie, dass Sie noch fahren müssen. Denn auch wenn Sie selbst einen Filmriss haben – die Kollegen werden Ihren Auftritt bei der Weihnachtsfeier nicht so schnell vergessen.

Die betriebliche Weihnachtsfeier ist eine großartige Gelegenheit, um neue Leute kennenzulernen, Beziehungen zu pflegen und positive Kontakte zu Kollegen aufzubauen. Sie sollten sich amüsieren, aber auch immer daran denken, dass dieses Fest ebenso wichtig ist wie jeder andere geschäftliche Anlass. Alles, was wir Ihnen in diesem Kapitel über die Körpersprache beigebracht haben, wird dazu beitragen, dass Sie einen dauerhaft positiven Eindruck bei Kollegen und Vorgesetzten hinterlassen, und es wird Ihren Gesprächspartnern helfen, ihren Platz in der Hierarchie des Unternehmens zu finden.

Denken Sie daran: Intelligente Kontaktpflege und gute Teamarbeit mit Kollegen sind Schlüsselqualifikationen für den beruflichen Aufstieg. Folgen Sie unseren Ratschlägen, und diese Weihnachtsfeier wird Ihnen im Gedächtnis bleiben, und zwar als sehr positive Erfahrung.

Schluss

Der alljährliche Nervenzusammenbruch Ihrer Mutter, weil der Truthahn nicht gar wird oder zu trocken ist, das Gerangel um die Fernbedienung bei gleichzeitigem Gejammer, dass mal wieder nichts Interessantes im Fernsehen kommt, der immer wieder neue Horror beim Auspacken »falscher« Geschenke … Weihnachten mag noch so anstrengend, aufwendig und nervenaufreibend sein – wir wollen es doch nicht missen.

Laut einer Guardian/ICM-Umfrage feiern 94 Prozent aller Briten Weihnachten, ganz unabhängig von ihrer Religion. Trotz all des Stresses bei der Vorbereitung, der Familienkräche, der Kommerzialisierung, des Zanks zwischen den Geschlechtern und der Geldsorgen stimmten 75 Prozent aller Befragten dem Satz zu: »Wenn ich wirklich ganz ehrlich bin, liebe ich Weihnachten.«

Warum wir Weihnachten lieben

In diesem Buch haben wir uns vor allem auf die Unterschiede zwischen Männern und Frauen konzentriert und auf die Schwierigkeiten, die daraus Weihnachten entstehen können. Das lässt natürlich schnell den Verdacht aufkommen, dass wir, die Autoren, offenbar nicht allzu viel von diesem Fest halten. Aber das stimmt nicht. Ganz im Gegenteil, wir lieben Weihnachten. Wir sind glücklich verheiratet, treue Liebende und die besten Freunde. Außerdem haben wir vier wunderbare Kinder. Gemeinsam haben wir viele glückliche Weihnachtsfeste gefeiert. Aber wir kennen auch die potentiellen Fallstricke und die Minenfelder, die Paare in Nöte bringen können. In diesem Buch haben wir nicht nur auf wissenschaftliche Untersuchungen, sondern auch auf unsere persönlichen Erfahrungen zurückgegriffen. Wir sind überzeugt davon, dass wir Ihnen eine ausgeglichene Sicht auf männliche und weibliche Beziehungen aus vielen verschiedenen Blickwinkeln und hoffentlich ohne Vorurteile gegeben haben. Durch die Recherchen und das Schreiben dieses Buches hat sich bei uns mehr Verständnis füreinander, für unsere Eltern, Geschwister, Cousins und Cousinen, unsere Mitarbeiter und Nachbarn entwickelt – und nur durch ein gegenseitiges Verständnis können wir Weihnachten trotz all unserer Unterschiede und Eigenheiten wirklich genießen. Wir machen nicht immer alles richtig, aber wir haben den Eindruck, dass wir meist und mit den meisten Menschen angemessen umgehen. Deshalb haben wir selten Streit mit Personen, die uns nahestehen, und sie lieben uns deswegen alle. Es ist nicht immer alles hundertprozentig in Ordnung, aber im Allgemeinen läuft es gut.

Herr und Frau Weihnachtsmann

Es ist wunderbar, Weihnachten ein Mann zu sein, weil man mit der neuen Eisenbahn seines Sohnes spielen kann, weil immer irgendein *James Bond* im Fernsehen läuft und weil man eine Entschuldigung dafür hat, die Fotos von Kylie in ihrem sexy Weihnachtskostüm anzuschauen. Es ist wunderbar, Weihnachten eine Frau zu sein, weil es die einzige Zeit im Jahr ist, in der man so viel Schokolade essen darf, wie man will, weil man sicher sein kann, dass einem niemand witzige Socken schenkt, und weil man im

Schlussverkauf ganze Tage in den Geschäften verbringen kann.

Vielleicht werden Männer und Frauen eines Tages gleich sein. Vielleicht werden sich Frauen eine neue Kreissäge zu Weihnachten wünschen und hoffen, dass im Weihnachtsfilm mehr Blut und Colts zu sehen sind. Vielleicht werden Männer ihre Weihnachtseinkäufe zeitig vor Weihnachten erledigen und anbieten, alle Geschenke einzupacken. Wir haben da unsere Zweifel – zumindest was die nächsten paar tausend Weihnachtsfeste angeht. Inzwischen werden wir alles daransetzen, die Unterschiede zu verstehen, mit ihnen umzugehen und sie, wenn möglich, sogar zu lieben. So wird Weihnachten für die ganze Familie fröhlicher und friedvoller.

Wie Sie dieses Buch zu Weihnachten verschenken

Nach dem weltweiten Erfolg unserer Bücher *Warum Männer nicht zuhören und Frauen schlecht einparken* und *Warum Männer lügen und Frauen immer Schuhe kaufen* warfen uns einige Männer vor, wir machten ihnen das Leben schwer. Sie hatten den Eindruck, dass ihre Frauen unser Buch benutzten, um sie unter Druck zu setzen: »Allan sagt dies oder Barbara sagt das …« *Warum Männer nicht zuhören und Frauen schlecht einparken* war überall ein Lieblingsbuch von Frauen, und wir sind uns bewusst, dass manche es den Männern in ihrem Leben mit dem Kommentar gegeben haben: »Du kannst es brauchen! Lies es von vorn bis hinten durch – ich habe schon mal die Teile angestrichen, die du unbedingt lesen musst.«

Wenn Sie eine Frau sind und dieses Buch zu Weihnachten oder zu einem anderen Anlass einem Mann schenken möchten, haben wir hier noch ein paar Tipps für Sie. Wenn eine Frau einer anderen ein Buch schenkt, in dem es um die Entwicklung der Persönlichkeit geht, dann fühlt sich die

Beschenkte geehrt und ist dankbar für eine Gabe, die sie vielleicht weiterbringen wird. Ein Mann dagegen ist eher beleidigt und denkt, die Frau wolle andeuten, dass er, so wie er ist, nicht gut genug ist. »So etwas brauche ich nicht!«, wird er abschätzig sagen und es ihr zurückgeben, was sie natürlich verletzt und peinlich berührt.

Wenn Sie also ein Mann sind, der dies hier liest, dann gehören Sie zu einer Minderheit, die verstehen will, wie Frauen denken und sich verhalten – Glückwunsch! Wenn Sie eine Frau sind, wäre es vielleicht sinnvoller, Ihren Mann nach seiner Meinung zu den Ratschlägen in diesem Buch zu fragen, denn Männer sagen furchtbar gern ihre Meinung. Streichen Sie die Stellen an, die er lesen soll, und lassen Sie das Buch auf dem Kaffeetisch oder auf der Toilette liegen. Oder kaufen Sie ihm eine Karte für eines unserer Seminare über Beziehungen.

Warum Weihnachten gut für Sie ist

In Kapitel 6 haben wir gesehen, dass Lachen gesund ist und einen Domino-Effekt hat. Weihnachten ist eine Zeit der Freude und des Genusses. Nehmen Sie sich Zeit, die Feiertage zu genießen – wahrscheinlich wird niemand länger darüber nachdenken, ob Ihre Lebkuchen selbstgebacken sind oder ob Sie Heiligabend bis 2.00 Uhr in der Küche gestanden haben. Aber alle werden sich daran erinnern, dass Sie zufrieden und entspannt waren, und sie werden sich deshalb auch selbst wohler fühlen. Selbst das große Weihnachtsessen kann Ihnen guttun, wenn Sie die richtigen Entscheidungen treffen – Truthahn hat am wenigsten Fett, Rosenkohl ist gut für den Vitaminhaushalt, Preiselbeeren enthalten enorm viele Antioxidantien, und Alkohol in Maßen verringert das Risiko von Herzerkrankungen. Weihnachten ist eine Zeit, in der man so richtig Spaß haben kann. Es bringt Nachbarn, Kollegen und Familien einander näher und gibt uns eine Chance, all unseren Lieben zu zeigen, was wir für sie empfinden. Wir sind fest davon überzeugt, dass die Instrumente, die wir Ihnen in diesem Buch empfohlen haben, allen Männern und Frauen helfen können, ein glücklicheres, erfüllteres und anregenderes Weihnachtsfest zu feiern. Wir möchten, dass Sie das Weihnachten erleben, von dem Sie träumen, und hoffen, dass das nächste Weihnachten mit all den Ratschlägen aus dem Buch zum fröhlichsten wird, das Sie bis jetzt gefeiert haben. Hoffentlich hat Ihnen unser Buch gefallen.

Wir wünschen Ihnen wunderschöne Weihnachten!

Bibliographie

Acredolo, Linda, und Susan Goodwin, Baby-Sprache. Wie Sie sich mit Ihrem Kleinkind unterhalten können, bevor es sprechen lernt, Reinbek 2001.

Adams, Raymond S., und Bruce Biddle, *Realities of Teaching. Exploration with Video Tape*, New York 1970.

Alder, Harry, *NLP in 21 Days*, London 1999.

Allen, L. S., u. a., »Sex Differences in the Corpus Callosum of the Living Human Being«, in: *Journal of Neuroscience* 11, 1991, S. 933–942.

Amen, Daniel G., *Change Your Brain, Change Your Life,* New York 2000.

Andreas, Steve, und Charles Faulkner, *Praxiskurs NLP*, Paderborn 1997.

Andreae, Simon, *Das Lustprinzip. Warum Männer und Frauen doch zusammenpassen*, Berlin 2002.

Antes, J. R., R. B. McBridge und J. D. Collins, »The effect of a new city route on the cognitive maps of its residents«, in: *Environment and Behaviour* 20, 1988, S. 75–91.

Ardrey, Robert, *Adam und sein Revier. Der Mensch im Zwang des Territoriums,* Wien, München, Zürich 1968.

Argyle, Michael, *Körpersprache und Kommunikation*, Paderborn 1979.

Argyle, Michael, *Soziale Interaktion*, Köln 1972.

Argyle, Michael, Margaret Brown und Elizabeth Sydney, *Skills with People. A Guide for Managers,* London 1973.

Argyle, Michael, und Mark Cook, *Gaze and Mutual Gaze*, Cambridge 1976.

Asher, Mark, *Körpersprache. Richtig einsetzen und deuten*, Bindlach 1999.

Axtell, Roger E., *Gestures*, New York 1991.

Bacon, A. M., *A Manual of Gestures*, Chicago 1875.

Baker, Robin, *Krieg der Spermien,* Bergisch Gladbach 1999.

Bailey, Francis Lee, *For the Defense,* New York 1976.

Bailey, Francis Lee, und Harvey Aronson, *The Defense Never Rests,* New York 1972.

Bandler, Richard, *Insider's Guide to Sub-modalities,* Palo Alto 1993.

Bandler, Richard, und John Grinder, *Metasprache und Psychotherapie. Die Struktur der Magie 1,* Paderborn 1981.

Bandler, Richard, und John Grinder, *Neue Wege der Kurzzeit-Therapie. Neurolinguistische Programme,* Paderborn 1981.

Bandler, Richard, und John Grinder, *Patterns of the Hypnotic Techniques of Milton H. Erickson, MD,* Band 1, Cupertino, Kalif., 1975.

Barash, David, *Soziobiologie und Verhalten,* Berlin 1980.

Barkow, Jerome, Leda Cossmides und John Tooby (Hg.), *The Adapted Mind. Evolutionary Psychology and the Generation of Culture,* Oxford 1992.

Barry, Dave, *Dave Barry erklärt, was ein echter Kerl ist,* Frankfurt 2005.

Bart, Benjamin, *The History of Farting,* London 1995.

Beattie, Geoffrey, *All Talk. Why It's Important to Watch your Words and Everything Else you Say,* London 1988.

Beattie, Geoffrey, *The Candarel Guide to Beach Watching,* Rambletree 1988.

Beattie, Geoffrey, *Visible Thought. The New Psychology of Body Language,* London 2003.

Beatty, W.W., »The Fargo Map Test. A standardised method for assessing remote memory for visuospatial information«, in: *Journal of Clinical Psychology* 44, 1988, S. 61–67.

Becker, Jill B., u.a. (Hg.), *Behavioural Endocrinology,* Cambridge, Mass., 2002.

Belli, Melvin, *My Life on Trial,* New York 1977.

Benbow, C.P., und J.C. Stanley, »Sex differences in mathematical reasoning ability. More facts«, *Science* 222, 1983, S. 1029–1031.

Benthall, Jonathan, und Ted Polhemus, *The Body as a Medium of Expression,* London 1975.

Berne, Eric, *Spiele der Erwachsenen,* Reinbek 1967.

Berrebi, A.S., u.a., »Corpus Callosum. Region-specific effects of sex, early experience and age«, in: *Brain Research* 438, 1988, S. 216–224.

Biddulph, Steve, *Jungen! Wie sie glücklich heranwachsen,* Beust 1998.

Biddulph, Steve und Sharon, *Weitere Geheimnisse glücklicher Kinder,* Beust 1998.

Birdwhistell, Ray L., *Introduction to Kinesics*, Louisville, Kentucky 1952.

Birdwhistell, Ray L., *Kinesics and Context*, London 1971.

Blacking, John, *The Anthropology of the Body*, London, New York 1977.

Blum, Deborah, *Sex on the Brain*, New York 1997.

Bok, Sissela, *Lügen. Vom täglichen Zwang zur Unaufrichtigkeit*, Reinbek 1982.

Botting, Kate und Douglas, *Sex Appeal*, London 1995.

Bottomley, Maria, *Executive Image*, Melbourne 1988.

Brasch, Rudolph, *How Did Sex Begin?*, Thornhill 1990.

Brun, Theodore, *The International Dictionary of Sign Language*, London 1969.

Bryan, William J., *The Psychology of Jury Selection*, New York 1971.

Budesheim, T.L., und S.J. Depaola, »Beauty or the Beast? The Effects of Appearance, Personality, and Issue Information on Evaluations of Political Candidates«, in: *Personality and Social Psychology Bulletin* 20, 1994, S. 339–348.

Burr, Chandler, *Du bist, was du bist. Die genetische Basis der sexuellen Orientierung*, München 1997.

Burton, Sarah, *Impostors. Six Kinds of Liar, True Tales of Deception*, London 2000.

Buss, David M., *Die Evolution des Begehrens*, Hamburg 1994.

Buss, David, und D.T. Kenrich, »Evolutionary Social Psychology«, in: D.T. Gilberts, S.T. Fiske und G. Lindzey (Hg.), *The Handbook of Social Psychology*, Bd. 2, Boston 1998, S. 982–1026.

Calero, Henry H., *Winning the Negotiation*, New York 1979.

Cappella, J.N., »The facial feedback hypothesis in human interaction. review and speculation«, in: *Journal of Language and Social Psychology* 12, 1993.

Carnegie, Dale, *Wie man Freunde gewinnt*, Zürich 1965.

Caro, Mike, *Caro's Book of Poker Tells*, New York 2005.

Carper, Jean, *Wundernahrung fürs Gehirn. Steigert den IQ, optimiert die geistige Kraft, stoppt Alterungsprozesse*, München 2000.

Cassidy, C.M., »The Good Body. When big is better«, in: *Medical Anthropology* 1991.

Chapman, Anthony J., »Humor and laughter in social interaction and some implications for humor research«, in: Paul McGhee und Jeffrey H. Goldstein (Hg.), *Handbook of Humor Research*, Bd. 1, »Basic Issues«, New York 1983, S. 135–157.

Clayton, Peter, *Body Language at Work. Read the Signs and Make the Right Moves*, London 2003.

Coates, Jennifer, *Women, Men and Language,* London ³2004.

Cole, Julia, *After the Affair. How to Build Love and Trust Again,* London 2000.

Collett, Peter, *Social Rules and Social Behaviour,* Oxford 1977.

Collett, Peter, *The Book of Tells,* London 2003.

Collis, Jack, *Yes You Can,* Sydney 1993.

Colton, Helen, *The Gift of Touch,* New York 1983.

Cooper, Ken, *Bodybusiness,* New York 1981.

Cox, Tracey, *Hot Sex. In jeder Beziehung,* München 2000.

Creagan, Michael, *Surfing Your Horizons,* New York 1996.

Crick, Francis, *Was die Seele wirklich ist. Die naturwissenschaftliche Erforschung des Bewusstseins,* München 1994.

Crick, Francis, und C. Koch, »Are we aware of neural activity in primary visual cortex?«, in: *Nature* 375, 1995, S. 121 ff.

Critchley, Macdonald, *Silent Language,* London 1975.

Critchley, Macdonald, *The Language of Gesture,* London 1939.

Cundiff, Merlyn, *Kinesics,* New York 1972.

Dabbs, James M., »Testosterone, smiling and facial appearance«, in: *Journal of Nonverbal Behavior* 21, 1992.

Dale-Guthrie, Russell, *Body Hot-Spots,* New York 1976.

Dalgleish, Tim, *Handbook of Cognition and Emotion,* Chichester 2000.

Damasio, Antonio R., *Descartes' Irrtum. Fühlen, Denken und das menschliche Gehirn,* Berlin 2004.

Danesi, Marcel, *Of Cigarettes, High Heels, and Other Interesting Things,* London 1999.

Darwin, Charles, *Der Ausdruck der Gemütsbewegungen bei den Menschen und bei den Tieren,* kritische Edition, mit Einleitung, Nachwort und Kommentar von Paul Ekman, Frankfurt am Main 2000.

Darwin, Charles, *Die Abstammung des Menschen,* Stuttgart 2002.

Darwin, Charles, *Reise um die Welt 1831–36,* Stuttgart 1986.

Davies, Philippa, *Your Total Image,* London 1990.

Davitz, Joel Robert, *The Communication of Emotional Meaning,* New York 1964.

Dawkins, Richard, *Das egoistische Gen,* Reinbek 1996.

Dawkins, Richard, *Der blinde Uhrmacher. Ein neues Plädoyer für den Darwinismus,* München 2008.

Dawkins, Richard, *Und es entsprang ein Fluss in Eden. Das Uhrwerk der Evolution,* München 1998.

Deacon, Terrence W., und A. Lane, *The Symbolic Species. The Co-Evolution of Language and the Human Brain,* New York 1998.

DeAngelis, Barbara, *Männer. Die geheimen Wünsche des anderen Geschlechts*, München 1995.

Dedopulos, Tim, *The Ultimate Jokes Book*, Bristol 1998.

DeVries, G.J., u.a. (Hg.), *Differences in the Brain, Relationship between Structure and Function*, New York 1984.

Diamond, Jared, *Der dritte Schimpanse. Evolution und Zukunft des Menschen*, Frankfurt 2006.

Dixon, Norman F., *Our Own Worst Enemy*, London 1987.

Dubovsky, Steven L., und W.W. Norton, *Mind-Body Deceptions*, London 1997.

Duncan, Starkey, und Donald W. Fiske, *Face-to-Face Interaction*, Hillsdale, N.J., 1977.

Dunkell, Samuel, *Körpersprache im Schlaf*, München 1982.

Edelson, Edward, *Francis Crick and James Watson and the Building Blocks of Life*, New York 1998.

Edwards, Betty, *Das neue Garantiert zeichnen lernen. Die Befreiung unserer schöpferischen Gestaltungskräfte*, Reinbek 2006.

Effron, D., *Gesture, Race and Culture*, Den Haag 1941/1972.

Eibl-Eibesfeldt, Irenäus, *Die Biologie des menschlichen Verhaltens*, München 1995.

Eibl-Eibesfeldt, Irenäus, *Liebe und Hass. Zur Naturgeschichte elementarer Verhaltensweisen*, München 1987.

Ekman, Paul, »About brows. Emotional and conversational signals«, in: M. von Cranach, K. Foppa, W. Lepenies und D. Ploog, *Human Ethology*, Cambridge 1979, S. 169–248.

Ekman, Paul, »Biological and cultural contributions to body and facial movement«, in: J. Blacking (Hg.), *Anthropology of the Body*, London 1977, S. 34–84.

Ekman, Paul, »Cross-cultural studies of facial expression«, in: Paul Ekman (Hg.), *Darwin and Facial Expression. A Century of Research in Review*, New York 1973, S. 169–222.

Ekman, Paul, *Weshalb Lügen kurze Beine haben. Über Täuschungen und deren Aufdeckung im privaten und öffentlichen Leben*, Berlin 1989.

Ekman, Paul, Richard J. Davidson und Wallace V. Friesen, »The Duchenne smile. Emotional expression and brain physiology II«, in: *Journal of Personality and Social Psychology* 58, 9, 1990, S. 342–353.

Ekman, Paul, und Wallace V. Friesen, »A new pan-cultural expression of emotion«, in: *Motivation and Emotion* 10, 1986, S. 159–168.

Ekman, Paul, und Wallace V. Friesen, *Pictures of Facial Affect*, Palo Alto, Kalif., 1976.

Ekman, Paul, und Wallace V. Friesen, *Unmasking the Face*, London 1975.

Ekman, Paul, Wallace V. Friesen und Phoebe Ellsworth, *Gesichtssprache. Wege zur Objektivierung menschlicher Emotionen*, Wien, Köln 1974.

Ekman, Paul, Wallace V. Friesen und S.S. Tomkins, »Facial affect scoring technique. A first validity study«, in: *Semiotica* 3, 1971, S. 37–58.

Elliot, Alison J., *Child Language*, Cambridge 1981.

Ellis, Andrew, und Geoffrey Beattie, *The Psychology of Language and Communication*, London 1985.

Ellis, Bruce J., und N. Malamuth, »Love and anger in romantic relationships. A discrete systems model«, in: *Journal of Personality* 68 (2000), S. 525–556.

Ellis, Bruce J., »The Evolution of Sexual Attraction. Evaluative Mechanisms in Women«, in: Leda H. Cosmides und John Tooby, *The Adapted Mind. Evolutionary Psychology and the Generation of Culture*, Oxford 1992.

Ellis, Lee, *Research Methods on the Social Sciences*, Madison, Wisc., 1994.

Ellyson, Steve L., und John F. Dovidio, *Power, Dominance and Nonverbal Behaviour*, New York 1985.

Elsea, Janet G., *First Impression Best Impression*, New York 1984.

Farrell, Warren, *Women Can't Hear What Men Don't Say. Destroying Myths, Creating Love*, New York 1999.

Fast, Julius, *Körpersprache*, Reinbek 1979.

Fast, Julius und Barbara, *Talking Between the Lines*, New York 1979.

Feldman, Robert S., und Bernard Rimé, *Fundamentals of Nonverbal Behaviour*, Cambridge 1991.

Feldman, Robert S., James A. Forrest und Benjamin R. Happ, »Self-presentation and verbal deception. Do self-presenters lie more?«, in: *Basic and Applied Social Psychology* 24, 2, 2002.

Feldman, Sandor, *Mannerisms of Speech and Gesture in Everyday Life*, New York 1959.

Ferris, Stewart, *How to Chat-Up Women*, Chichester 1996.

Fisher, Helen, *Anatomie der Liebe. Warum sich Paare finden, sich binden und auseinandergehen*, München 1995.

Fisher, Helen, *Das starke Geschlecht. Wie das weibliche Denken die Zukunft verändern wird*, München 2000.

French, Scott, und Paul Van Houten, *Never Say Lie. How to Beat the Machines, the Interviews, the Chemical Tests*, Boulder 1987.

Freud, Sigmund, *Drei Abhandlungen der Sexualtheorie und verwandte Schriften*, Frankfurt 1976.

Fromm, Erich, *Märchen, Mythen und Träume. Eine Einführung zum Verständnis*, Konstanz, Stuttgart 1957.

Gardner, H., *Kreative Intelligenz. Was wir mit Mozart, Freud, Woolf und Gandhi gemeinsam haben*, München, Zürich 2002.

Garner, Alan, *Conversationally Speaking*, New York ²1988.

Gayle, Willie, *Power Selling*, New York 1959.

Gazzaniga, Michael S. (Hg.), *The New Cognitive Neurosciences*, Cambridge, Mass., 1999.

Ghiglieri, Michael P., *The Dark Side of Man. Tracing the Origins of Male Violence*, Cambridge, Mass., 2000.

Gilmartin, P.P., »Maps, mental imagery, and gender in the recall of geographical information«, in: *The American Cartographer* 13, 1986, S. 335–344.

Glass, Lillian, *He Says, She Says. Closing the Communication Gap Between the Sexes*, New York 1992.

Glass, Lillian, *Ich weiß, was Sie denken! Vier glasklare Methoden, Menschen zu durchschauen*, München 2005.

Gochros, Harvey, und Joel Fischer, *Treat Yourself to a Better Sex Life*, New York 1987.

Goffman, Erving, *Geschlecht und Werbung*, Frankfurt 1981.

Goffman, Erving, *Interaktionsrituale. Über Verhalten in direkter Kommunikation*, Frankfurt 1973.

Goffman, Erving, *Verhalten in sozialen Situationen. Strukturen und Regeln der Interaktion im öffentlichen Raum*, Gütersloh 1971.

Goffman, Erving, *Wir alle spielen Theater. Die Selbstdarstellung im Alltag*, München 1973.

Goleman, Daniel, *EQ. Emotionale Intelligenz*, München 1997

Goodall, Jane, *Wilde Schimpansen. 10 Jahre Verhaltensforschung am Gombe-Strom*, Reinbek 1975.

Goodheart, Annette, *Laughter Therapy. How to Laugh About Everything In Your Life That Isn't Really Funny*, New York 1994.

Gordon, Raymond L., *Interviewing Strategy, Techniques and Tactics*, Homewood, Ill., 1976.

Gottman, John M., *Die 7 Geheimnisse der glücklichen Ehe*, Berlin 2006.

Gottman, John M., J.D. Murray, C.C. Swanson, R. Tyson und K.R. Swanson, *The Mathematics of Marriage. Dynamics Nonlinear Models*, Cambridge, Mass., 2003.

Grammer, Karl, Kirsten B. Kruck und Magnus S. Magnusson, »The courtship dance. Patterns of nonverbal synchronization in opposite-sex encounters«, in: *Journal of Nonverbal Behavior* 22, 1998, S. 3–29.

Gray, John, *Auseinander geliebt. Wie Paare ihrer Beziehung neue Energie geben können*, München 2003.

Gray, John, *Männer sind anders. Frauen auch. Männer sind vom Mars. Frauen von der Venus*, München 1998.

Gray, John, *Mars und Venus. Was Frauen wollen und Männer nicht verstehen. Beziehungskrisen überwinden und Paarkonflikte lösen*, München 1999.

Gray, John, *Mars, Venus und Eros. Männer lieben anders, Frauen auch*, München 1999.

Gray, John, *What Your Mother Couldn't Tell You and Your Father Didn't Know*, New York 1994.

Greenfield, Susan, *Reiseführer Gehirn*, Heidelberg 2003.

Greenfield, Susan, und W.H. Freeman, *Journey to the Centers of the Mind*, New York 1998.

Grice, Julia, *What Makes a Woman Sexy*, New York 1988.

Griffin, Jack, *Richtig kommunizieren im Beruf mit Vorgesetzten, Kollegen, Mitarbeitern, Kunden, Lieferanten, Investoren*, Landsberg/Lech 2000.

Gschwandtner, Gerhard, mit Pat Garnett, *Non Verbal Selling Power*, Englewood Cliffs, N.J., 1985.

Hall, Edward T., *Die Sprache des Raumes*, Berlin 1994.

Hall, Edward T., *Silent Language*, New York 1959.

Handy, Charles, *Die Fortschrittsfalle. Der Zukunft neuen Sinn geben*, München 1998.

Harper, Robert G., *Non-Verbal Communication. The State of the Art*, New York 1978.

Harrelson, Leonard, *Lie Test. Deception, Truth and the Polygraph*, o.O. 1998.

Hatfield, Elaine, und R.L. Rapson, *Love, Sex and Intimacy. Their Psychology, Biology, and History*, New York 1993.

Hecht, Marvin A., und Marianne LaFrance, »License or obligation to smile. The effect of power and gender on amount and type of smiling«, in: *Personality and Social Psychology Bulletin* 24, 1988, S. 1326–1336.

Heisse, John W. Jr., *The Verimetrics Computer System. A Reliability Study*, Burlington, Verm., 1992.

Heisse, John W. Jr., *Simplified Chart Reading*, Burlington, Verm., 1974.

Hendrix, Harville, *Soviel Liebe, wie du brauchst*, München, 1992.

Henley, Nancy M., *Körperstrategien*, Frankfurt am Main 1993.

Henley, Nancy M., *Power, Sex and Nonverbal Communication*, New Jersey 1977.

Hess, Eckhard, *Das sprechende Auge*, München 1982.

Heyes, Celia M., und Bennett G. Galef (Hg.), *Social Learning in Animals. The Roots of Culture*, New York 1996.

Hillary, Edmund, *Die Abenteuer meines Lebens. Der Himalaja und andere Herausforderungen*, München 2002.

Hind, Robert A., *Non-Verbal Communication*, London 1972.

Hite, Shere, *Frauen und Liebe. Der neue Hite-Report*, München 1991.

Hobson, J.A., *Consciousness*, New York 1998.

Hobson, J.A., und Brown Little, *The Chemistry of Conscious States. How the Brain Changes Its Mind*, Boston 1994.

Hodgson, D.H., *Consequences of Utilitarianism*, Oxford 1967.

Holden, Robert, *Shift Happens. Powerful ways to transform your life*, London 1998.

Holden, Robert, *Laughter, the Best Medicine*, London 1993.

Hore, Terry, *Non-Verbal Behaviour*, Victoria 1976.

Hoyenga, Katharine B. und Kermit T., *Gender-related Differences. Origins and outcomes*, Boston 1993.

Hoyenga, Katharine B. und Kermit T., *The Question of Sex Differences. Psychological, Cultural, and Biological Issues*, Boston 1979.

Humphries, Nicholas, »Contrast Illusions in Perspective«, *Nature* 232, 1970, S. 91 ff.

Hutchinson, J.B. (Hg.), *Biological Determinants of Sexual Behaviour*, New York 1978.

Huxley, Aldous, *Die Pforten der Wahrnehmung. Himmel und Hölle*, München 1997.

James, William, *Principles of Psychology*, New York 1892.

Jensen, Eric, *Brain-Based Learning*, Thousand Oaks 2006.

Johnson, Gary, *Monkey Business. Why the Way You Manage Is a Million Years Out of Date*, Aldershot 1995.

Juan, Stephen, *The Odd Body and Brain*, New York 2001.

Jung, C.G., *Der Mensch und seine Symbole*, Zürich, Düsseldorf 1999.

Kahn, Elayne J., und David A. Rudnitsky, *Love Code. Was Männer alles über sich verraten, wenn Sie nur genau hinsehen*, Frankfurt 2002.

Kahn, Robert I., und Charles F. Cannell, *The Dynamics of Interviewing*, New York 1957.

Kendon, Adam, *Organisation of Behaviour in Face-to-Face Interaction*, Chicago 1975.

Key, Mary Ritchie, *Non-Verbal Communication. A Research Guide and Bibliography,* Metuchen, N.J., 1977.

Kimura, Doreen, *Neuromotor Mechanisms in Human Communication.* New York 1993.

Kimura, Doreen, »Sex differences in the brain«, in: *Scientific American* 267, 1992, S. 118–125.

King, Rosie, *Good Loving, Great Sex,* Sydney 1997.

King, Norman, *The First Five Minutes,* New York 1988.

Kinsey, Alfred Charles, Wardell Baxter Pommeroy und Eugene Clyde Martin, *Das sexuelle Verhalten des Mannes,* Berlin/Frankfurt 1955.

Knapp, Mark L., *Non-Verbal Communication in Human Interaction,* New York ²1978.

Knight, Sue, *NLP at Work. The Difference that Makes a Difference in Business,* London 2002.

Korda, Michael, *Macht und wie man mit ihr umgeht. Der Wille zur Macht, mit der Macht leben, Machtsymbole,* München 1979.

Korda, Michael, *Power in the Office,* London 1976.

Korman, Bernard, *Hands. The Power of Awareness,* New York 1978.

LaFrance, Marianne, und Marvin A. Hecht, »A meta-analysis of sex differences in smiling«, in: A. Fischer (Hg.), *Nonverbal Communication and Gender,* Cambridge 1999.

LaFrance, Marianne, und Marvin A. Hecht, »Why do women smile more than men?«, in: A. Fischer (Hg.), *Gender and Emotion,* Cambridge 2000, S. 118–142.

Lakoff, Robin, *Language and Woman's Place,* Oxford 2004.

Lamb, Warren, *Posture and Gesture,* London 1965.

Lamb, Warren, und Elizabeth Watson, *Body Code,* London 1979.

Lambert, David, *Body Language,* London 1996.

LeVay, Simon, *Keimzellen der Lust. Die Natur der menschlichen Sexualität,* Heidelberg, Berlin 1994.

Lewis, David, *Die geheime Sprache des Erfolgs,* München 1992.

Lewis, David, *Konventionen. Eine sprachphilosophische Abhandlung,* Berlin, New York 1975.

Lewis, Michael, und C. Sarrni, *Lying and Deception in Everyday Life,* New York 1993.

Liebermann, David J., *Halt mich nicht für blöd! So schütze ich mich vor Lügen aller Art im Berufs- und Privatleben,* München 2000.

Liggett, John, *The Human Face,* London 1974.

Lloyd, Barbara, und John Archer, *Sex and Gender,* London 1982.

Lloyd-Elliott, Martin, *Secrets of Sexual Body Language,* London 1995.

Lorenz, Konrad, *Das sogenannte Böse. Zur Naturgeschichte der Aggression,* Wien 1963.

Lorenz, Konrad, *Er redete mit dem Vieh, den Vögeln und den Fischen,* Wien 1958.

Lowndes, Leil, *How to Talk to Anyone. 101 Little Communication Tricks for Big Success in Relationships,* London 2003.

Lyle, Jane, *Understanding Body Language,* Hamlyn 1989.

Maccoby, Eleanor E., und Carol N. Jacklin, *Psychologie der Geschlechter. Sexuelle Identität in den verschiedenen Lebensphasen,* Stuttgart 2000.

MacHovec, Frank J., *Body Talk,* New York 1975.

Malandro, Loretta A., und Larry Barker, *Nonverbal Communication,* Reading, Mass., 1983.

Mallery, Garrick, *The Gesture Speech of Man,* Salem 1881.

Marshall, Hillie, *The Good Dating Guide,* Chichester 1998.

Martin, Paul, *The Sickening Mind. Brain, Behaviour, Immunity and Disease,* London 1997.

Masters, William H., und V.E. Johnson, *Die sexuelle Reaktion,* Frankfurt 1967.

Maynard Smith, John, *The Theory of Evolution,* New York 1993.

McCroskey, James C., Carl Larson und Mark Knapp, *An Introduction to Interpersonal Behaviour,* Englewood Cliffs, N.J. 1971.

McGee, Mark G., *Human Spatial Abilities. Sources of Sex Differences,* New York 1979.

McKinlay, Deborah, *Lügen der Liebe. Was Männer nicht wissen und Frauen niemals zugeben würden,* Bergisch Gladbach 1996.

Mehrabian, Albert, *Silent Messages,* Belmont, Kalif., 1971.

Mehrabian, Albert, *Tactics of Social Influence,* Englewood Cliffs, N.J., 1969.

Millar, Murray G., und Karen Millar, »Detection of deception in familiar and unfamiliar persons. The effects of information restriction«, in: *Journal of Nonverbal Behavior* 19, 1995.

Millard, Anne, *Early Man,* London 1981.

Miller, Geoffrey F., *Die sexuelle Evolution. Partnerwahl und die Entstehung des Geistes,* Heidelberg 2001.

Miller, Gerald R., und James B. Stiff, *Deceptive Communication,* Newbury Park 1993.

Mitchell, Michael E., *How to Read the Language of the Face,* New York 1968.

Moir, Anne, und David Jesse, *Brain Sex. Der wahre Unterschied zwischen Mann und Frau,* Düsseldorf 1990.

Moir, Anne und Bill, *Why Men Don't Iron,* London 1999.

Montagu, Ashley, *Körperkontakt. Die Bedeutung der Haut für die Entwicklung des Menschen,* Stuttgart 1995.

Morris, Desmond, *Baby Watching,* München 1996.

Morris, Desmond, *Bodytalk. Körpersprache, Gesten und Gebärden,* München 1997.

Morris, Desmond, *Der Mensch, mit dem wir leben – ein Handbuch unseres Verhaltens,* München 1978.

Morris, Desmond, *Der Menschen-Zoo,* München 1972.

Morris, Desmond, *Der nackte Affe,* München 1972.

Morris, Desmond, *Liebe geht durch die Haut. Die Naturgeschichte des Intimverhaltens,* München 1975.

Morris, Desmond, *People Watching,* London 2002.

Morris, Desmond, mit Peter Collett, Peter Marsh und Marie O'Shaughnessy, *Gestures, Their Origins and Distribution,* London 1979.

Morris, Desmond, und Peter Marsh, *Tribes,* London 1988.

Nierenberg, Gerald, *Gut verhandelt ist doppelt gewonnen. Erfolgreiche psychologische Verhandlungsführung aufgrund der Bedürfnistheorie,* Bern, München, Wien 1971.

Nierenberg, Gerald, und H. Calero, *Wer sieht, kann erkennen. Dein Gegenüber – Ein offenes Buch,* Bern, München und Wien 1972.

O'Connell, Sanjida, *Mindreading. An Investigation into How We Learn to Love and Lie,* New York 1998.

O'Connor, Dagmar, *Lust auf Sex – Spaß an der Treue,* München 1990.

O'Connor, Joseph, *Führen mit NLP,* Kirchzarten 1999.

O'Connor, Joseph, und John Seymour, *Gelungene Kommunikation und Entfaltung,* Freiburg ⁶1996.

Ornstein, Robert E., *The Right Mind. Making Sense of the Hemispheres,* New York 1997.

Pease, Allan, *Everything Men Know About Women,* Sydney 1986.

Pease, Allan, *Signals. How to Use Body Language for Power, Success and Love,* New York 1984.

Pease, Allan, *The Hot Button Selling System,* Sydney 1976.

Pease, Allan, *The Ultimate Book of Rude and Politically Incorrect Jokes,* London 1999.

Pease, Allan und Barbara, *Der tote Fisch in der Hand und andere Geheimnisse der Körpersprache,* München 2003.

Pease, Allan und Barbara, *Die kalte Schulter und der warme Händedruck,* Berlin 2004.

Pease, Allan und Barbara, *Memory Language,* Sydney 1993.

Pease, Allan und Barbara, *Warum Männer lügen und Frauen immer Schuhe kaufen,* München 2002.

Pease, Allan und Barbara, *Warum Männer nicht zuhören und Frauen schlecht einparken,* München 2000.

Pease, Allan, und Alan Garner, *Talk Language. How to Use Conversation für Profit and Pleasure,* London 1998.

Pease, Raymond und Ruth, *My Secret Life as a Gigolo,* Sydney 2002.

Pease, Raymond und Ruth, *My Secret Life as a Porn Star,* London 2004.

Pease, Raymond und Ruth, *Tap Dance Your Way to Social Ridicule,* London 1998.

Peck, Morgan Scott, *Der wunderbare Weg,* München 2004.

Penny, Alexandra, *Mein Mann geht nicht fremd. Wie man Männer monogam hält und wie sie auf seine Empfindsamkeiten eingeht, ohne sich anzupassen oder zu unterwerfen,* Zürich 1990.

Perper, Timothy, *Sex Signals. The Biology of Love,* Philadelphia 1985.

Pertot, Sandra, *A Commonsense Guide to Sex,* Sydney 1994.

Peters, Brooks, *Terrific Sex in Fearful Times,* Crows Nest 1989.

Petras, Ross und Kathryn, *The 776 Stupidest Things Ever Said,* New York 1993.

Pinker, Steven, *Wie das Denken im Kopf entsteht,* München 1998.

Pittman, Frank, *Angenommen, mein Partner geht fremd,* Stuttgart 1991.

Platt, Vanessa Lloyd, *Secrets of Relationship Success,* London 2000.

Pliner, Patricia, Lester Kramer und Thomas Alloway, *Non-Verbal Communication,* New York 1973.

Provine, Robert R., *Laughter. A Scientific Investigation,* New York, London 2000.

Quilliam, Susan, *Die Körpersprache der Sexualität. Ein Buch zum Verständnis unserer Körpersprache vom ersten Blickkontakt bis zur sexuellen Erfüllung,* München 1992.

Quilliam, Susan, *Geheimnis der Körpersprache erkennen und verstehen.* Niedernhausen 1995.

Quilliam, Susan, *Your Child's Body Language,* London 1994.

Rabin, Claire, *Equal Partners, Good Friends – Empowering couples through therapy,* London 1996.

Reik, Theodor, *Hören mit dem dritten Ohr,* Hamburg 1976.

Reinisch, June Machover u.a. (Hg.), *Masculinity/Femininity.* The Kinsey Institute Series, Oxford 1987.

Reisner, Paul, *Couplehood,* New York 1994.

Ridley, Matt, *The Red Queen. Sex and the Evolution of Human Nature,* New York 1993.

Ringer, Robert J., *Winning Through Intimidation*, Los Angeles 1973.

Robbins, Jim, *A Symphony in the Brain. The Evolution of the New Brain Wave Biofeedback*, London 2000.

Robinson, Julian, *Body Packaging*, Sydney, Los Angeles 1988.

Roffman, Howard, *Presumed Guilty*, New York 1976.

Rogers, Leslie, *Sexing the Brain*, London 1999.

Russell, James A., und José Miguel Fernandez-Dols (Hg.), *The Psychology of Facial Expression*, New York 1997.

Russo, N., »Connotation of seating arrangement«, in: *Cornell Journal of Social Relations* (1967).

Saitz, Robert L., und Edward C. Cervenka, *Handbook of Gestures. Columbia and the United States*, Den Haag 1972.

Sathre, Freda, Ray Olson und Clarissa Whitney, *Let's Talk*, Glenview, Illinois 1973.

Scheflen, Albert E., *How Behavior Means*, Garden City 1975.

Scheflen, Albert E., *Human Territories*, Englewood Cliffs, N.J., 1976.

Scheflen, Albert E., *Körpersprache und soziale Ordnung*, Stuttgart 1976.

Schutz, W.C., *A Three-Dimensional Theory of Interpersonal Behaviour*, New York 1958.

Shapiro, Robert, *Schöpfung und Zufall. Vom Ursprung der Evolution*, München 1991.

Siddons, Henry, *Practical Illustration of Rhetorical Gestures*, London 1822.

Sommer, Robert, *Personal Space. The Behavioural Basis of Design*, Englewood Cliffs, N.J., 1969.

Staheli, Lana, *Triangles. Facts You Need to Know about Affairs. Plus, How to Affair-Proof Your Marriage*, Seattle 1995.

Steele, Don, *Body Language Secrets. A Guide During Courtship and Dating*, Palo Alto 1999.

Stickels, Terry, *Are You As Smart As You Think? 150 Original Mathematical, Logical, and Spatial-Visual Puzzles for All Levels of Puzzle-Solvers*, New York 2000.

Suter, William und Beatrice, *Guilt Without Sex*, London 1998.

Szasz, Susanne, *Körpersprache der Kinder*, Bergisch Gladbach 1985.

Tannen, Deborah, *Das hab' ich nicht gesagt. Kommunikationsprobleme im Alltag*, München 1999.

Tannen, Deborah, *Du kannst mich einfach nicht verstehen. Warum Männer und Frauen aneinander vorbeireden*, München 1993.

Tannen, Deborah, *Job-Talk. Wie Frauen und Männer am Arbeitsplatz miteinander reden*, München 1997.

Thorne, Barrie, Cheris Kramarae und Nancy Henley (Hg.), *Language, Gender and Society*, Rowley, Mass., 1983.

Tucker, Nita, *How Not to Stay Single*, New York 1996.

Vrij, Aldert, *Detecting Lies and Deceit*, New York 2001.

Wainwright, Gordon R., *Teach Yourself Body Language*, London ²1999.

Westheimer, Ruth, *Sprechen wir mal darüber. Sexualität und Erotik*, München 1984

Whiteside, Robert, *Face Language*, New York 1975.

Whiteside, Robert, *Face Language II*, Hollywood 1988.

Whitney, Robert Arthur, Thomas Hubin und John D. Murphy, *The New Psychology of Persuasion and Motivation in Selling*, Englewood Cliffs, N.J., 1978.

Wilson, Edward O., *Sociobiology*, Cambridge, Mass., 2002.

Wilson, Glenn D., und David Nias, *Erotische Anziehungskraft. Psychologie der sexuellen Attraktivität*, Frankfurt 1977.

Winston-Macauley, Marnie, *Manspeak. What He Says and What He Really Means*, Newport 1996.

Witleson, S.F., »Sex and the single hemisphere. Specialisation of the right hemisphere for spatial processing«, *Science* 193, 1978, S. 425 ff.

Wolf, Naomi, *Der Mythos Schönheit*, Reinbek 1991.

Wolff, Charlotte, *A Psychology of Gesture*, London 1948.

Wright, Robert, *Diesseits von Gut und Böse*, München 1996.

Young, John Z., *An Introduction to the Study of Man*, London 1974.

»Eine politisch hinreißend unkorrekte Beziehungskistenfibel«
Stern

Lügen Männer wirklich häufiger als Frauen? Natürlich! Aber warum? Kaufen Frauen Schuhe, weil sie neue brauchen? Oder weil sie emotional »Dampf« ablassen müssen? Und was passiert, wenn die beiden so verschieden geprägten Geschlechter miteinander auskommen wollen? Anhand neuester Erkenntnisse der Verhaltens- und Hirnforschung, gewürzt mit zahlreichen witzigen Beispielen aus der Beziehungskiste, analysieren Allan und Barbara Pease alle Facetten dieser unerklärlichen wie unvermeidlichen Liaison zwischen den Geschlechtern.

Warum Männer lügen und Frauen immer Schuhe kaufen
Ganz natürliche Erklärungen für eigentlich unerklärliche Beziehungen
ISBN 978-3-548-36662-3

 ULLSTEIN